教育部人文社会科学研究规划基金项目成果（课题编号：14YJAZH086）

浙江省哲学社会科学规划课题研究成果（课题编号：13NDJC001Z）

国 | 研 | 文 | 库

百年法治回眸

——法律人群体的兴起与近代中国法制现代化的演进

吴　斌——著

光明日报出版社

图书在版编目（CIP）数据

百年法治回眸：法律人群体的兴起与近代中国法制
现代化的演进／吴斌著 . -- 北京：光明日报出版社，
2021.6
　　ISBN 978 - 7 - 5194 - 6023 - 5

Ⅰ.①百… Ⅱ.①吴… Ⅲ.①法制史—研究—中国
Ⅳ.①D929

中国版本图书馆 CIP 数据核字（2021）第 078004 号

百年法治回眸：法律人群体的兴起与近代中国法制现代化的演进
BAINIAN FAZHI HUIMOU：FALÜREN QUNTI DE XINGQI YU JINDAI ZHONGGUO FAZHI XIANDAIHUA DE YANJIN

著　　者：吴　斌

责任编辑：宋　悦　　　　　　　　责任校对：陈永娟
封面设计：中联华文　　　　　　　责任印制：曹　诤

出版发行：光明日报出版社
地　　址：北京市西城区永安路 106 号，100050
电　　话：010 - 63169890（咨询），63131930（邮购）
传　　真：010 - 63131930
网　　址：http：//book. gmw. cn
E - mail：songyue@ gmw. cn
法律顾问：北京德恒律师事务所龚柳方律师

印　　刷：三河市华东印刷有限公司
装　　订：三河市华东印刷有限公司
本书如有破损、缺页、装订错误，请与本社联系调换，电话：010 - 63131930

开　　本：170mm×240mm
字　　数：305 千字　　　　　　　印　　张：17
版　　次：2021 年 6 月第 1 版　　　印　　次：2021 年 6 月第 1 次印刷
书　　号：ISBN 978 - 7 - 5194 - 6023 - 5
定　　价：95. 00 元

近代中国法律人的三个世代（序）

　　吴斌教授费时数年，关注近代中国法律人群体，探讨他们在中国法制近代化进程中的作用和影响。书成示我，邀我为序。因对此课题曾有兴趣，是以先睹为快。读过之后，有点感想，随笔记之。简理成文，聊以塞责，兼以求教。

　　"近代中国法律人"，我的理解，就是指清末民国期间，较早接触、了解、研习欧美法律法学，或多或少参与了中国法制近代化进程的人们。所谓"近代"，不仅是时间概念（我以民国末年为近代史期下限），也是法学进化程度概念（近代型新法学）。对近代型法学（西学）陌生、只知道传统律学的人，即使曾活跃于这一时段，仍不能算是近代法律人。所谓"法律人"，不限正式学习法律专业、从事法律工作的人，也应该包括对近代重大变革贡献过"新法"态度或努力的人们。自 1850 年广东香山青年容闳考入美国耶鲁学院学习文科开始，赴欧美日研习法律法学并将其传回祖国渐成举国风尚。自 1863 年美国传教士丁韪良（William Alexander Parsons Martin）开始翻译《万国公法》及林则徐、魏源、冯桂芬等官绅达人组织西学翻译时起，翻译西方法律法学文献以资地方治理也渐成风尚。一个留学，一个翻译，这两者一开始就成为西方法律法学传入中国的主要桥梁，也成为近代中国法律人群体的生成土壤。从那以后，由留学归国和本土培养两大途径形成的"近代中国法律人"群体，走上波澜壮阔的历史舞台并日渐壮大，在近代中国历史巨变中发挥着越来越重要的作用。

　　这一群体，按其活跃的时间和舞台先后，大约可以分成三个世代。第一代是鸦片战争到戊戌变法前夕的法律人，第二代是戊戌变法至南京国民政府成立前夕的法律人，第三代是南京国民政府成立至迁台之间的法律人。这三代法律人，是根据他们各自主要投身或发挥作用的社会变革大潮所做一个大致的、相对的区分，并不是严格地按各自年龄、活动年代来划分。被我划分到两个世代的法律人，其活动的主要时段有可能是重叠的。大致说来，1840—1910 年为第一时期或第一代法律人活动空间，1911—1927 年为第二时期或第二代法律人活动空间，1928—1949年为第三时期或第三代法律人活动空间。

　　第一代近代法律人，是最早游历（或至少最早睁眼看）欧美日并向祖国译介西方法律法学的官绅达人们，尽管他们多非研习法律出身，也不一定能称为法律工作者。容闳（1828—1912）于1850—1854年在耶鲁学院学习文科，包含研习政治法律。归国后一度赴香港研习法律，充任港英法庭译员及见习律师，并翻译西方法学著作《契约论》；他是引介西方法律法学的最初代表人物之一。与他大约同时，林鍼写《西海纪游草》《西海纪游自序》，李圭写《环游地球新录》，王韬著《漫游随录》，马建忠写《适可斋纪言纪行》，魏源编译《海国图志》，梁廷枏编撰《海国四说》，徐继畬编写《瀛环志略》，林则徐组织翻译《四洲志》《各国律例》，黄遵宪著《日本国志·刑法志》，洪仁玕写《资政新篇》，薛福成著《筹洋刍议》《出使英法义比四国日记》，郭嵩焘著《伦敦与巴黎日记》，志刚著《初使泰西记》等，共同彰示这一代法律人产生。那些著述和呼号，是国人了解西方政治法律文明的最初途径。从译介国际公法入手，他们逐渐译介西方政治、军事、教育、警政、财税制度，进而译介西方刑法、诉讼和司法制度。这些努力，为"师夷长技以制夷"的洋务运动提供了全面的理论支持和信息服务，为中国与西方的法律文明接轨筑下了第一段路基。当然，他们的工作，也为下一阶段的维新变法、立宪新政、共和革命制造了舆论氛围。

　　第二代近代法律人，是为维新变法、立宪新政、共和革命事业提供理论服务，或奔走呼号，致力推动这些事业的人们，他们也不限于法科出身或从事法律工作者。梁启超、沈家本、宋教仁是这一代法律人的典型代表。这一代法律人的志业，从戊戌变法到变法修律和立宪新政，再到辛亥共和革命，关键在于推动中国法制从传统中华帝国法制向西方式法制过渡，使中国建成（至少草创）近代型政治体制和法律体系。这一时期的法律人，首先是康有为、梁启超、谭嗣同、严复、孙中山、黄兴、章太炎、朱执信、宋教仁、廖仲恺等为维新变法或共和革命事业不懈地论证、呼号、推动者，其次是沈家本、唐绍仪、伍廷芳、俞廉三、何启、顾维钧、曹汝霖、章宗祥、伍朝枢、杨度、汤化龙、张耀曾、郑天锡、孟森、江庸、章士钊、王家襄、汪有龄等一类出身法科或专事法职者。至于李鸿章、张之洞、刘坤一、盛宣怀、袁世凯、张謇一类因主持地方政务之故实际主持或推动了某些政治法律变革的人，虽然不能算是近代法律人，但也应该注意到他们在近代法制变革中的作用。对于第二代法律人，还可以有另外一种划分方式：可以按照其主要参与的时代变革大事进程分为三个群体，即参与戊戌变法维新的法律人、参与清末立宪新政和变法修律的法律人、参与民国初期政治法律体制体系创建的法律人。

第三代法律人，是自南京国民政府成立至1949年迁台前，参与中国政治体制和法律体系建设的广义法律人。自宁汉合流及第一次国共分裂后，一大批法律人在"三民主义""五权宪法"的旗帜下，在确立不同于南京临时政府和北洋政府的新型（党国、训政）政治体制和"六法全书"法律体系的过程中，各自有着不同程度的参与和努力。这一世代的法律人，也主要分为两类。一类是从政治体制角度参与这一工程的法律人；另一类是从六法全书体系角度参与这一工程的法律人。前者以蒋介石、汪精卫、胡汉民、居正、戴季陶、林森、张继、邵元冲等人为代表；后者以王宠惠、王世杰、吴经熊、张知本、罗文干、王正廷、查良鉴、谢冠生、张君劢、郑毓秀、阮毅成、魏道明、郑彦棻、陶百川、史尚宽、胡长清、郭卫、郭云观、余棨昌等人为代表。

至于虽活跃在南京国民政府时期的法学法律界，新中国成立后仍一度或长期参与法学法律事业的人，则应一分为二。像罗隆基、章伯钧、杨兆龙、梅汝璈、王造时、盛振为、钱端升等法律人，在新中国成立头十年里，就因为未能全面积极接受苏联式新法制法学，被视为"旧法人员"或"右派"而遭闲置、淘汰或整肃者，实际上应该划归上一代法律人。至于李大钊、董必武、沈钧儒、谢觉哉、吴玉章、史良、张友渔、何思敬、张志让、周鲠生、陈瑾昆、戴修瓒、倪征燠、陈体强等法律人，因为直接参与了后一个时代的苏维埃式新型政治体制和苏维埃式新型法律体系、法学体系的创建，所以应该视为下一代（现代，第四代）法律人，哪怕在年龄段上不一定算下一代。

吴斌师弟对近代中国法律人群体有自己的独到见解。在本书中，他将近代中国法律人大致按其活跃时间先后划分为清末时期法律人、北洋时期法律人、南京政府时期法律人三个群体。这种划分思路和标准，是比较有见地的，也是大致合乎历史的。这些见解，与我的基本一致。但是，应该注意到，从戊戌变法到辛亥革命直至南京政府成立前，这一时期的全部法律人追求的目标，其实是一致的——从传统政治法律体制向近代型政治法律体制转型。因此，这个时期的法律人应该视为一个群体或一个世代。本书对此没有特别揭明，我谨提出以求商榷。

本书作为这一研究领域的初步探讨，是有相当成绩的。全书分3编共23章，既有宏观性总括性的法律人群体研究，也有对代表性法律人的个别研究；既有对全国性法律人的全局性影响研究，也有对区域法律人群体地位和影响的研究。作者的研究所获结论，对我们认识近代法律人的地位作用是很有启发的。

当然本书也有值得完善之处。全书正副标题标示的工程任务相对宏大，增加了工程难度或任务艰巨程度。就正标题而言，一个关于近代中国法治建设百年进程的全面系统回顾与反省论题，要做好是相当困难的，也是区区二十多万字篇幅难以胜任的。就副标题而言，要讨论"法律人群体兴起"与中国法律近代化事业的关系，也就是要讨论这一群体对中国法制近代化的贡献和影响，题目标示的任务也是非常沉重的。本书已有的几章宏观讨论和几章个别讨论（代表性法律人专论），对如此宏大目标而言有些力不从心。本书是要研究新型法律人群体的兴起如何影响了近代中国法治变革，要讨论他们这个群体作用于（或施加影响于）近代法制变革的途径、方式、规律、特征等，可惜这一工作才局部启动。现有内容仅涉及清末民国几个侧面或事局中的部分法律人物，主要是关于一些知名法律人的生平事迹和学术或政治业绩的初步梳理介绍；至于关于这一问题的全面、系统、深入讨论，或尚有待于未来的研究。相信吴斌师弟的未来接续研究能进一步弥补本书的上述不足。

零星读感，借题发挥，匆忙整理，勉强为序。

范忠信

2020 年 4 月 10 日

全球新冠肺炎大疫持续三月之际

于杭州余杭古镇凤凰山下参赞居

前　言

1840 年西方列强的枪炮声，惊醒了沉睡的中华帝国，开启了中华民族屈辱抗争的百年近代史。一个民族总有一些仰望星空的人，近代法律人正是这样一群仰望星空、不屈抗争的民族俊杰。他们前赴后继，心系法治，情怀社会，为近代中国法制现代化呈献了他们的智慧思考、理性的论断和学者的责任。关注我们的先辈——近代中国法律人，就是关注中国法治。

19 世纪末，伴随西风东渐，在政法领域，晚清立宪维新，寻求法律改制，一方面鼓励学生出洋游学，而出现有法科留学生；另一方面国内开设法政学堂，培养法律人才，使旧官绅学习新法，而成法政学堂法科生。一时，社会争相学习法律。随着近代法学成长，法律人因之而崛起，形成一股社会的新动力。检视时代变化，从晚清迄民国，法律人历数十载勤力耕耘，昌明法治，法学精神历久弥坚。面对动荡的国内政治局势和严酷的国际环境，近代法律人身体力行、筚路蓝缕，他们以自己的法律知识背景，或投身现实，以践行法治；或创办实业，用经济救国；或著书立说，成一家之言；或兴办学校，育法律人才，为中国传统法制的现代化、近代中国法学体系的创建等做出了杰出贡献。对近代法律人的研究，实是关涉中国近现代法治运动的关键一环，殊属至要。本课题希望在有限的史料中，通过对近代法律人过去足迹鳞爪的爬梳，观察他们坎坷且不同的命运和对中国近代法及法学的贡献，来了解中国近代知识分子与中国近代法和法学的关系。从而再现过往法律人的足迹，推崇前辈，景仰先贤，传承法治精神。此为课题研究价值之一。

自近代法学泰斗沈家本修律始，中国近代法学各科简陋初创，迄民国大规模的立法运动开展，渐入辉彩之境。近代中国法苑，法律人精英荟萃，寻绎前辈的智慧遗产，其法学见解尽管已时过境迁，且近世党派政见立场方枘圆凿，然而社会法治建设总在艰难曲折中蜿蜒前行。社会文明尚需时日累积，法学研究日趋昌盛，则国家日趋法治；法学研究见弃，无法亦法，尤其是"文化大革命"十年。今日重建修补断层，回首前人足迹，于研究晚清至民国时期法律人对中国法治问题的思考中，总结近代中国宝贵的法治理论遗产，将其融入当代中国的法治理论之中。此为课题研究价值之二。

本课题研究围绕法制现代化核心是人的现代化这一理念而展开，以法治的基本主体——法律人为研究切入点，力求历史与现实、人物与事件、理论与实践相结合，把对近代法律人的研究放在近代中国法治运动这一广阔的社会背景中加以考察。课题既有对近代中国法治演变历史的宏观分析，也有对近代中国法律人群体个体的微观剖析。课题研究从社会存在和社会意识的辩证关系出发，通过对社会思潮、法科知识分子的转型、近代法学教育的兴起与近代中国法制现代化的关系的全面分析和深入发掘，努力从不同侧面揭示近代中国法制现代化的艰难转型、创新之路，力求跳出传统研究模式的窠臼，探寻出近代中国法制现代化推陈出新的发展规律及其影响，从而具有一种视角转换的方法论意义。此为课题研究价值之三。

最后，从实践上看，探寻一个具有中国特色的法治现代化模式，是近代中国百多年之梦。近代中国法制现代化的变革及其演变反映了历史发展规律的不可抗拒性。从根本上说，近代中国法制的形成是在我国历史传承、文化传统、经济社会发展的基础上长期发展、渐进改进、内生性演化的结果。在当代中国法治建设中，如何从中国国情的具体历史出发，完善和发展中国特色社会主义法律制度、推进国家治理体系和治理能力现代化，坚定制度自信，而不故步自封，走出一条具有中国特色的法治现代化之路，是时代给我们提出的课题。将近代法律人群体的兴起与近代中国法制现代化的变革结合考察近代中国法治的演进历程，总结近代中国法制现代化的历史经验及其教训，不仅具有重大的理论价值，而且对创新和发展当代中国特色的法治现代化道路具有重大的现实价值。

本书编撰的基本思路是，笔者将首先通过历史分段，在广泛收集有关近代法律人群体的史料、文献基础上，勾勒出近代法律人群体的基本谱系，通过对若干具有典型意义的法律人群体的人生历程及其学术思想的个案考察，窥视近代法律人群体力量的崛起，探讨近代法律人群体的法治理想及其追求，检视时代变化下法律人群体在中国近代法制史上的杰出表现及其对近代中国法制改革的影响，综括其任务与担当，评述其成就与得失，使读者在领略近代法律人风采的同时，亦把握近代中国法治运动的脉络。

其次，本书力图把对法律人个体的微观分析与对近代中国法治演变历程的宏观分析结合起来，从而对近代法律人群体展开全方位、多视角的考察。在评述人物的同时，或讲解学术事件、梳理法律的时代思潮，或阐释经典作品、于探析人物思想中追索其文化渊源，或再现重大历史事件、探寻近代中国法制运动的线索和脉络，或钩沉索隐、爬梳法律人群体之过往雪泥鸿爪，或缕叙一己心路、彰显法意与人心的纠缠。本书虽然侧重众多法律人物个体经历，但力图展现近代中国法治历史的动态过程。

遵循学界对中国近代史的通行划分，即中国近代史始自1840年鸦片战争爆发，止于1949年南京国民党政权覆亡，历经清王朝晚期、中华民国临时政府时期、北洋军阀时期和南京国民政府时期，这是一部中国半殖民地半封建社会从逐渐形成到瓦解的历史。本书大致分清末民初、民国北京政府时期、南京国民政府时期三个历史段来分析评述近代法律人群体产生、成长及其壮大的基本历程。中国近代法律人的产生及其法治理想的树立是在传统社会向近代社会转型后，具体说是在清末变法改制后逐步形成的。清末以降，中国社会激荡，法律领域气象万新：产生了区别于传统社会的法律人群体，法律体系实现了从传统向近代的转变，开始与西方法律体系接轨；法学理论体系初步创建，法学水平在国际上占有一席之地。社会环境则动荡不安，多重矛盾交织：中国与外国的矛盾、传统与近代的矛盾、中央与地方（军阀）的矛盾、党派之间的矛盾……动荡的时代给法律人提供了展示个人能力、追求、抱负、魅力的大舞台，他们扮演着各种社会角色。我们力图克服那种对近代中国法制史研究的简单化、平面化的学术缺陷，采用"以史带人"和"以人带史"相结合的史学研究方法，通过考察近代法律人群体的人生经历、学术师承及其与学界社会之交游，探寻其思想学术发展之轨迹，同时结合其所处的社会变迁之大背景，追索其为人为事、为学为政、为官为商等之心路历程。本书力图"人""史"结合，从不同的角度，更全面地审视近代法律人群体作为官僚、学者、法律家等不同角色在近代中国这一特定历史背景下对中国法和法学的思考及贡献。

本书分上篇、中篇、下篇三部分对近代法律人群体的兴起及其与近代中国法制现代化演进的互动关系加以简要分析和评述，遵循史学界关于中国近代史的分段理论，在广泛收集有关近代法律人群体的史料、文献基础上，勾勒近代三个时期的法律人群体基本谱系。通过对若干具有典型意义的法律人人生历程及其学术思想的个案考察，窥视近代法律人群体的崛起及其对传统中国法的近代转型的作用和影响，检视时代变化下法律人群体在中国近代法制史上的杰出表现。

上篇：清末法律人群体的崛起与近代中国法制现代化的启蒙和发生。本篇主要以清末修律及清末法政教育的兴起为背景，对清末法律人群体产生的时代社会背景、经济政治原因、主要来源渠道、代表人物及其活动等进行具体的分析、评述和翔实的考证。早期法律人主要由前清政法官僚、留学海外政法大学（学科）学生等组成，以沈家本等为代表。法律人人才的汇聚地以浙籍法政大家沈家本先生主持的修订法律馆最盛，可谓精英云集，人才济济，蔚为壮观。沈家本、严复、伍廷芳、梁启超、董康等堪称这一时期开启近代中国法制现代化与近代法学之先驱。

中篇：民国北京政府时期法律人群体的中兴与近代中国法制现代化的曲折和徘徊。本篇主要分析评述民国北京政府时期法律人群体的成长及其在民国这个新舞台别开天地、补缀乾坤。在孙中山"中华民国建设伊始，宜首重法律"的思想指导下，近代法律人群体进一步成长，真正形成一个"职业法律家阶层"，对其后南京国民政府时期的政治、法律、文化等各方面都产生积极的作用和影响。这一时期，法律人群体在辛亥开国、民初议会政治、地方省宪自治、大理院司法裁判活动、法律教育和法学研究等一系列重大事件（活动）中积极推动了近代中国法制的发展。宋教仁、许世英、余棨昌、汪有龄、王宠惠、罗文干、汤化龙、王世杰、余绍宋等皆是这一时期的法界精英。然而，由于军阀干政、传统宗族主义、地方主义和政治制度的不成熟等多重因素的交织，宋教仁被暗杀、袁世凯复辟帝制、省宪自治运动最终失败、曹锟"贿选宪法"出台等一系列社会重大事件的发生，近代中国法制现代化的历史进程在这一时期出现了曲折和徘徊。尽管如此，上述具有法政科专业知识的法律人群体在民国这个崭新舞台，艰难地开拓出能够初展他们专业特长的新天地。

下篇：南京国民政府时期法律人群体的壮大与近代中国法制现代化的发展。本篇主要对南京国民政府时期近代法律人的壮大及其杰出表现进行分析和研究。南京国民政府时期是一个精英云集、群星璀璨的时代。自沈家本修律始，到南京国民政府时期大规模的立法，国家亦日趋法治，近代法律人群体成为民国时期非常活跃的一个职业团体。他们既处于中国与世界的交流非常频密时期，也站在由传统人治下的中国向近代法治型的中国转折的历史分界点上。在中国法律由传统向近代转型这一特殊时期，近代法律人群体以自己的法律知识背景和游学西方的经历，在近代中国这个社会大舞台上扮演着各种角色，成为民国法律知识的传播者，民国法律的制定者、解释者和批判者，以及民国法律教育的奠基者和民国法学学科的构建者，对近代中国法制现代化产生了深远的影响。在政局动荡、战乱频繁、民族危亡的社会状态下，民国法律人队伍历艰难而成长，在立法、执法、司法等各方面都表现出他们卓越的才干。吴经熊、钱端升、杨鸿烈、杨兆龙、蔡枢衡、瞿同祖、王伯琦、陈顾远、丘汉平、郁华、郭云观、谢冠生、梅仲协、沈钧儒、陈叔通等，均为这一时期的法律才俊。

　　本书三个时期主要依据法律人活动的重心模糊划定，在处于剧烈动荡的近代中国这个社会大舞台上，从时间上看，三个时期的法律人之间，只有大致先后，而无严格界限。不少法界精英的活动兼跨清末、民初、北京政府、南京国民政府乃至1949年之后的中华人民共和国，未可强分。如众多民国北京政府时期的政法精英也是其后南京国民政府时期政法界的中流砥柱；沈钧儒先生从一个君主立宪者到成为新中国第一任最高人民法院院长；陈叔通先生从一个清政府翰林院编修到历任新中国第一、第二、第三届全国人民代表大会常务委员会副委员长。

　　从地域及法律人籍贯区域分布看，虽全国绝大多数区域均出法律人，但相比东部沿海及两湖，其他地区人数相对较少，法律人籍贯分布极不平衡。总体来说有两个特征：一是南方法律人数多于北方，主要原因是北方更多受到传统政治文化的熏陶和覆盖，而南方地区更多受到近代西方新文化思潮的影响。二是东部沿海及两湖地区产生的法律人占近代法律人的绝大多数，主要原因是沿海地区及两湖地区为全国人文荟萃之地。这里经济繁荣，生活富庶，国民用于教育文化事业上的经费自然大大高于其他地区，其教育文化事业发展相对较快。加之19世纪以来伴随着西学东渐，沿海地区率先回应，中西方文化交流较多，在西方文化潮流的推动下，沿海地区得风气之先，与海外接触较早，沿海居民思想较为开通，其居民大都有求变、求新的思想。因此，从成员的籍贯地能够约略看出近代法律人的思想倾向。如两湖地区是辛亥革命武昌首义之地，封建帝制的覆灭，湖北的革命党人和仁人志士功不可没。以辛亥武昌首义为标志，形成了两湖地区近现代史上丰富的革命文化内涵。当然，尽管不同区域的法律人其业绩和成就各有不同，但是，在他们的业绩和成就的背后都有着同样深厚的文化渊源，他们的法律思想观念及其价值追求呈现出华夏文明不同区域的人文印记。

　　从活动领域上看，近代法律人首先在法学研究上有精湛的造诣，具有深厚的法学理论素养。同时，近代法律人更是注重把法学理论付诸实践的行动者，他们或进入法界担任法官、检察官、律师等职；或进入政界、外交界及实业界等领域担任其他要职,不过他们与纯粹的行政官员不尽相同,不妨称其为"法律技术性"官员,其学、仕兼居的身份并不影响我们把他们列入法律人群体进行考察。当然,还有更多的近代法律人,在中华大地这块丰饶的文化沃土中,孕育了他们渊博深厚的文化底蕴,他们的活动领域不囿限政法领域,在哲学、宗教、文化、艺术等领域,都有他们的卓著表现和斐然成就,展现出近代法律人多才多艺的风貌。

本书所使用的"法律人"这一词语,并非现今意义上的仅专指从事法官、律师、检察官等职业的狭义法律人。显然推动近代中国法制现代化的主体并不局限于狭义上的法律人。从清末法政教育的实践来看,清末的法政教育包括法律、政治乃至经济诸科,尤其是强调法律与政治二者不可偏废。学部尚书唐景崇曾有奏议:"法政科则有法律、政治、经济三门。"清末兴起的各法政学堂开始的科目基本上也是循此而设立的,以期学生法政知识两厢具备。清末法政教育显然比我们今天的法学教育含义要宽泛得多。从出国留学学习法政学科人员来看,尤其是留学日本法政学科者,有部分明确学习法律科,但也有相当部分修读政科、法政科等。故清末亦有"政法家""法政家"等称谓。从历史渊源上看,民国(特别是民国北京政府时期)近代法律人更多是出自清末具有法政学科背景的法政人。因此,本书从广义上使用"法律人"这一概念,即人们通常所说的"法政人"。这既包括那些国内法政学堂的毕业生或国外法政科的留学生,也包括那些受过正规现代法政教育并在法政领域从事法政工作的人。从职业活动来看,本书的"法律人"既包括那些进入法官、检察官、律师等法律职业领域的法律人,也包括那些进入政治、行政、地方自治等领域而成为立法者、政要和自治官员,同时也有不少"法律人"成为近代立宪团体和政党派别的领袖与骨干。当然,本书也收录了那些前半生蜚声政法(学)界,而后半生却自觉"法律不足以慰藉心灵"或遁入空门、皈依宗教,或寄情山水、致力于书画艺术的"法律人",吴经熊、金绍城、余绍宋等即为此类,他们似乎是更具中国传统人文印记的另类"法律人"。

本书力求历史与现实、人物与事件相结合,将近代法律人群体放在近代中国法治运动这一广阔的社会背景中加以考察。本书既有宏观上对近代中国法治运动的阐释和分析,也有微观上对近代中国地方法治的考察及对不同区域法律人产生、发展、壮大的梳理。本书虽然描述的是众多人物的个人经历,但力图使读者感受到的却是近代中国法治历程的动态过程:从清末的变法改制到辛亥革命《中华民国临时约法》,从民国北京政府的《中华民国宪法》到南京国民政府时期的大规模立法运动都在本书中体现出来。

　　历史的足迹，往往时而清晰，时而隐约，若放开视界做纵深的观察，就会格外澄明和饱满。让我们一同走进历史，感受近代中国曾经有怎样的法律人在这片土地上思考过、实践过。中国法治建设的路，延续着历史，也开辟着未来。

目 录
CONTENTS

上篇 01

清末法律人群体的崛起与近代
中国法制现代化的启蒙和发生

第一章 社会转型与近代中国法制现代化的演进

　　1840 年鸦片战争以后，外国资本主义侵入中国，破坏了中国传统的封建自然经济基础，中国近代社会性质开始发生变化，由一个闭关自守的封建社会，开始一步一步地变成一个半殖民地半封建的社会。与封建经济结构的变化相适应，社会阶级结构也发生了变化，除原来的封建地主阶级与农民阶级外，新产生了为外国资本主义入侵者倾销商品、掠夺原料服务的买办阶级，而中国民族资本主义的发展，又相应地产生了资产阶级和无产阶级。在新的经济结构基础上，建立其上的政治法律制度也必然发生前所未有的变化。近代中国经历了一个由传统社会向现代社会转型的历史进程，并且这一历史进程至今仍在继续。伴随着社会的历史转型，近代中国法制也经历了一个极为复杂的现代化变革的动态进程。而近代法律人群体也正是与这一进程相伴而生的。

一、社会转型与近代中国法制现代化的发生

　　自 19 世纪五六十年代以来，中国社会进入由传统社会向现代社会转变的过渡时期。这种社会整体发生巨大变化的情形，通常称为社会转型。这种转型，大致分为两个层次。一是广义的社会转型，是指由于人类社会基本矛盾运动的推动，人类社会从一种社会形态向另一种社会形态的转变。迄今为止，人类社会经历了原始社会、奴隶社会、封建社会、资本主义社会、社会主义社会五种社会形态的变迁。在其中的任何一个转变过程中，都发生了社会整体包括经济形态的变化（如从游牧社会向农业社会转变，由农业社会向工业社会转变），尤其是社会形态的根本转变。这种变化不是一朝一夕可以完成的，它必须经过一个相对较长的历史过程。这个历史过程就是社会转型期，这个过程的结局就是社会转型的完成。二是狭义的社会转型，即在同一个社会形态下，社会生活的某一个或几方面发生了较大甚至是较为剧烈的变化，但是这种变化不涉及社会形态的变化。例如，在封建社会，农民战争此起彼伏，连绵不断，沉重打击了

封建统治阶级，尤其是一些规模较大的战争还推翻了旧王朝的统治，建立了新王朝。这种社会转型，无疑推动了历史车轮的前进，但在短期内不会对社会形态的转变产生重大影响。狭义的社会转型是一种量的积累，它包含在广义的社会转型之中，没有狭义的社会转型，广义的社会转型是不可能发生的。无论是广义还是狭义，都是从总体上强调一定社会性质的变化，即强调社会发展经过量的积累达到一定程度时，突破原有的社会模式而发生的全方位的社会整体变动。就世界范围而言，近代社会转型的浪潮最早滥觞于16世纪的欧洲，勃兴于18世纪以后。自19世纪中期，中国也被卷入这场社会转型的大潮中，客观上形成了一种由传统社会向现代社会的转型，即人们通常所说的"现代化"过程。因此，从另一个角度看，中国近代社会转型也就是中国的近代化和现代化的进展过程。

伴随着社会的转型以及西方的法律文化的输入，中国传统法制受到猛烈的冲击和严峻的挑战。在经过半个世纪体察、认识和反思后，从清末法制改革发端，作为近代中国社会转型进程中的一个重要组成部分——近代中国法制现代化也走上了转型变革之路。

鸦片战争的惨败使当时少数有识之士开始认识到中国落后的现实，从而产生了向西方学习的要求和行动。自林则徐提倡"睁眼看世界"起，一些思想家开始关注西方的法律制度及学说。19世纪70年代，中国早期的资产阶级改良派在同资本主义国家的接触中，接受了西方的法律文化，并通过翻译和著述介绍到中国，进而提倡法制改革。他们的见识虽然没有引起朝廷的重视，但对中国传统法制的改革起了舆论先导作用。甲午战争的失败再次刺激和惊醒了中国人，有眼光的知识分子更警觉到中国制度和文化本身的落后和缺陷，继而畅言改革。康有为、梁启超领导的百日维新将法制思潮推进到一个新的阶段，遗憾的是新法律思潮终因戊戌变法的流产而受到抗阻和扼杀。西方法律文化对中国的冲击和挑战到19世纪末终未能形成中国法制现代化的具体运动，但是它为20世纪初中国法制近代化的实践提供了理论先导。

进入20世纪后，迫于国内外形势的压力，以慈禧为首的清政府已无法照旧统治下去了，被迫于1901年1月下诏变法，宣称"世有万古不易之常经，无一成罔变之治法"，承认"法久则弊，法弊则更"[1]的变法思维的合理性。以后又宣称"时处今日，惟有及时详晰甄核，仿行宪政……以立国家万年有道之

---

[1]　朱寿朋. 光绪朝东华录（四）[M]. 北京：中华书局，1958：4655.

基"①。此后陆续发出的几道谕旨又反复强调修律的宗旨，即"参考列邦之制度，体察中国之情形"。在沈家本、伍廷芳的主持下，一场以兼容西法为特征的修律活动大规模展开。从形式意义而言，清末法制改革首开中国法制现代化之端，它不仅宣布了中国沿袭数千年的中华法系的解体，而且在司法过程方面结束了中国司法与行政合一，皇帝总揽大权的体制，初步确立了司法独立的原则。当然，应该看到这些具有合理性形式的法律并没有真正实行。从价值意义来看，清末法制也力图吸取西方法律中自由、平等、权利等进步原则，废除刑讯制度，规定了辩护、陪审、回避和公开审判等制度。但以扼杀自由、平等、人权为价值取向的皇权统治和君主专制制度尚未崩溃、传统法律文化观念仍未荡涤的背景下，法制现代化在价值合理性上不可能有所建树，它只能以皇权和纲常礼教为依归。

辛亥革命后，以孙中山为首的资产阶级革命派依据近代资产阶级法理进行了法律创制活动，通过颁布一系列单行法规，确立了以三权分立、民主自由、司法独立等为主要内容的资产阶级法制体系，同时，深入开展文明司法、公正审判等法制实践活动。由于辛亥革命法制模式存在的时间短暂，因而未能在法律形式上有更多的创新和发展；但它始终以建立资产阶级民主共和国为政治目标，以民主、自由、平等和保障人权为价值取向和依归，并在实践中切实贯彻实施，使民主法制观念深入人心。

但是，辛亥革命的成果很快被北洋军阀首领袁世凯所篡夺，在北洋政府统治时期，法制现代化的实际进程呈现出复杂性和曲折性，主要表现为法制的外在形式与内在价值取向上的深刻矛盾。在法律形式上，北洋政府期间进行了较大规模的立法活动，制定和颁布的法律法规比南京临时政府及清末的法律形式化程度还高。但从价值取向上看，其法律制度是对辛亥革命的否定。其执法司法的专横已从实质上否定了民主、自由、平等、人权等现代法制精神，使载于法律形式的高调成为一纸空文，从而使其法制不断地向传统文化复辟，阻滞了中国法制现代化的进程。

南京国民政府时期，国民政府进行了大规模的立法活动，先后制定宪法及民法、刑法、商法、行政法及诉讼法规。同时，大力引进西方法律文化，用资产阶级的自由、平等、公正的法制原则来装饰门面，又以孙中山的"三民主义"和"五权宪法"思想相标榜。而且，这一庞大的法律体系内容完备、部门齐全、立法技术较以前有很大的提高和改进，形成了法律形式程度较高的"六法全书"

---

① 朱寿朋. 光绪朝东华录（五）[M]. 北京：中华书局，1958：5653.

体系。但是，从内在精神上看，以蒋介石为代表的国民党政府心目中的"三民主义"，丧失了其在孙中山思想体系中固有的革命意义和民主价值，南京国民政府实行的是一党独裁的专制统治，使法制显现出浓烈的传统封建主义糟粕以及法西斯主义专制色彩。形式上表现为现代的东西，价值取向上抛却了现代法精神，其法制成为资产阶级法制和封建传统法律的糅合体。

从上述对近代中国社会转型和法制现代化历程的简略考察，我们可以探寻到近代中国社会转型和近代中国法制现代化两者的内在逻辑关系，社会转型和法制现代化两者彼此相互联系、相互依赖，并彼此从对方那里获得自我发展、自我完善的保证和条件。也就是说，近代中国社会转型和近代中国法制现代化两者是一个相互影响、相互促进的互动过程。

近代中国社会转型对近代中国法制现代化的产生、存在和发展起着决定性的作用。首先，法制现代化是社会转型的一个构成要素，是社会转型的基本要求。法律制度不是一个完全独立存在的体系，而是社会生活的一部分，是深植于一定社会文化的产物。作为一种历史文化现象，法律制度的发生、发展与变化无不受制于经济、政治、文化等诸多社会因素的交互作用。鸦片战争使中国自给自足的自然经济结构受到了严重的破坏，经济的变化导致了社会关系也发生相应的变化，以致清王朝危机四伏，阶级矛盾日趋尖锐激化，民主革命运动蓬勃兴起。在这种急剧动荡的社会背景下，传统法律制度的变革势在必行。有学者指出，鸦片战争后，"中国封闭式的自然经济结构在以武力为后盾的西方殖民地贸易和经济侵略的冲击下迅速解体，继续适用旧律出现了许多弊端和困难，新的情况需要新的法律来调整新的社会关系，这就宣判了旧的立法宗旨和立法形式的死刑"[1]。这说明，传统法制向现代法制的变革，是近代中国社会转型的内在要求，近代社会转型直接催生了中国法制的现代化。从一定意义上说，法律发展正代表着社会文明的发展程度。近代中国的法制变革就是在社会转型的大潮下，与其他社会变革一起，共同构成了近代中国社会发展的历史画卷。其次，近代中国社会转型为近代中国法制现代化提供了生成土壤和内在动力。法律制度是一个国家社会内部生活条件的集中体现，它反映了该社会的政治、经济、文化等方面的基本状况。归根结底，"推动中国法制变革的主要根源来自中国社会内部存在着的处于变化状态中的经济和政治条件。在这些条件的综合作

---

① 张耀明. 略论中华法系的解体 [J]. 中南政法学院学报, 1991 (3)：130-132.

用下，形成了中国法制变革的运动能力和运动方向"①。马克思曾指出："社会不是以法律为基础的。那是法学家的幻想。相反，法律应该以社会为基础。"②近代中国社会转型主要体现在三方面：经济领域由自然经济向商品经济的转型；政治领域由集权政治制度向现代化民主政治制度的转型；文化领域由过去封闭、单一、保守的传统文化向现代开放的、多元的、批判性的现代文化的转型。它为法制现代化提供了社会政治、经济和文化变革的基础，并为其提供了内在动力。也正因如此，近代中国社会转型的发生，不仅使法制现代化成为必要，而且也为其提供了实现的可能。最后，法制现代化是近代中国社会转型的历史必然。鸦片战争后，强劲的西方物质和文化对东方农业民族形成了巨大的压力和挑战，威胁到包括中国在内的整个东方民族的基本生存方式和社会组织框架，其中当然也包括传统的法律价值体系。由此，近代中国进入了一个大变动、大转型的历史发展时期。伴随着中国社会发展开始被纳入资本主义文明的世界一体化的进程，西方法文化的强行侵入，不仅打断了中国传统法文化自身的逻辑进程，而且"在剧烈的法律文化冲突过程中，固有的传统法律文化体系产生了深刻的变化，它逐渐吸收和融合了外域法律文化的某些因素，导致法律价值取向的巨大转变，进而适应新的社会条件，开始了新的法律文化体系的整合或重建过程，并且由此获得了新的生命力"③，近代中国踏上了一条转型、过渡的现代化历史发展的必然之路。

从近代法治过程来看，近代中国法制现代化对近代中国社会转型也起着积极的推动作用。首先，法制现代化是社会转型的客观保证和现实条件。法律作为一种社会规范是社会承续发展不可或缺的，特定法律制度的建立，意味着对与其相应的有关社会政治、经济、文化等变革的肯定，从而使这种社会变革在特定社会中获得主导性地位并发挥其作用。否则，这种社会变革就难以继续下去。近代中国的社会转型，实质上是从农业文明向工业文明的大转型，是当时世界性变革潮流的一部分。近代中国的法制现代化就是社会转型在法律领域内的体现，它为社会转型提供了某种法律依据和保障。如1903年至1906年清朝相继颁布了一系列商事法规，并于1910年起草了《大清商律草案》，以适应商事活动的日益兴盛，专门调整日趋复杂的商事关系。其次，法制现代化引起近代

---

① 公丕祥.中国法制现代化进程（上）［M］.北京：中国人民公安大学出版社，1991：165.

② 马克思恩格斯全集：第6卷［M］.北京：人民出版社，1958：191-192.

③ 公丕祥.法律文化的冲突与融合［M］.北京：中国广播电视出版社，1993：11.

中国社会各领域的连锁反应,整体带动了社会转型的进程。法制是一国社会内部生活得以正常运作的机制及条件。近代中国法制现代化作为全方位的现代化的一个不可缺少的组成部分,它是伴随着中国社会内部的政治、经济、文化等条件的不断变化而同步发展的。近代中国的社会转型与法制现代化不是孤立存在的,任何一方在其形成运行的发展中都受到来自对方的影响和制约作用。新的法律制度一旦产生就成为一种现实存在的法律现象,并对人们的行为和社会关系产生影响。同时,系统表达国家价值选择意志的法律规则体系也能够深刻影响社会主体的思想动机和思想决策。法律制度的运行及其结果也会对人的思想、认识和价值观念产生影响。法律通过对价值认识、价值评价和价值选择活动来影响和规定人们的思想内容、思想方式和思想决策,进而制约人们的行为、动机和行动意识。因此,一定社会的法律思维模式的培育、社会价值观念的整合和主流法律意识形态支配地位的确立都离不开法制体系的作用和影响。正如有学者指出:"从根本上说,近代中国法制现代化是与当时社会政治、经济、文化的历史转型分不开的。从中国法制现代化变革的内部生成动力来看,法制现代化是社会政治、经济和文化变革的集中反映。适应社会发展,推动社会进步是近代中国法制现代化变革的根本方向和基本任务。"①

二、近代中国法制现代化的历史进程

近代中国法制现代化是在特定的时间和空间条件下所发生的一场法制改革与创新运动,具有自身独特的个性,是鸦片战争后的所谓两千年来一大变局的产物,亦是中西法文化碰撞的结果。其进程迂回曲折,跌宕起伏,充满了矛盾和斗争、前进和后退,尽管这一过程非常复杂,但却是一个有规律可循的历史必然性运动。统观近代中国法制现代化的演进历程,大致可以划分为启蒙、发生期,动荡、徘徊期,成长、发展期三个阶段,而其中每个阶段都呈现出不同的时代特色。

(一)清末民初——近代中国法制现代化的启蒙、发生期

1840年的鸦片战争,把古老的中国推上了师夷的道路,也翻开了近代中国法制现代化的历史长卷。从此时开始到20世纪初,构成了这幅历史长卷的第一部分——近代中国法制现代化的启蒙和发生期。

第一次鸦片战争开始到中日甲午战争前,是近代中国法制现代化的启蒙阶

---

① 侯强. 社会转型与近代中国法制现代化:1840—1928[M]. 北京:中国社会科学出版社,2005:23.

段。这一阶段，由于鸦片战争的惨败，当时少数有识之士开始认识到中国落后的现实，意识到完全恪守传统的"以夏变夷"的思维习惯是行不通的，从而产生了向西方学习的要求和行动，中国法文化的封闭状态开始被打破了。从魏源的《海国图志》、梁廷楠的《合省国说》、姚莹的《康辖纪行》及徐继畬的《瀛环志略》，到洪仁玕《资政新篇》等，都将英国君主立宪政体及美国民主共和政体同时介绍到中国来，毫无成见地给西方两种不同类型的民主政治以高度评价。但在这一阶段，这些有识之士尽管提出了"师夷长技"的口号，但多是一些空泛议论。随着19世纪60年代"洋务"的兴办，在西方先进技术和设备大量引进的同时，西方的政治法律思想和制度也随之不断输入。洋务派继承发展了魏源的思想，提出了"中学为体，西学为用"的主张。郭嵩焘在《条陈海防事宜折》中认为，"西洋立国有本有末，其本在朝廷政教"，主张学习西方制度之本，即学习西方的宪政。郑观应认为："西人立国具有本末，虽礼乐教化远逊中华，然其驯致富强亦具有体用。育才于学堂，议政于议院，君民一体，上下一心，务实而戒虚，谋定而后动，此其体也。"① 这些有识之士大大扩展了"西学为用"的范围，对西方政治法律制度有了更深的认识，开始思索如何引进借鉴西方政治法律制度。与此同时，外国传教士来华的人数不断增多，他们在带来西方宗教文化的同时，也捎带了西方法律和法学，这些都开拓了中国人的眼界和思想，并在一定程度上刺激了他们改变封建专制政体的念头。但由于整个统治集团正陶醉于"同治中兴"的幻景之中，加之洋务派官僚们更多的是在"西艺"方面的学习和引进。所以，这一时期有关西方法律制度及思想的宣传和介绍，并没有被统治集团所采纳，甚至没有引起统治集团的注意，而且在民众中也没有什么影响，仅对中国传统法制的改革起了舆论先导的作用。

中国人对西方政治法律文化的态度发生根本变化，是在19世纪90年代。李大钊曾如是说：

> 夫海禁大开至于甲午，由甲午以至于今，我国外交历史，概可分为二时期：甲午以前，我国朝野士大夫，昧于天下大势，心目中惟以中国处华夏之中，礼义文化远出他邦之上，所有东西各国，非虏即夷，皆不足与我较，此时外交可谓夜郎自大之时期；甲午之役，挫于日本，举国大哗，方知国力不足恃，旧法不足尚，对于外人亦一变前日骄矜之态度，而出之以卑训，前倨后恭，判若两人。②

---

① 夏东元.郑观应集.盛世危言（自序）[M].上海：上海人民出版社，1982：234.
② 李大钊全集：第2卷 [M].石家庄：河北教育出版社，1999：468.

　　甲午战争的失败再次刺激和惊醒了国人，有眼光的知识分子更惊觉到中国制度和文化本身的落后和缺陷，畅言改革。以康有为、梁启超等为首的集新旧知识于一身的改良者，开始真正比较系统、公开地介绍、传播西方资产阶级法律思想。康有为利用传统经学为君主立宪制度寻找根据，把西方的政治法律制度说成是古已有之。梁启超发表了《变法通议》等一系列重要论文，明确提出中国要变法图强，必须学习西方先进的政治法律制度。严复等则径直大量翻译、介绍西方法学名著，力主用西方民主法律制度代替封建君主专制制度。他们在号召与宣传向西方学习的同时，在他们的著作中也具体指明了学习西方法律制度的哪些方面。康、梁领导的戊戌变法将法制变革思潮推进到了一个新的阶段，但是由于保守势力的强大新法律思潮也因一百零三天的百日维新运动的失败戛然而止。

　　清末修律是中国法制现代化发端的重要分水岭。1901 年至 1912 年，构成了近代中国法制现代化的发生期。1900 年的义和团运动从根本上动摇了清朝的统治基础，固有的"纪纲法度"荡然无存，面对既患且乱的局势，清朝已不可能再照旧统治下去了。1901 年，在清朝最高统治者明确向西方学习、肯定西方文化的价值后，为了鼓励、推动新政的展开，西方列强和国内的改革派迅速就废除领事裁判权问题达成了共识。这大大激发了中国人的民族自尊，"修律以收回领事裁判权"成了法律改革的旗帜。1902 年 2 月，清朝下诏："我朝《大清律例》一书，折衷至当，备极精详。惟是为治之道，尤贵因时制宜，今昔情势不同，非参酌适中，不能推行尽善。"① 时移事异，面对社会的急剧变革，清朝感受到，中国传统法律处于不得不变的大趋势中。此后不久，沈家本、伍廷芳受命为修订大臣，"将一切现行律例，按照交涉情形，参酌各国法律，悉心考订，妥为拟议，务期中外通行，有裨治理。"② 清末大规模修律运动由此开始。为了"以商兴国"鼓励商业发展，清政府首先制定商事法律，1903 年至 1907 年包括《公司律》《破产律》在内的商事法律颁布并制定了一批鼓励投资实业、建立工厂的实业奖励法规、促进行业发展的行会组织法规；1908 年，《钦定宪法大纲》颁布，这是中国近代第一部宪法；1908 年，《钦定行政纲目》颁布，明确规定了君主立宪政体的行政原则；1911 年，《钦定大清刑律》颁布，《大清民律》也完成起草工作。在司法改革方面，建立了新的诉讼制度和司法机构。在诉讼制度上改变了民、刑不分的传统，区分了民事案件与刑事案件，确立了平等、公

---

①　清德宗实录：第 495 卷［M］. 北京：中华书局，1987：542.
②　清德宗实录：第 498 卷［M］. 北京：中华书局，1987：583.

开、公正审判原则以及律师辩护、陪审制度。司法机构改革改变了司法与行政合一、司法不独立的传统，出现了司法机构和审判机构的分立。地方设立初级审判厅、地方审判厅和高等审判厅，实行四级三审制。在短短十年时间里，晚清法律改革以日本、德国为榜样，对传统法律制度进行了颠覆性的变革，传统的中华法律体系被废弃，初步建立了包括宪法、行政法、刑法、民法、诉讼法、法院编制法在内的全新部门法律体系和标榜"司法独立""平等、公开、公正审判"原则的司法系统。在西方法律文化的催化作用下，清末法制变革不仅在形式上改变了古代"诸法合体""民刑不分"的法律编纂体系，而且构成了以宪法为主导的公法与私法相分离、实体法与程序法相区别的西方式法律体系，初步形成了后来被人们所概括的"六法"。这种变化并非量的简单增长，而是某种质的飞跃，它意味着一种新的法律结构模式的出现。清末统治集团采纳大陆法系的法律结构模式来改造固有法制系统，革新传统的高度一体化的法律结构，其结果导致了中国法律至少在表面上开始西化了。如果说此前西方法律政治思想和制度的输入只是传播了西方法律文化，是中国传统法制迈向现代化的"热身"运动，那么，清末的法制改革则使中西法文化开始走向了融合。但是，由于这场改革的实质依然是以维护封建专制统治为目的的，随着辛亥革命的一声炮响，这场改革也走到了历史的尽头。

尽管清王朝的新政改革最终失败了，但因修律而开启的近代中国法制转型事业在新的历史条件下得以延续。按照1908年确定的九年预备立宪，1916年清政府将正式实施宪政，因此，晚清法律改革中制定的很多法律（包括草案），实际上是为宪政后的中国准备的。1911年辛亥革命虽然推翻了清王朝的统治、建立了中华民国，但晚清法律改革的成果却被基本继承了下来并在深度和广度上继续向前发展。

（二）民国北京政府时期——近代中国法制现代化的动荡、徘徊期

1911年爆发的辛亥革命，终于推翻了封建帝制，在中华大地第一次建立了民主共和制度。以孙中山为首的资产阶级革命派一方面对西方的民主立宪制度予以批判继承，另一方面又对传统文化加以革新改造。他们依据近代资产阶级法理进行了法律创制活动，提出了中西合璧的"五权宪法"思想。通过颁布一系列单行诉讼法规、刑事法规、民事法令等，初步确立了资产阶级的宪法、行政法、民事法、刑事法及司法体制。虽然辛亥革命的成果很快被北洋军阀所窃取，辛亥革命时期未能在法律形式上有更多的创新和发展，但它始终以建立资产阶级共和国为政治目标，以民主、自由、平等和保障人权为价值取向和依归，

并在实践中切实引进、借鉴、实施西方民主共和制度，使民主法制观念深入人心。尽管辛亥革命后建立的南京临时政府只存在短短的三个月，但是这三个月所通过的法律和当时正在制定的法律，其范围之广、数量之多、民主性革命性之显著都是前所未有的。可以说，在社会剧烈动荡的时代背景下，中华民国开国时期的法制建设在近代中国法制现代化的进程中起到了承前启后的历史作用。

自1912年至1927年，中华民国北京中央政府为不同派系的军阀集团所把持。他们为了获取在北京的中央统治权，一方面镇压政治上的反对派，逼迫其他军阀就范，并以军事实力作为保持政权的最终手段，所以这一时期的宪法性立法和立法机构国会的更迭特别频繁。另一方面，为了争取有利的社会舆论，也需要借助近代民主共和政体的运作方式来表明自己的中央统治权的合法性，为此也进行了法律创制和司法制度建设活动。其表现是：清朝末年制定颁布的一系列法律、法规，被继续援用，如《大清刑律》易名为《中华民国暂行新刑律》，民法则沿用1910年颁布的《大清现行刑律》的民事部分；清末一些法律草案经过简单修改，完成立法程序，颁布生效；根据实际情况，补充、完善清末立法或在清末修律未涉及的领域继续新的立法活动；落实清末司法改革中的四级三审制，将检察机构独立于审判机构，设立平政院主管行政诉讼和对官吏的弹劾权。

在北洋军阀统治时期，军阀割据，破坏了社会经济的发展，打乱了法制现代化的正常发展。但是经过辛亥革命，南京临时政府已经构筑了一整套资产阶级民主政治运行的基本框架，并在多方面进行了实践。从孙中山先生的三民主义理论，到《中华民国临时约法》确定的三权分立政体，再到临时政府在政治、经济、文化教育、社会生活等方面颁布的一系列法令，已经形成了一套相对完整的民主政治理念、原则和制度架构。辛亥革命的果实虽被窃取，但毕竟国号未曾改变，每一派军阀控制中央政府后，为证明自己的合法地位，都不得不在形式上保留三权分立的政权机构以及其他许多具有民主色彩的政治制度，这就使革命派或其他派别的政治力量在一定程度上可以通过国会来维护自己的利益，反对政府的某些方针政策，使政府无法独断专行，为民主政治提供了条件。尽管辛亥革命的政权被军阀窃取，但这场革命给民众带来的民主共和观念却没有被窃取，实际上也无法窃取。从北洋军阀统治的具体历史时段看，面对社会的急剧转型，军阀们为了赢得人心、巩固其统治，又不得不打起"民主"与"共和"等具有资产阶级性质的招牌，以清末制宪修律为开端的法制现代化进程并没有中断。这一时期，在法制的形式方面反而得到了进一步的补充和发展。宪政建设上，尽管国家政权在北洋军阀不同派系中几经转手，但是，当权者无不以推进宪政建设作为其施政的口号，从《中华民国临时约法》到《中华民国约法》，再到曹锟的贿选《中华民国宪法》均以立法的形式确立了对政府权力的限制，以防止政府滥用权力。因建立新生民国的需要，经济立法方面，由清末开始的各种现代经济法规正是在北洋军阀政府时期得以初步完成的。当然，这一时期的法制现代化的实际进程，又更多地呈现出复杂性和曲折性，这主要表现在法制外在形式与内在价值取向出现了深刻的矛盾。一方面，北洋政府时期制定和颁布的法律法规比清末的法律形式化程度要高，推进了法制现代化运动中的形式合理性；另一方面，在执法司法中，却继承和保留了一些中国封建法制文化的衣钵和成分，从而使其法制建设不断向传统文化复辟，阻滞了中国法制现代化的进程，使中国法制现代化的历史进程在动荡的社会条件下出现了迂回、曲折和徘徊，这一时期构成了近代中国法制现代化的动荡、徘徊期。

（三）南京国民政府时期——近代中国法制现代化的成长、发展期

历经北伐战争，1927年4月18日，以蒋介石为首的国民党在南京建立了国民政府。南京国民政府遵奉孙中山的三民主义（民族、民权、民生），南京国民政府建立后，宣布进入训政时期，实行党治原则，以中国国民党主持政权，掌握国家权力，以"政治保姆"的身份训练国民行使政权的能力。南京国民政府统治时期，法律制度建设进入了一个相对稳定的时期。在近代中国法制现代化进程中，南京国民政府时期法律制度的建构具有重要的理论意义和历史价值。南京国民政府时期的法律制度是随着近代中国社会内部转型、外部矛盾的演化，在承继民国前期法律制度成果的前提下，继续以大陆法系国家法律制度为蓝本而构造的法律体系，它与特定的社会背景相联系，受国民党政治纲领的指导。这一时期，南京国民政府从政治体制上开始了"宪政"实践，宪法的起草逐步展开，但由于国民党政府对宪法制定缺乏诚意，也由于日寇侵华，宪法订立处于草案阶段。直到抗战结束后，1946年《中华民国宪法》正式制定，并于1947年开始实施，宣布结束训政时期，实行宪政。

南京国民政府时期在立法方面的主要成就，就是以制定各项法典为主要任务，逐步形成以宪法、民法、刑法、民事诉讼法、刑事诉讼法、行政法六大类法律为主体的"六法体系"。民法典的制定，采取了分编起草、分别通过的形式，1928年至1931年，民法典的《总则编》《债编》《物权编》《亲属编》《继承编》相继获得颁布。刑事法律方面先后有两部刑法典，即1928年颁布的刑法和1935年制定的刑法，其中，《三五刑法》是中国近代史上的最后一部刑法，也是生效时间最长的刑法（台湾地区继续使用）。在刑法典以外，国民政府又先

后制定了一大批刑事特别法和相应的特别诉讼程序，按照特别法优于普通法的原则，这些特别法往往与国民党的政策紧密相连，扩大了刑事管辖的范围、加重了刑罚，破坏了法制的统一和尊严。司法制度建设方面，值得一提的是法定调解程序和三级三审制。1930 年 1 月 20 日颁布的《民事调解法》规定民事案件不经调解程序，不得提起诉讼，这显然将中国传统重道德教化、慎诉讼的精神入律了。1932 年，《法院组织法》改变了清末法律改革以来确立的四级三审制，取消初级法院的建制，县市设地方法院，省设高等法院，首都设最高法院（不再像北京政府时期设立最高法院分院，确立最高法院的唯一性），实行三级三审制。

就法律体系的风格而言，南京国民政府继承了清末以来所确立的大陆法系原则，吸取了以往历届政府在法制建设上的成果和经验，完成了以宪法、民法、刑法、民事诉讼法、刑事诉讼法、行政法六大类法律为主体的六法体系的建构。在法律程序规范上，南京国民政府的司法制度紧紧围绕保证国家正确适用法律、保护当事人合法权益、确保公正审判顺利进行而设计的。在法律监督机制上，南京国民政府时期，形成了多部门监督、大范围关注司法审判的格局，在一定程度上为保障司法公正、提高司法权威提供了保障。综观国民政府时期的法律制度，不仅体系完备、内容详尽，而且适用性强。它不断适应社会生活的变化及时调整内容，不断完善立法，使其实现公正裁判的价值，真正维护当事人利益，保障社会稳定。从近代中国法制进程来看，南京国民政府时期的法制建设延续了自民国以来的法律改革，进一步把西方资本主义国家的某些法律制度引进我国，并结合中国的实际情况予以发展，从而把近代中国半殖民地半封建的法律制度的建设推向最为完备的阶段，应该说，南京国民政府在中国法律制度现代化的道路上迈出了值得肯定的步伐。然而，南京国民政府的法律制度从阶级本质来说，是代表中国大地主、大资产阶级的利益和意志的，它不可能是先进法律文化的代表和方向。因而，南京国民政府的法律制度作为近代中国法制现代化过程中最完备的法律形式，它发展的顶峰也正是它衰落的开始。随着1949 年中华人民共和国的成立，南京国民政府的六法全书也走完了近代中国法制现代化的最后里程。

自清朝末年清政府全面推行法制改革后，传统法律体系逐步解体，中国法律开始了近代化进程。中华民国北京政府时期，中央政权更迭频繁，法律近代化进程时断时续。1927 年南京政府建立后，法律近代化步伐加快，以宪法、民法、刑法、民事诉讼法、刑事诉讼法、行政法为主干的六法体系的形成，标志着以近代法律理念为指导、具有近代法律特征的法律制度在中国最终确立，中国法律近代化进程得以基本完成。就中国近代以来的法律变革的过程来看，有着深刻的历史教训，呈现的是法律传统的失落和外国法律在中国的水土不服。在显性的法律形式层面传统法律基本被抛弃殆尽，政治家和法律家更倾向于全盘接受西方法律；而在隐性的实质层面，继受而来的西方法律在很多方面难以适应中国的社会现实，传统的价值观和调控方式仍然在社会生活中发挥着主导作用。在一百多年的法律变革进程中，有两个根本性的问题一直困扰着我国的法制现代化事业：一是如何实现"传统法律文化的创造性转化"，把数千年积淀下来的法律经验转变为现代法治的资源；二是在继受外国法律的过程中，如何避免简单的拿来，真正实现"西方现代法律文化的本土化"。

中国法制近代化是中国近代社会政治、经济、文化等发展变迁的必然结果。它是在引进西方法文化的同时，在批判与吸收中国传统法文化的合理内核的矛盾冲突中逐步推进的。中国法律的近代化，是一个历史的发展过程，晚清修律只是继往开来的重要一步，在这个过程中充满了新与旧、民主与专制、前进与倒退的复杂尖锐的斗争。发展中的经济关系和先进的阶级力量推动了中国法律近代化的进程，而一大批思想家、改革家在中华民族危机的时刻，把改革与救亡联系在一起，冲破了清朝旧律的束缚，设计了改革法律的种种方案，谱写了中国法律近代化的巨幅鸿篇，而其中，近代法律人——作为新兴的职业阶层更是殚精竭虑、奋发有为，为中国传统法制的近代化做出了巨大贡献。

第二章 清末"政治浪漫主义"与"制度决定论"——对法政人的认知

制度是理解历史的关键，是现代化变革的根本性因素。一部文明史，就是一部社会制度变迁史。近代百年中国现代化进程的核心问题，就是建立与其相适宜的社会政治制度框架问题。实践表明，制度变革的成效直接决定着现代化建设的兴衰成败。人类社会发展历史表明，政治作为以经济为基础的上层建筑，具有极强的先导性和发散性，对社会生活各方面都有重大影响和作用。在社会制度变迁过程中政治往往处于支配性的地位，起着决定性的作用。因此，建构具有明确现代化导向、稳定、高效的政治制度体系，是近代中国迈向现代化的关键性一步。然而，恰恰是为迈出这一步，近代中国就走过了半个多世纪的艰难历程。自 1898 年才进入制度层面改革的中国早期现代化由戊戌变法到清末新政，经辛亥革命推翻帝制到民国建立直至南京国民党政权形式上统一中国就是一个不断追求这种制度变迁的漫长曲折的历程。

1900 年，风雨飘摇的清王朝迎来了 20 世纪的新曙光，然而满目疮痍的旧中国，在迈入新世纪的头一年便遭遇到了巨大挫折，先是英、美、法、俄、德、日、意、奥八国组成侵略联军悍然入侵中国造成"庚子国难"，继而是丧权辱国的《辛丑条约》的签订和 4.5 亿中国人人均一两的 4.5 亿两白银的战争赔款。经此事变，清王朝已成风中残烛，中国人则在受尽屈辱之后，更迫切地追寻振兴国家之道。

庚子国难、辛丑赔款成为国人心头挥之不去的阴影。痛定思痛，一场自上而下由清政府主导的唯一一次比较有诚意的大规模的社会改革运动——新政如火如荼地兴办起来。这场运动对 20 世纪的中国产生了深远的影响，改革运动涉及发展实业、编练新军、改革司法、鼓励社会公益事业、推行立宪政治、废除科举、创办新式学校、奖励留学等多方面内容。历史证明，清末新政的许多成果，对于推动中国社会由传统向现代转型起到了积极作用。1901 年至 1905 年这几年间，新政主要集中在政治机构改革、兴学育才、奖励工商等方面。而教育方面的新政改革尤为显著，无论是从学制到学堂的变化，还是教师教授的方式方法，学生的选取标准的变化，都可以说是史无前例。而在传统教育向现代教育转变过程中，为适应建立新的政法体制及其人才的需要，近代法政教育的兴起则成为新政中最为耀眼的一项改革。

从 20 世纪初的清末到民国建立的十余年间，中国政治发展呈现出的复杂和艰难性，让中国人经历了探索、失败、再探索的不断调试和"中国化"的过程。今天来看，在 20 世纪初危机四伏的时代氛围中，中国社会的诸种新政变革，透出许多"新"的气息。从器物、制度到思想、观念等都被人们赋予了"新"的概念或形式，"趋新"可以说是当时社会风尚的一大特点。尽管因地域特点、社会群体的构成等因素不同，趋新的方式和对"新"的认知可能会有所不同，但这已然反映出中西文化碰撞过程中中国一方在思想、观念上的变化。"趋新"之后，便是急于"求变"。这种心态无论是新政前后时期的改良者还是后来的革命者，在他们的言语中都有类似的反映。19 世纪末，改良派领袖康有为在为清帝所进呈的《日本明治变政考》中称，只要以日本为鉴，中国改革也会"三年而宏规成，五年而条理备，八年而成效举，十年而霸图定矣"。20 世纪初，革命先驱陈天华在其《论中国宜改创民主政体》中写道："中国醒悟之后，发奋自雄，五年小成，七年大成，中华民族便可立于世界民族之林，中国民主政体的建设也可指日可待。"尽管各方人物的政治理念和目标有所不同，制度改革的道路和方法主张各异，但对未来中国政治制度变革的冀求以及这种制度变革在短时间内将带来中国社会巨大变化的浪漫主义的看法是极其相似的。

萧功秦先生在其《与政治浪漫主义告别》一书的"自序"中曾写道，20 世纪初期以来的历史表明，激进主义与政治浪漫主义的直接后果是引起了保守顽固派的反动和制度层面严重的社会失范和社会整合危机，更甚者引起人们文化心态的扭曲，进而再次强化了激进主义的恶性循环。何谓"政治浪漫主义"？萧先生曾有精辟的论定，那就是一种希望通过简单搬用西方现成的民主制度模式，快刀斩乱麻地、毕其功于一役地破除既存秩序，迅速引入西方行之有效的体制，实现中国现代化的价值取向。往日人们论及革命和改良，总是以思想的进步性，即对待"立宪"和"共和"的态度为分野，可仔细看看两派代表人物的言论，实属同承一个祖师的衣钵！求新、求快的思维模式，直接影响了近代以来中国的各项制度建设进程和中国现代化发展的"节奏"。清末法政教育也正是在这种思维模式的引导下起步的。

清末的法政教育作为高等教育中的一种类型，为适应清末立宪和法政制度建设的需要，相比文、理、工、商、农、医等类型的教育发展来说，法政教育的规模和数量要大得多。近代以来，中国近代教育的发展，在学制、教学内容、课程设置等方面虽然发生了很大的变化，但是在教育方法和教育理念等方面表现得还相对滞后，外来的教育观念和思想似乎总在受到中国传统教育观念的顽强抵抗。但是在"政治浪漫主义"与"制度决定论"的思潮影响下，清末新政的十年间，在法政教育领域中国传统的教育理念及其方法完全失去了抵抗能力。法政教育基本上是全盘西化，发展异常迅猛，风行一时，很难说有什么中国特色。无论是从大量的法政专门学堂的建立，还是从法政留学热潮等现象来看，西法东渐对中国社会的确产生了深远的影响。当然，这种没有经过"本土化"的东西，虽然能够在清末流行一时，但却并不能恒久地发生作用和影响。

翻开中国通行的法律发展史，近代中国法政教育的脉络、大学及专门学堂内法政科目设置、组织机构、法政课程的安排等一目了然，近代以来的法政教育的利弊得失及其经验与教训应该说国人都有相当深刻的认识。在汉语语境下，"法政"是法律和政治的缩写，中国近代法政教育的兴起，在对"法"和"政"的关系认识上，"法"无疑是"政"的补充和附属，法更多的是为体制变革、巩固政权服务的，并非是为更广泛的社会成员提供法律知识与意识上的训练，这也是近代国人对法政教育认识的一种偏差。法政教育勃兴的现象正是清末思想界"制度决定论"的产物，那就是要移植体现西方文明的政治制度，就要先培养能够掌握西方政法游戏规则的操作者，以备中国制度建设之用。培养法政人才，就必须建立法政学堂。这种好似"移花接木"和"买壳上市"的做法，虽符合事物发展的逻辑，但却是"制度决定论"的最明显表现。耐人寻味的是，从西方传入的器物、制度能否作为中国发展的唯一标准，西方的范式入华往往会成为一种"示范"。历史发展证明，"示范"的东西——尤其是外来的文化制度，并不一定能够成为普及的东西，虽然它具有引导先进的功能，但有时也难免落入"望梅"而不能"止渴"的虚幻空间。

将清末法政教育与政治浪漫主义联系考察，可以发现，清末法政教育本来是在清末传统集权政治条件下开展的，目的是要解决中国现代化过程中的问题和矛盾，进而顺利促进现代意义的政治形式和政治体制变化。但是这种新式法政教育，并没有很好地完成其历史使命。其中，近代中国复杂的国内外环境、经济政治条件是主要的制约因素，但人为的主观上的重大纰漏也是足可引起后人注意并可为殷鉴的。

伴随着宪政改革、司法改革呼声的高涨，诸多新法新律逐一颁布，但法律制度并没有保障近代中国教育，也包括法政教育的正常、有序发展。一些新法新规却因无法面对新情况、新问题而走向反动。考察清末科举制度的废除，"废科举"对于建立近代教育制度意义自然重大，但弊端也显而易见。当时中国虽未必面临着"旧者已亡，新者未立"的局面，然而从新政期间颁布的《学堂奖励章程》来看，其根据学堂级别不同而授予毕业学生相应的官职和承认相应的出身。其中，法政学堂毕业学生被认定为举人出身，并被授予"内阁中书、中书科中书、各部司务、知州、知县、通判"等职，这一标准与高等学堂毕业生相同，略低于分科大学毕业生。这一现象颇堪玩味！给予新学堂学生和留学生科举出身的规定，本是清政府在科举制度仍然存在的情况下为办新学而采取的一种变通办法，但是在光绪三十一年（1905）八月四日下诏废除科举后，仍然沿用了这些制度。在当时传统的用人考试制度已经废除，新的官吏任用制度尚未确立的情况下，这些规定对选拔新式人才起了一定作用，然而，科举制度与新式教育大相径庭，硬要套用旧制度的考试用人方法来选拔任用新人才，则漏洞颇多。当时，御史陈曾佑就看出，《奏定学堂章程》所列奖励各条，滞碍难行之处极多，与各国取士之法也不相合，他认为亟宜改订，以臻美善。科举是选官制度，本与教育无关，但由于封建政府要培养忠于朝廷之士，需要以封建理论去规范他们的思想行为，从学习上引导他们，因此，科举创立不久，便与教育有了不可分割的联系，由此也埋下了隐患。明清时，科举完全左右了教育，把教育内容限制在狭小的范围之内，读书人"两耳不闻窗外事，一心只读圣贤书"，竭尽一生精力钻研八股文的写法，对政治、社会实际情况及人情世事都缺乏了解，一旦为官，缺乏足够的知识来应对社会及民间大小事情，只得委诸幕僚师爷及下级官吏决策事宜，使得吏治日渐败坏，政治亦难上正轨。显然改革这种依附于旧科举的、不完整的教育势在必行。职是之故，清末新政有关教育改革（包括法政教育）如火如荼式开展起来了。

但是，改革不应是简单的废除，必须首先要厘清科举和教育的各自功能，处理好二者的关系。科举的功能本是保证公平取士，教育的功能是为社会培养各方面的人才。科举不应左右教育，教育也不能只为选官服务。只有让科举回到原本的、单一的选官功能，使教育与科举分途而行，才是新式教育发展的前提和关键。显然，新政决策者并没有认识到这一点，反而以新学堂替代科举，对学堂毕业生授予出身，一如科举之模式，很大程度上限制了教育的发展。御史陈曾佑看到了问题的症结，指出新学堂之不能发展，乃"学堂、仕进混一之弊"。仕进与学堂混合的弊端在于所学非所用。他认为，学堂只授文凭，虽多至数千人不觉其滥，如尽授以官，则难以为继，"国家最利之事，在人人皆知求学；国家最不利之事，在人人皆思做官"（《光绪政要》卷三十一）。以发展新学堂来普及教育是进步的，让新学堂重新承担科举选官的功能则是行不通的。

认识上出现了偏差，其所推行的政策自然难见其效。

这种"新科举"无疑让新式教育违背了初衷、改变了方向，新瓶装旧酒式的教育改革，反而促使那些以进入新式学堂学习换取日后功名利禄的人愈来愈多，范进中举式的旧科举似乎在新政的幌子下以一个新名词而复活了。

在"制度决定论"观念的影响下，清末一部分政治、知识精英所表现出的"政治浪漫主义"，表达了他们在当时中国面临列强环伺、帝国大厦将倾之时，试图通过制度层面的重新设计和改造来挽救危亡的大清帝国。这中间，各路知识精英推动的种种改革举措，尤其是对于法政教育建设的热衷和努力也取得了一定的成效。然而，"浪漫主义"的政治理想与社会政治制度的现实总是存在着巨大的差距。近代百年中国，知识分子、政治精英对于宪政和法治的讨论、尝试始终不绝，其中希望通过法政教育培养治国的人才，被认为是最有效的手段之一。但近代中国有如人染沉疴，似当"先用糜粥以饮之，和药以服之；待其腑脏调和，形体渐安，然后用肉食以补之，猛药以治之"。治大国如烹小鲜，社会制度的变革并不是一朝一夕可以完成的。但是在时代和世界形势的紧逼之下，无论改良派还是革命派即使认识到这一点，也几乎均不能接受渐进变革的方式，徐图变更的倡议往往被湮没在贸然激进的口号声中。

清末新政既是戊戌变法的扩大和深化，又在很大程度上影响了辛亥革命的兴起和结局。辛亥革命确立共和制度，在中国现代化进程中具有划时代的意义。清末新政固然是慈禧集团为强化封建国家机器，整顿和巩固清王朝统治搞起来的，也不可否认新政改革由于主观和客观上的多重局限，加上清王朝自身的顽固保守，使改革大打折扣，存在诸多缺陷和弊端。尽管如此，清末新政改革，在社会政治、经济、军事、文化教育等方面都产生了新陈代谢的客观效果，在中国社会的近代化过程中占有一定的地位，是中国近代史上广泛而深刻的资本主义性质的改革运动。同时，这场新政改革运动是在一种"政治浪漫主义"与"制度决定论"的语境下，由近代中国内外多重因素而推动的，客观上带来了两个具有积极意义的社会效果：一个是思想认识上对新生的职业阶层——法政人有了初步的认知；另一个是实践上的，新政改革本身需要大量的法政人才进入体制内，从而为改革提供制度上的保障。

第三章 清末法政教育：近代法律人 生长的摇篮

　　清末科举制度的废除，旧学已经没有任何发展余地，在此背景下清末的法政教育和近代法学教育逐步产生和发展起来。清末法政教育的兴起为民国时期法律家群体的生成奠定了坚实的社会基础。如前述清末的法政留学生培养了中国近代史最早的一批法律家，他们在民国的社会土壤中孜孜耕耘，培养出一批又一批新式法政人才，使得民国北京政府时期的法律家群体茁壮成长起来，真正形成了一个所谓的"职业法律家阶层"，更对其后南京国民政府时期的政治、法律、文化等各方面都产生积极的作用和影响。

　　清末新式法学教育的兴起和发展使得法律在社会上成为一门知识的地位正式得以确立，为近代法律人群体的产生提供了观念基础和制度保障。修律大臣沈家本、伍廷芳认为，颁布新的法律虽然重要，但是培养新式法律人才更为重要："法律成而无讲求法律之人，施行必多阻隔，非专设学堂培养人才不可。"①于是，各类法学教育的学堂，雨后春笋般兴起。在京师有京师大学堂，各省也设置了18所学堂，都开设有法律方面的课程，实行专门化法学教育。随着科举制度的废除，清末法学教育进入了勃兴阶段。在国内学术和师资水平都十分有限的情况下，许多学堂采取了延聘外教和使用国外翻译教材的办法。当时承担京师法律学堂大部分课程讲授任务的教员都由修订法律馆的日本法律顾问担任，如冈田朝太郎、松冈义正等。此外，一大批早期的法政留学生也开始充任法学教师。清末法政教育的兴起为其后乃至民国时期法律家群体的生成奠定了坚实的社会基础。

　　清末新式法学教育最早可追溯到1860年清政府为满足外交人才之急需而设立的京师同文馆时期。在与外国人打交道的过程中，洋务派认为，语言不通，造成很多隔阂，而且常常因此而受到西方国家的欺蒙，为此应着手培养翻译人

---

① 沈家本.寄簃文存·法学通论讲义序 [M].北京：商务印书馆，2015：203.

才。1862 年，京师同文馆正式开馆教习，最初有学生 10 人。科目设置由最初的教授外国语言文字，发展到开设有关自然科学、包括法学在内的社会科学课程。因办外交的实际需要，法学科目仅限于国际法（当时普遍称其为"万国公法"）。于是，围绕着"万国公法"教学的需要，一大批西方的法学著作被译介到中国。近代性质的法律教学和翻译活动使得国人以国际法为入口，开始较系统地从学理的角度来研习近代西方的法学知识，近代意义上的法学也正依此而逐渐地萌芽。

戊戌变法前后，在维新人物的倡导下，清末的近代法学教育与法学进入一个较快的发展时期。1895 年，盛宣怀筹划的天津中西学堂正式开办，设置了"律例学门"，初步具备后来的法律系的形态。所涉及的内容已经突破"万国公法"的范围，扩大到"大清律例""法律通论""罗马律例""英国合同法""商务律例"等法学科目。而 1897 年维新派创办的湖南时务学堂也开设了"唐律疏议""全史刑律志""日本国刑律志""法国律例""英律全书"等课程。这些课程的设置使得近代的法学体系逐步形成并得到了一定的发展。

20 世纪初，综合性学堂与大学法政（法律）科的法学教育方兴未艾，这中间主要以北洋大学堂法律科、上海南洋公学法政科、京师大学堂法政科、山西大学堂法律学门等为代表。其后随着新政的推行，立宪思想蓬勃发展，法政、立宪、修律成为热门话题，体制对法政人才的需求急剧升温。在此背景下，原来单一的综合性大学堂的法政教育从其分布数量、招考资格限制、学习内容等方面显然都很难适应社会需求的变化，加之出国留学学习法政科的人回国不多，于是，在综合性大学堂之外开办法政学堂成为当务之急。

1905 年夏，直隶省直臬陈廉访"专为培植行政司法人才起见"，在臬署内设立政法学堂，这是文献可见的清末最先开设的法政学堂。其后直至 1911 年，法政（法律）学堂逐步遍设京师及各省，景象蔚为壮观。

在京城地区，1906 年 10 月，应修订法律大臣沈家本、伍廷芳等人的奏请，清政府在京师创办了中国第一所官办法律学堂——京师法律学堂，标志着近代意义上的正规专门法学教育的开始。1907 年 2 月 2 日，清政府学部在进士馆改设京师法政学堂，初"以造就完全法政通才为宗旨"，继改为"养成专门法政学识，足资应用"，突出了对法律应用的重视和加强。1909 年 4 月 8 日，宪政编查馆奉旨遵设贵胄法政学堂，其宗旨在于"造就贵胄法政通才"，招收的学员一般为宗室王公世爵及其八旗子弟。前述京师法律学堂和京师法政学堂在培养政治和司法人才方面卓有成效，也成为地方各省法政学堂的样板。

京外各省法政学堂主要有，直隶省的北洋法政学堂、臬署法政学堂、直隶法政学堂，广东法政学堂，江西法政学堂，山东法政学堂，贵州法政学堂，湖南法政学堂，奉天法政学堂，四川法政学堂，江宁法政学堂，安徽法政学堂，云南法政学堂，山西法政学堂，陕西法政学堂，新疆法政学堂，湖北法政学堂，两江法政学堂，吉林法政学堂，热河速成法政学堂，广西法政学堂，河南法政学堂，甘肃法政学堂，黑龙江法政学堂等。

从浙江地域来看，得法政改革风气之先，法政学堂的设立亦走在全国的前列。1906 年，官立浙江法政学堂成立，该学堂设立之初，有报考资格条件的限制，招生人数不多。1906 年至 1908 年，官班毕业者仅有 45 人，1908 年下学期与该年上学期两次考取官班者不过 150 余人。① 同年 6 月，浙江巡抚冯汝骙针对切实考验外官章程强调，毕业于文农工商医学者，其年富力强志愿补习法政者亦可听其肄业，不加限制。② 这一办法扩大了候补人员学习法政的范围。1909 年，浙江筹办各级审判厅，"需才孔多，尤须先期造就"。故浙江法政学堂又奉浙江巡抚增韫令，分设法律别科，专攻法律各学，陆续招考，3 年毕业，预计至全省审判厅一律成立时，此项人员亦足敷用。③ 此外，浙江法政学堂亦开办一年半毕业的法政讲习所。在宁波，1906 年知府喻兆蕃在府治旁原孝廉堂旧址筹备宁波法政学堂，该学堂"为广储法政人才起见，已敦聘留学外国法政大学专科毕业生三四人，担任部定法政主科教习"④。

1910 年是清末法政学堂体制变化发展的重要一年。这一年，清政府允许普遍推广成立私立法政学堂，从而又一次掀起了法政教育的高潮。私立法政学堂开禁的背景主要是宣统元年（1909）十二月，清政府颁布了选举议员章程、厅州县自治章程、法院编制法等法规，各地方机构亦循此筹建。在浙江杭州亦积极筹备司法体制改进，拟设初级审判厅、地方审判厅、高等审判厅等机构，急需法律人才，而官办法政教育的人才培养与输出严重不足，按张百熙、张之洞等人于 1904 年所定《学务纲要》，明确"私学堂禁专习政治法律"。阮性存、余绍宋等浙籍人士积极上书，争取私人兴办法政学堂。其后，筹设浙江私立法政学堂显露曙光，浙江巡抚增韫接受了阮性存等人的意见，于宣统元年十二月二十七日上奏建议朝廷变通学部章程，将不准私人设立学堂专讲法政的限制删除，准许私人设立。宣统二年，由阮性存、许养颐、余绍宋、凌砺深等人创办的私

---

① 勒令举贡就职各员学习法政 [N]. 申报，1909 – 06 – 25.
② 推广候补人员学习法政办法 [N]. 申报，1909 – 06 – 05.
③ 清末筹备立宪档案史料：下册 [M]. 北京：中华书局，1979：877.
④ 宁波法政学堂招生 [N]. 申报，1909 – 12 – 30.

立浙江法政学堂正式成立，聘陈叔通任监督，学校设在杭州刀茅巷，该学堂为全国开设的第一所私立法政学堂，从一个侧面反映了浙江法政教育在当时全国所处的领先地位。

总的来说，在清末国内法政教育中，法政（法律）学堂一直占据主导和关键性的地位。这些法政（法律）学堂承载着培养法政人才、为新政输送人力资源的最繁重的任务，毫无疑问，这一开创性的教育体制成为其后法政人孕育生长的摇篮。

大力发展新式教育，兴办新式学堂是清末新政的重要内容，回溯中国近代教育的发展历程，新式教育历经洋务、维新、新政等运动而进入民国，其间发展特点不外"中体西用"和"中学西范"。当然，新政时期教育应该说是近代中国教育的一个转折点，与洋务、维新等运动的兴学内容和形式不同的是，新政的倡行者已经不仅局限于对"西艺"的简单模仿上了。新政时期法政教育的勃兴，恰恰是中国人由重点学习西方先进技术的西艺转向对体现西方政治文明的西学学习的变化。"法政教育"作为一种概念见诸文字从学术规范上是否适合于中国实际还有待于商榷，但作为在社会转型中出现的一种新的教育类型，它确实被时代赋予了许多新的意义，体现了清末民初新式教育内容的变化。而这种新式法政教育出现的背后显然蕴含着人们一定的价值追求。

以清末实力人物袁世凯在天津推行新政为例，1907 年，天津北洋法政学堂正式建立。一般认为，袁世凯之所以要办法政学堂，是因为他认识到要实行立宪，就需要法政人才。为了试办正规的法政学堂，以造就佐理新政的人才，袁世凯早在保定就创办了一所直隶法政学堂，并扩大招收名额，吸取山东、山西、河南、陕西、安徽乃至东三省的学子入校学习，借以扩大其政治影响。但由于当时的环境和条件所限，保定不如北洋大臣驻扎的军政中心——天津在政治上的感召力强，而且该学堂所定预科半年、正科一年半的两年修业期限，也很难达到造就法政通才的教育目的。因此，袁世凯参考派赴日本考察的阎凤阁（后任直隶省议会议长）、梁志宸（后任直隶省议会副议长）等人提出的意见，仿照日本法政学堂定制，在天津另行开办一所具有相当规模的法政学堂。与其他专门学堂相比，北洋法政学堂是直隶总督袁世凯任内兴办较晚的一所学校，但它是国内创办较早的法政专门学堂，紧步京师法政学堂之后，并曾被指定为全国各省同类学堂的表率和样板。其实，清政府早在 1906 年 7 月，便由学部颁布制定了《北洋法政学堂章程》，并通知各省照办。从形式上看，北洋法政学堂的建立看似袁世凯的个人意志和行为，实则反映了当时政治精英的群体意识。北洋法政学堂固然不能完全反映当时中国法政教育的全貌，但从北洋法政学堂以

"改良直隶全省吏治，培养佐理新政人才"的宗旨，以及从京师所在地——直隶——的政治地位观察，可以看出北洋法政学堂在新政中发挥的重要作用。

袁世凯推行各项新政举措，一方面先从革新吏治入手，在其治下先后设置了考验处、课吏馆、幕僚学堂、吏胥学堂，并培训在职与后补的官、幕、佐乃至佐杂人员，扩大他自己的政治实力；另一方面，为了能让更多的官吏清楚地认识新政，他还派遣官绅赴日本考察学习，设立宪政研究会，并以天津为试点，创办自治局、议事会，设立自治研究所，以吸收阅历较多、德高望重的士绅入所听讲。后来北洋法政学堂设立简易速成科的"职班"与"绅班"也都是出于革新官绅思想的考虑，从这一点来看，法政学堂不仅具有为国民提供入门的、基础的法政教育功能，同时还具有为社会政治体制服务的职业再教育功能。不难发现，在这种因素和背景下兴起的法政教育，其实是时代变局下清末社会整体变化的缩影。社会转型时期，政治、经济体制相应的变化，具有现代意义的商贸、外交往来，都呼唤着与之相适应的法律变革，需要懂得新的游戏规则的人员。1903 年，清政府设立商部后，随即着手制定商律，先后颁定《商部章程》《奖励公司章程》《公司律》《商人通例》《商会简明章程》等一系列商法，伴随着修律的必然发展形势，及早培养懂得新律、通晓世界各国法律的人才，已是刻不容缓的问题了。

从袁世凯 1907 年开设北洋法政学堂成为各地办学的参考范例到 1911 年，全国法政专门学堂与各地大学堂内法政分科已遍及全国各省，这种颇为类似"大跃进"式的兴学热潮，集中体现了清末新政背景下，当时社会普遍流行的一种政治浪漫主义。当然，这种"大跃进"式的除旧布新过程也出现了一些混乱。袁世凯在天津办学过程中，曾因学堂讲舍不足，而纷纷借庙兴学。仅天津一地，新政十年间，建成男女小学堂89 所，女学堂23 所，中学堂7 所。如此大量地兴办学堂，师资、生源匮乏之弊，相伴而生；而教育管理体制上也不见得会是"样样周全"与"井井有条"。清末法政教育的问题和症结，除了与上述的问题有所重叠外，还有一个法政学科教育内在根本性问题，那就是法政教育的倡导者试图将世界不同法系的法律教育所要追求的各种价值和目标都囊括进来，以便对整个制度进行调整和改革。当时，欧美、日本等国的体现资本主义精神的法律学说及种类繁多的公私法课程，基本上是一股脑地不加区分地被搬进中国法政学堂的课堂。显然，这种全盘照搬式的文化制度引进必然带来水土不服的问题。

清末的新式教育作为延续千年的科举制废除后的替代制度，它突破了传统教育的种种束缚和窠臼，其教育理念、教育内容和教育方式方法都与传统教育有质的不同。学界对这一事件的评价也是"褒"大于"贬"。但是近些年来，对这一断崖的社会事件，有学人指出，作为一种传统社会中联结政教、左右社会阶层变动的关键体制，一旦完全废止，"必然出现影响到全社会各层次多方面的后果"，而"清季人在改革和废除科举制时基本只考虑到其教育功能（这样的认知本身就是传统中断的一个表征）并试图加以弥补，科举制的其他重要社会功用一般不在时人考虑之中"①。

尽管清末的法政教育仅是近代法学教育的萌芽和开始，而且办学过程中存在着教员不足、校地狭窄、学科构建不尽合理等诸多问题，但是作为近代一种新生的、与传统教育具有完全不同教学内容和方法的教育类型及机制，繁荣兴盛的清末法政教育无疑成为即将到来的民国法律人的初生摇篮和温床。

---

① 罗志田. 近代中国社会权势的转移：知识分子的边缘化与边缘知识分子的兴起 [J].
开放时代，1999（4）：6.

第四章　清末民初近代法律人产生渠道来源

清末民初是政治上风云变幻，政治法律制度急剧变化的特殊历史时期。近代法律人的产生正是由这一大的社会背景和条件所决定。正如程燎原先生所述："清末法政人的生长及其价值的凸显，具有与从前中国古代律学家、律博士和刑名幕友不同的背景、生长机制以及认知前提。"①

清末民初，近代法律人的产生是多种因素交互作用的结果。在社会政治方面，发生了鸦片战争、太平天国运动、"百日维新"、义和团运动、"驱除鞑虏"、推翻帝制的辛亥革命等重大历史事件。在学术渊源方面，渐次引进了西方自由主义政治学、法学尤其是启蒙哲学这一系列为中国传统学术所未闻的概念、范畴和方法。在法律制度方面，先自 19 世纪 70 年代引进国际法，继之讨论议院制度并在 20 世纪之初由沈家本等人参酌西方法律改革清朝国内法制，后来，辛亥革命又开启大量移植西方宪法和法律之端。在思想领域，这一时期的变法思想，极大地影响了后来的中国历史进程乃至到如今。从意识形态上看，这一时期的思想以变法为主题，变法也贯穿于这一时期的政治生活，并被赋予为中华民族救亡图存的意义。在为"图强"而变法的意义上，这一时期的变法思想与春秋战国时期的变法思想是相同的。当然，它更多地关注世界的潮流及其精神，而不是仅在祖宗之法及其可不可变一类的问题上纠结；它更多地阐述政治法律制度的原理、原则和规则，致力于制度改革和施行，而少有关于天道、心性的从容之论和道德伦理的恢宏建构；它更多地围绕政治法律制度的根本原则和结构的转变，而不是尚德与尚力、任人与任法、有为与无为之类的君王治术问题的讨论。可以说，这一时期的人文学术不仅包含较多的法学内容，而且中国的法律思想，尤其是法治思想，也经历了轰轰烈烈的变革，获得了前所未有的发展。诚如柳诒徵所言："清季迄今，变迁之大，无过于法制。综其大本，则由德治而法治，由官治而民治，漩澓激荡，日在蜕变之中。而世界潮流，亦以

---

①　程燎原. 清末法政人的世界［M］. 北京：法律出版社，2003：5.

此十数年中变动为最剧。吾民竭蹶以趋，既弃吾之旧法以从欧美之旧法，又欲弃欧美之旧法而从彼之新法，思想之剧变，正日进而未有艾。"①

近代法律人的形成与崛起，绝非偶然，有其深刻的社会基础，它是社会发展历史过程中的一个必然现象。社会进化到一个需要以更有效率的法律制度来做规范时，法律制度也会随之进化，正所谓"当为的要求，要有存在的基础"，这个"当为的要求"就是社会变迁中和谐的要求，这个"存在的基础"就是法律要与时俱进，法律不可以停滞不前，也就是要"法随时转"。

20世纪初，清政府被迫实行预备立宪，推行"新政"，国家试图由"君政"转轨"宪政"，在法制方面进行了一系列的重大变革，实现了由传统的封建法制体系向近代的资本主义法制体系的过渡。这种背景为大批具有法学专门知识的人才进入国家的立法、司法和政府部门提供了良好的机遇。

早期法律人主要由前清政法官僚、政法留学生、国内法政学堂毕业的学生等组成。法律人人才的汇聚地以近代法政大家沈家本先生主持的修订法律馆最盛，可谓精英云集，人才济济，蔚为壮观。正如江庸先生所说："前清修订法律，大臣沈公家本实清季达官中，最为爱士之人。凡当时东西洋学生之习政治、法律，归国稍有声誉者，几无不入其彀中。"② 大致来说，清末民初近代法律人崛起的来源主要是以下几方面。

一是旧官僚充任了近代法制的先锋。清末法律人的主导力量应当是朝廷和地方的重臣。从朝廷派大臣出洋学习、考察法政，到法政学堂的创设，朝廷大臣及地方官僚都起着关键性的作用。出洋学习法政，如系官派，当然取决于官方之意决；如系自费，亦须督抚和政府审批。而在私立法政学堂开禁（1910年）之前，所有的法政学堂都是官办，即所谓"官立法政学堂"。这些法政学堂通常由朝中大臣或督抚奏报设立，并且由政府出具资费。由此，可以认为朝廷和地方的重臣构成清末法政活动的主要精英。面对"三千年未有之大变局"，以沈家本、伍廷芳、俞廉三等为代表的早期政法官僚立基于对古今时局、国内外形势的不同认识，或以他们的修律实践或以他们的理论建树，为近代中国法制的开创殚精竭虑、筚路蓝缕，做出了他们的杰出贡献。

二是旧体制下生员的改造。清代以科举取才为入仕的主要途径。旧有体制下有贡生、监生、廪生、增生、附生五项基本生员，生员是读书人求取功名的一种身份保障。从明代迄于清以来，生员在社会的形成发展过程中，出现了许

① 柳诒徵.中国文化史（下）[M].上海：上海古籍出版社，2001：924.
② 江庸.趋庭随笔[M].台北：文海出版社，1967：61.

多扩张性的变化，使原本严格的取仕用人标准，出现了许多类似捐资纳财的弹性措施。这种变化，使得生员的素质良莠不齐，依赖生员所组成的社会中坚，也因此出现种种弊端，甚至某些生员利用社会对其尊敬的心理，鱼肉乡里，使生员受人尊敬的程度大为下降。废科举之后，清政府必须引导社会力量走向新方向，而大批的生员就成了清政府首要的考虑对象。这些生员出身的读书人，多数在科考旧学方面有相当扎实的基础，国家通过选派旧学出身的生员出洋游学或令其入法政学堂，引导旧社会组织结构的调整，使生员转向出洋学习法律或入法政学堂习法，成为法科生的来源基础，因此，生员也是成为法律人崛起的一个基础身份的起始点。

法律人的崛起，为当时社会环境提供了许多新的仕途道路。对旧学的生员来说，他们追随清政府的改革脚步，从旧官僚体系结构瓦解中释放出力量来，转向投入新的司法组织，寻求新组织中的新官位；而新时代的读书人，来不及参与科举应试，也无法在传统观念下取得功名，只有顺应晚清立宪新政，选择出洋游学或入法政学堂习法。前者，学成归国后，赐法科举人或法科进士出身，并由学部发给凭证，俾便凭以入仕；后者，法政学堂毕业后，依法官考试任用，暂行章程考试合格后，进入新式的司法审判体系。读书人的人生出路，从科举考试热衷追求功名，谋求仕途的方向，因时势潮流的变化而改变，转向对学堂文凭与出洋游学外国文凭的追求。一时，社会争相学习法律，法律人因此形成一股社会的新动力。

三是海外法科留学生。出洋留学是清末教育走向现代化的开端，也是清末新式人才成长的起点。张之洞曾有言："出洋一年，胜于读西书五年""入外国学堂一年，胜于中国学堂三年"。① 张氏之言一出，即引来出洋留学大潮，与此相伴，中国人留学外国法政科热潮也渐生渐长了。清末留学法政科者，以赴欧洲、美国和日本为主，又尤以日本为盛。

近代中国第一个法政科留学生，是后来驰骋于中国政法界和外交界的伍廷芳，1874 年伍廷芳自费留学英国，入伦敦大学学院攻读法学，获博士学位及大律师资格，成为中国近代第一个法学博士，后回香港任律师，成为香港立法局第一位华人议员。1886 年以福建船政学堂学生为主的赴欧留学生 33 人中，有 9 人分别在英国和法国学习法律，其中高而谦为福建长乐人，曾是出洋考察大臣端方随员、宪政编查馆一等谘议员、北洋政府外交部次长。② 从 1900 年至 1907

---

① 张之洞. 劝学篇［M］. 北京：人民教育出版社，2017：85.
② 程燎原. 清末法政人的世界［M］. 北京：法律出版社，2003：30.

年留学欧洲学习法政的有丁士源（英国新林肯大学）、谢永森（英国剑桥大学）、钱泰（法国巴黎大学）等。

光绪二十九年十一月（1903年12月），张百熙奏派京师大学堂速成科中的31人在年内留学日本，16人于年外留学西洋各国户。① 在西洋的这一批人中浙江鄞县人林行规入伦敦大学学习法律，获得法学学士学位后回国历任大理院推事、法律编查会编查员、北京大学法律科学长等职。

20世纪初，留学美国日渐掀起热潮，1900年留美学生仅有10多人，到1905年有30多人，至1911年达到650人。② 从1900年至1911年留学美国学习法政科的主要有耶鲁大学的王宠惠、陈锦涛、张煜全、王正廷，加利福尼亚大学的章宗元、嵇岑孙，康奈尔大学的施肇基，哥伦比亚大学的颜惠庆、严鹤龄、朱兆莘、顾维钧，宾夕法尼亚大学的杨荫杭，纽约大学的梅华铨。自庚子赔款被用作派遣学生赴美留学的活动展开之后，从1909年至1911年，清政府共派出三批留美学生，总计180人，其中有20%左右的学生学习法政、理财、师范诸科，主要人士有胡适、何斌、唐悦良等。

晚清以来，清政府颁布鼓励学生游日办法，凡游学日本毕业归国者，皆给以拔贡、举人、进士等出身分别录用，得博士文凭者，给以翰林出身。一时间游日学生争学法政。同中国近代国情类似的"蕞尔岛国"能一跃而起，自然会有着为中国可借鉴的成功经验。反映在近代法学教育上，学习日本就成了当时可行的时尚。据统计，从1896年开始到1912年截止，共有39056人去日本留学，辛亥革命前仅毕业于法政大学的中国留学生就有1346人。③ 在中国近代史上于政界、法律界有较大影响的人士主要有宋教仁、杨度、汤化龙、胡汉民、廖仲恺、居正、张曾耀、张国溶、江庸、张知本、沈钧儒、陈叔通、程树德、钱承志、吴振麟、王鸿年、章宗祥、朱献文、戴季陶、余棨昌、余绍宋、汪有龄、阮性存、郁华等。

四是国内法政学堂。光绪三十一年，直隶总督袁世凯以造就"已仕人才，佐理地方政治"为旨，筹议设立法政学堂，开创了法政学堂设立的先河。光绪三十二年，通行御史乔树楠奏请各省应扩充添设法政学堂。同年，浙江官立法政学堂在浙江巡抚增韫主持新政之下进行筹设，以候补道许邓起枢任官立法政

① 张百熙，等．奏派学生赴东西洋各国游学折［M］//［清］朱寿朋．光绪朝东华录（五）．北京：中华书局，1958：5113－5114.

② 李喜所．清末民初的留美学生［J］．史学月刊，1982（4）：49.

③ 李喜所．中国近代的留学生［M］．北京：人民出版社，1987：126－127.

学堂监督，同时聘许养颐、阮性存为教习。浙江官立法政学堂，"设本科，须中学毕业方能投考。先读预科一年，再读本科三年，毕业后，奖举人出身。又增添法律别科，有科第功名者入之，不须先读预科一年，三年毕业，奖副贡"①。另有法政讲习科，入学资格从宽，一年半毕业。校址初设小米巷，继迁至马坡巷。

光绪三十三年一月二十五日，浙江法政学堂举行招生考试，官班正取40名，随宦子弟正取14名，绅士正取100名，定于四月初开学。根据《浙江考取法政学生案揭晓》记载：各前10名者为官班：张秉慈、胡琳、胡傭、李茂莲、文海、张锡五、沙熙、朱沛、汪桂森、马建勋；随宦子弟：万鼎乾、许振瀛、袁思古、吴鹏、刘如墉、许锡闻、杨昭元、范耆生、汪骊、魏安晋；绅班：娄金鉴、温谡县、陈士彬、章炳业、章占笏、邵秉衡、徐干、来壮涛、师傅说、郦耀南等。②

法科留学生配合时代新需求，学习了法律新知识；法政学堂法科生，承继了废科举后培养法律人才的新任务。两者的凝聚，汇集而成法律人的新动力阶层，形成社会中坚力量，为其后民国法制建设提供了丰富的人力资源。

---

① 阮毅成恭述.民国阮荀伯先生性存年谱［M］.台北：台湾商务印书馆，1979：25.
② 见《申报》，1907年3月29日。

第五章　"礼教派"与"法理派"
　　　　争论及其影响

　　清末的"礼法之争"是在清末法制改革的背景下发生的一次论战，它不仅开创了中国法制近代化的先河，而且第一次将中国传统法制的本质与特征全面地展现在了世人面前。

　　1902 年至 1911 年，清政府在厉行"新政"和"仿行立宪"的招牌下，进行了一次在清末政治变革中居重要地位的修律活动。这次修律活动是中国封建法律向半殖民地半封建法律转化的开始。但是，由于中国两千多年来维护纲常等级名分的封建法律思想根深蒂固，因此，在修律的过程中，爆发了一场以劳乃宣为代表的"礼教派"和以沈家本为代表的法理派，就《刑事民事诉讼法》，特别是《大清新刑律》的立法指导思想，实质上也是整个清末修律的指导思想的一次大争论，这次大争论在近代法律史上被称为"礼法之争"。

　　一般认为，礼教派和法理派是两种不同的法律思想和理论的反映。礼教派属于封建法律思想，以维护宗法家族制度，进而维护整个封建制度为目的。法理派是资产阶级法律思想，以维护"人权"为目的，进而达到维护资产阶级所有权的目的。"礼法之争"中双方争论的核心在于：鉴于当时中国的国情，应以资产阶级法律的原理原则为主要指导思想，还是应以封建礼教为主要指导思想制定新法。"礼教派"与法理派的争论和斗争贯穿清末修律活动的始终，双方著书立说，各抒己见，互不相让，其各自的言行在中国法律演变的历史长河中留下了深远的影响。以沈家本、杨度为代表的法理派主张法律西化，礼教、伦理与国家法律相互分离，坚持引进西方资本主义的一些法律原则。"礼教派"主张修律应以新的形式包容旧的形式，保留旧律中义关伦理纲常礼教的内容，坚持礼教、风俗、道德与法律不可分离。显然，在今天看来，"礼教派"所坚持的主张已不合时宜，但从"礼教派"所力主而终遭废弃的一些条款中，我们可以看出中国传统法制的内涵以及其步入近代后所面临的困境。传统法制所维护的以礼为核心的封建伦理纲常，已成为法制近代化的一大障碍，且法律形式上"律例并行"，严重影响法制的实际运行。实际上这也是整个近代中国法制现代化过程中面临的基本矛盾与冲突——传统与现代的对峙。只有在合理继承传统法律文化的基础上借鉴西方先进法律思想和制度，才能解决传统法制在步入近代化的过程中所面临的困境。

一、中国传统法制中的礼

近代中国法学所说的礼法冲突中的"礼"，源于先秦儒家的礼，但它已不是完全意义上的先秦儒家之礼，而是儒法结合，法典化的礼。儒家所主张的社会秩序是存在于社会上的贵贱和存在于家族中的亲疏、尊卑、长幼的差异，要求人们的活动方式和行为符合他们在家族内的身份和政治、社会地位。不同的地位有不同的行为规范，这就是"礼"。儒家认为只有人人遵守符合其身份、地位的行为规范，便可维持理想的社会秩序，国家便可长治久安了。因此，儒家极端重视"礼"在治理国家中的重要性，提出礼治的口号。在传统中国社会，这种"礼"经后世历代封建王朝从意识形态上强化并通过立法形成了法典化的三纲五常等纲常名教。

自汉武帝"罢黜百家、独尊儒术"以来，儒家强调的身份伦理关系，即基于父子间的尊卑关系、基于统治者与被统治者之间的君臣关系，便被认为是符合天道的自然秩序，违逆这种秩序的行为，就不仅具有刑事法律上的非难性，更被认为是违背祖制、离经叛道的邪恶之举。由此，也可以理解"礼教派"为何在时局如此明了的情况下，仍然抱有固守旧礼的心态，因为在他们看来，那种"违反天常，悖逆人理"的做法是不可宽恕的。

在儒家这种恪守身份伦理的观念被赋予了刑法效果之后，作为儒家经典的《春秋》便逐渐成为当时的主流价值观，遇有疑狱，便凭借《春秋》经义予以评断案件，其他的儒家经典，如《诗经》《礼记》《论语》《孟子》等也时常被加以引用。儒学自汉武帝之后继续盛行，至东汉各帝，对于经术更加注意提倡，引用《春秋》经义决狱，不仅常见于交付朝议廷臣集议的大狱，即便是地方司法机关也有以《春秋》决狱者。至此《春秋》决狱成为两汉时期一时的定制与风气，并成为两汉实证法制的构成部分。经过几百年的演变，唐朝《唐律疏议》的"一准乎礼"，终于完成了法律的儒家化、礼教的法典化。

二、中国传统法制中的"例"

"律外制例"作为律的一个特殊问题，并非清代才有，只不过在清代尤为发达罢了。在沈家本的修律过程中，之所以将"例"从新律中删去，是基于

"例"的不稳定性，不利于维护刑法的权威与不便于进行司法适用的考虑，而且"律外制例"也不符合西方罪刑法定原则；但"礼教派"所坚持的若干儒家化典型条款，正是借"例"这种形式而存在的。因此，"例"便成为两派争执的法律形式上的焦点。为此，有必要溯及"例"的渊源来探讨我国的法制传统。清律中的"例"，追本溯源来自西汉时期的"春秋决狱"，"例"中所体现的典型性条款的内容，也正是"春秋决狱"所倡导的，通过利用《春秋》经义来判决疑狱所体现出来的封建身份等级关系。西汉时期的"春秋决狱"，主要是指董仲舒的"春秋决狱"，其佚文仅六则，我们以"礼教派"所力主的观点，选择佚文中有代表性的两则加以分析。

《春秋决狱》乞养子杖生父，有一事曰：甲有子以乞丙，乙后长大，而丙所成育。甲因酒色谓乙曰："汝是吾子。"乙怒杖甲二十，甲以乙本是其子，自告县官，仲舒断之曰："甲能生乙，不能长育，以乞丙，于义已绝矣，虽杖甲，不应坐。"

本则《决狱》所体现的要旨是"礼教派"所力主的"子孙违反教令罪"，入律的依据与渊源，正是基于父子之间这种天然的关系，父母对子孙也有着天然的刑罚权，故而"子孙违反教令"应为犯罪，应列入刑律，而不应等闲视之，这也正是"礼教派"立足此罪入律的依据所在。

《春秋决狱》私为人妻罪，曰："甲夫乙将船，会海风盛，船没溺流死亡，不得葬。四月，甲母丙即嫁甲，欲皆何论？"或曰："甲夫死未葬，法无许嫁，以私为人妻，当弃市。"议曰："臣愚以为春秋之义，言夫人归于齐，言夫死无男，有更嫁之道也，妇人无专制擅自之行，听从为顺，嫁之者归也，甲又尊者所嫁，无淫之愆，非私为人妻也。明于决事，皆无罪名，不当坐双。"

本案虽夫死未葬，法无许嫁，但若再嫁，系出于尊者之意，非有淫心。因尊者有教令权，此必须遵从，故不构成犯罪，依现代法的观点，此女主观上无淫心，可理解为主观上无罪过。此外，本案在两方面体现了"礼教派"所力主的观点，即一方面重申了"子孙违反教令罪"入律的必要性，另一方面又与"无夫奸"为同质之罪。

三、礼与法——中国传统法制近代化的反思

礼法之争，归根结底，是中国传统法制步入近代以后社会内在矛盾的反映。传统法制已无法适应转型中的社会，出现种种弊端。"传统是种巨大的阻力，是

历史的惰性力。"① 尽管法理派反复说明西法的科学性，论证采用西法、运用资产阶级法理指导修律的必要性和重要性，但礼教派却固守传统制度以传统的礼教观念与之针锋相对。

由我国传统的以封建身份伦理支配的旧律体制，走向市民化的现代化的法律体制，其变革过程是渐进式的，这一方面涉及人们的观念问题，另一方面也受当时社会经济条件的制约。在儒家观念中，法律始终是统治工具，是维护封建统治秩序极为有用的外在工具，"出礼则入刑""明刑弼教"，为了维护"礼"的秩序，推行德治教化。中国两千多年的儒家化法制文化传统，并没有给中国留下法制现代化的土壤，中国的儒家化的法制文化根植于小农经济基础之上，加之落后保守的政治环境与日益强化的专制政权使它具备了稳定性与排他性，并在长期发展中形成了重礼轻法、重实体轻程序的特征，它与近代西方法律文化存在着严重的冲突，因此，以儒家思想为核心的中国传统法律文化已成为中国法律近代化的阻碍。

传统社会为了解决现实社会生活不断出现的问题，例应运而生。它采用客观具体主义，当社会上出现律没有规定的行为时，即援引律意或前例，制定一条具体针对某种行为的断例。由于社会不断变化，各种行为层出不穷，所以各种各样的例不断出现，例文越来越多，非常繁杂，"有例不用律，律既多成虚文，而例遂愈滋繁碎，其间前后抵触，或律外加重，或因例破律，或一事设一例，或省一地方专一例，甚至因此例而生彼例"②。清朝乾隆皇帝规定：例要五年小修一次，十年大修一次。删去过时的、重复的，合并相类似的。但即使这样，仍不能解决问题。因清朝司法由行政官兼管（特别是府、县两级）。这些行政官大部分出身科举，多数不懂法律，对例就更加不懂。所以，只好把有关法律的问题，交给胥吏去处理。胥吏熟悉例，他们往往父子相传，或师徒相授，利用例文的矛盾作弊。民间有种说法：清朝与胥吏共天下，指的就是这种情况，也就是说，胥吏实际上操纵清朝地方司法。

很难想象在国家政体不变，大权统于朝廷的情况下，能有效地实行基于西方资产阶级法理的新律，以资产阶级法律思想取代中国传统法律思想的主导地位，而使国家摆脱外侮、崛起自强。所以法理派的理想与清朝内外现实之间必然存在着巨大的反差。清末修订新律及法理派的抗争，在清朝不愿根本变革的情况下，至多起着苟延之用，而实际上修律既没有得到列强肯定而收回治外法

① 马克思，恩格斯. 马克思恩格斯选集：第3卷［M］. 北京：人民出版社，1972：402.
② 国务院法制局法制史研究室. 清史稿·刑法志［M］. 北京：法律出版社，1957：5.

权，又与"礼教派"产生严重冲突。从法理派自身来看，他们虽力倡西方法理，很多人实际上却是不懂外语的西学家，西方法律知识非常有限；同时他们自身又深受儒家思想的影响，沈家本即说：修律要"力求遵循历代相沿的礼教、民情"。另外，他们只重视立法活动，而忽视了法律实施的重要性和可行性，很多法律制定后有名无实，形同虚设。

从指导"礼教派"的儒家思想来看，儒家思想在中国延续两千余年，形成了非常完备的理论体系，且已深入社会生活的各个层面，礼法结合已成为中华法系的一大基本特色，儒家法观念已深入各种法律条款，而儒家思想所固有的稳定性和保守性又决定了在短期内不可能让位于其他思想体系，也就决定了西方法理不可能在短期内取得优势。况且"礼教派"并不全然反对对纲常名教做一些变通。故"礼教派"的传统法律思想就当时中国社会实情而言是有其合理性一面的，不可一概否定。

因此，"礼法之争"并不单纯是进步与保守的斗争。"礼教派"固守三纲五常入律虽不合历史潮流，但他们提出的制定法律要与国情、风俗相适应，法律与道德密切联系的观点是有一定合理性的。法理派接受了西方近代法律价值和精神，主张严格区分法律与道德的界限，代表了历史发展的方向。

如何处理中国传统法律思想文化和西方资产阶级法律思想文化的关系，是清末政府统治面临的一个重大问题。传统思想文化具有坚实的社会根基，有其在一定范围一定时期内存在的合理性和必然性，但又不可避免地具有因袭性和保守性。因此，为打破传统的法文化而进行的修律活动也同样具有其合理性和必然性。但被移植来的西方法文化，只有扎入中国的土壤，成为本民族整体文化的一部分，才能成功地融入中国社会。就这一点来说，无论是"礼教派"还是法理派都没有很好地处理这种关系。故不仅不能使中国崛起自救，就连苟延清朝的寿命亦不可得。

当然，礼法之争也是一个社会观念的进步过程的体现。争论双方都具有双重角色，既是受益者也是牺牲者。"礼教派"成功把一些纲常名教的条文保留在新律之中维护了中国传统法律的精髓，说明争论是以中国国情为基本出发点的；同时，在争论过程中又不自觉地受到西方资产阶级法律思想的影响，动摇了自身生存的根基，做出部分让步，甚至接受改变，又显示了西方资本主义法律思想已在中国生根发芽，表明了新事物的顽强生命力。1906年，法理派奏进《刑事民事诉讼法》草案，使中国沿袭两千多年的诸法合体的法律结构形式开始动摇，并提出在中国采用西方流行的陪审制和律师制，由此拉开了礼法之争的序幕。随着争论和法律改革的推行，1910年，编成《刑事诉讼律草案》和《民事诉讼律草案》,并钦准施行。法理派虽然被迫接受纲常名教条文,但他们依然在法律中加进了体现西方资本主义法治思想的条款,使旧律在某种程度上变成了真正意义的"新律",为民国时期制定资本主义性质的法律奠定了基础。更为重要的是,由于争论异常激烈,双方论点不仅在统治阶级内部广为传播,而且以上海《申报》为代表的清末报纸也十分关注修订法律的进程和礼法两派的争论,并及时发布相关新闻和论说,如《紧要新闻:新旧刑律之大激战》《紧要新闻:续纪新旧刑律之大激战》《董科员答劳议员论新刑律》《论刑律不宜增入和奸罪之罚则》① 等,这些大量有关修订法律新闻的宣传,使社会中下层知识分子得以了解并关注国家法律的修订情况,探讨相关的法律问题,认识到了中西法律的差异。这在客观上推动了西方资本主义法治思想在中国的传播,加速了古老"中华法系"的瓦解过程,对中国近代法律思想和法律制度的发展产生了深刻影响,启动了中国法律由封建化向近代化转型,推动了中国法律近代化的进程。因此,这场争论实际上是一个双赢的结局,它既让人们看到了中国传统法律的缺点而不断加以改正和完善,又使人们了解了西方近代法律的优点而进行大胆移植和借鉴。

---

① 《申报》与《大清新刑律》[M]//高汉成.大清新刑律·立法资料补编汇要.北京:中国社会科学出版社,2016:212,213,2017-220,231-233.

第六章　中西方法制的冰人
——中国法制近代化之父：沈家本

　　自鸦片战争，大清王朝，江山残破，国运衰微，仁人志士无不以匡时救世为己任。沈家本就是其中主张"法律救国"的代表人物。他毕生从事法律研究，建树卓著，成就斐然。晚年主持法律改革和法典编纂，酌古准今，熔铸东西，为古老的中华法系注入了来自西方的新鲜血液。作为中国近代法学教育的创始人，沈家本首开研究中国法律史之新风，培育了近代中国第一批新型法律人才。他在法学方面的造诣，前无古人，后启来者，时人盛赞他为"法学泰斗"。追寻沈氏足迹，沈家本的一生堪为一部中国近代法制史的浓缩。他 24 岁就进入当时的最高司法机关——刑部任郎中，从此久居刑曹近三十年。1893 年至 1897 年出任天津知府，成为执掌京畿重镇的行政长官。1902 年出任修律大臣，开始了长达十年修订律例的立法历程。沈氏拥有从司法、执法到立法的完整法律从业履历。作为中国法制近代化之父，沈家本无疑是近代法律人的巨擘。

望断棘闱

　　沈家本，字子惇（又作子敦），别号寄簃。清道光二十年（1840）八月十九日出生于浙江归安县城（今属湖州市吴兴区），民国二年（1913）去世。他七十三年的人生轨迹，仿佛一部中国近代史的鸿篇巨制。从国内形势看，其经历了太平天国、洋务运动、戊戌变法、辛亥革命等一系列重大变革；从国外背景看，其出生前两个月刚刚爆发了鸦片战争；沈氏生于这样的一个历史区间，正应了"天将降大任于斯人"的古训，注定他与中国近代史紧紧联系在一起了。沈家本的生父沈丙莹仍继续着中国旧式文人科举入仕的老路——1845 年考中进士，随即就职刑部，直至 1857 年改任都察院山西道监察御史。沈丙莹在刑部任职多年，熟悉法曹，精通律例，多次平反冤狱。父亲的勤政敬业作风，对沈家本潜移默化，影响深远。

少年时代的沈家本，"好深湛之思"，研究《周官》多所创获。《周官》亦称《周礼》或《周官经》，是一部周王室官制和战国时各国制度的汇编，由于是添附儒家政治理想增减排比而成，被列为儒家经典之一，成为历代经学家研究的主要对象。沈家本年少志高，并没有因循沿袭前人繁复的研究方法，而是抱着存疑求真的治学精神独立探索。他的开手之作《周官书名考古偶纂》就旨在纠正明代万历朝进士郎兆玉所撰《周官古文奇字》中的错误。完稿之时，沈家本年仅 19 岁。

1864 年，由于父亲被弹劾去官回乡，沈家本援例到刑部任郎中，开始接触律例。然而，沈家本并未因少年入仕而志得意满，由于还没有取得科举功名，他对到刑部为官不甚满意，他的诗句"自怜卜式功名薄，望断蓬瀛青琐闱"就带有几分感伤情绪，此时的沈家本仍然延续着与其父一样的走在由科举而入仕的旧式文人老路。

沈家本幼习儒家经典，尤精于经学和文字学，继承了我国学术传统中宝贵的考据方法和求实精神。著有《诸史琐言》《古书目四种》等十余种经史考据著作，成就斐然。他从训诂入手，考辨文献，引经据典，追本溯源，这于他在学术上有所创获颇多助益，但对他写出中式的八股文章却无多大帮助。因而，他的科举之途并不顺利。1865 年，沈家本回浙江"扶病入场"，乡试中举。此后，他多次参加礼部会试都没有考中进士。清朝的进身之路，一是科举，二是捐纳。捐纳，沈家本既不屑为也无钱为。为了得到更好的施展才华的机会，他只能走科举一途。八股牵制了他大量的时间和精力，同时也使他的心情极端压抑。科举的弊端及其带给读书人的痛苦由此而深深印入他的脑海中。直到多年后的 1897 年，他主持保定郡试，身份虽然变了，可是对科举制度的批评态度却一以贯之。

1883 年，沈家本又一次参加礼部会试，终于考取进士，后仍留刑部供职。

俯首案牍

尽管沈家本耽于科举，但因其一丝不苟的品格，工作起来还是兢兢业业、毫不懈怠。在刑部任职多年，他已是一名颇为干练的司员。他司法业务十分精湛，对清朝乃至历代法律非常熟稔，公文写得明白晓畅。他为人谦和，淡泊名利，常为同僚代拟文稿。一次，沈家本为一位同僚代拟的文稿引起了刑部尚书潘祖荫的注意。潘祖荫怀疑这不是沈的这位同僚能力所及，经查果然是沈家本所作。自此，他赢得了潘祖荫的特别赏识，开始崭露头角、闻名于世。

沈家本进士及第后仍留刑部供职，从此把全部精力都投入法律之学上面，他博闻强识，遍览历代法制典章、刑狱档案，对中国古代法律资料进行了系统的整理和研究，对中国古代法制发展的源流和利弊进行了详细的考证。工作余暇则埋头著述，写下了大量开创性的研究著作。1886 年，《刺字集》成书出版刊行，这是沈家本第一部公开印行的学术著作，也是他第一部研究法学的著作。由此，他一发不可收，又撰写了《秋谳须知》《律例偶笺》和《律例杂说》等十余部书稿。秋审是清代刑部最重要的工作之一，《秋谳须知》是沈家本依据自己在秋审处多年任职所获的经验和对秋审条例的理解所做的总结，是研究清代秋审制度的重要著作。后两部书则分别是他经过多年研讨对《大清律例》部分条款的评议和解释汇集。可惜这些著作绝大部分没有刊印发行，难以在社会上产生广泛的影响。这不仅是沈家本的个人遗憾，更是近代中国法学不可弥补的损失。但是，毋庸置疑，这种研究使沈家本具备了渊博的法律知识和敏锐的洞察力，从而为日后修律打下了坚实的基础。

沈家本专心法律研究之时，正是中华民族危机日益加深之际。1884 年，法国侵略者在越南、中国台湾地区屡次挑起战端，8 月 26 日清政府被迫对法宣战。对这次战争，沈家本深为忧虑，曾写诗明志："时危竞上平戎策，战苦难擎饮至杯；九省兵戈方未艾，筹边慎莫付庸材。"可以说，这种爱国之情、忧国之心正是沈家本穷究法律的精神动力所在。

主政津、保

沈家本怀抱才具，困守司职，在刑曹工作近三十年。由于上司的保举，他于1892 年被外放任天津知府（1893—1897 年在职），沈家本得以独掌一方，施展抱负。在天津知府任内，他"治尚宽大"，办理案件不凭主观臆断，注重实地查勘，并能够征求专业人员的意见。其中郑国锦谋杀刘明一案就是很有代表性的案例。天津府接受此案时，刘明已死去 2 年，尸体腐烂，难以取证。沈家本特意从京师调来有经验的仵作侯永一起仔细查验，根据死者牙根及头顶骨呈红色，囟门骨突出的症状，得出刘明是受伤致死而非病死的结论。最终查明是医生郑国锦与刘明妻子王氏因奸合谋，趁刘明患病之际以针治为名将其害死。证据确凿，郑国锦与王氏只能认罪服法。案子的水落石出，不仅为沈家本赢得了声誉，而且为其他案件的办理提供了可供参考的依据。

1897 年夏，沈家本调任保定知府。保定是直隶首府、京师门户，地位十分重要。沈家本非常清楚肩上的重任，初到保定即赋诗励志："循良遗迹仪龚遂，报最应惭咏素餐。"当时保定的法国教会势力强大，民族纠纷复杂，沈家本厌恶当时官场上盛行的居其位而不谋其政的行为，决心学习西汉的龚遂，做一个奉职守法的好官。

第二年正值百日维新，慈禧太后阴谋策动政变，命荣禄调甘军驻防长辛店。甘军调防时路过保定，纵火烧毁保定北关外法国教堂，酿成保定北关教案。经沈家本迅速调处，法国教士愿意以保定城中划出一块地方重建教堂做补偿了事。事情本可圆满解决，但清朝统治者对外软弱妥协，又派官员查办。法国教士气焰顿时嚣张起来，趁机提出苛刻条件，除要求赔偿 5 万两白银和占有清河道旧道署的地产外，还以保定府署东侧房产亦属清河道旧址为由，要求将这块地也划给教堂。就在查办人员即将答应法国教士的无理要求时，沈家本以《保定府志》和韩荥碑文为历史依据，发挥律学辩才特长，对传教士妄图侵占府署东侧房产据理力争，最后取得胜利，尽其所能维护了国家主权和人民利益。

沈家本的才干得到直隶总督兼北洋大臣裕禄的赏识，奏报光绪帝请求予以提拔。1900 年 9 月 26 日，光绪帝谕令拔擢沈家本为山西按察使。他接到谕命，未及赴任，就被八国联军阻在保定。

主治津、保期间，无论公务多繁忙，沈家本都没有放弃法律研究。1899 年，《刑案汇览三编》成书。此书原拟刊刻付印，因庚子之变而辍。全书 124 卷，书后附录中外交涉各案件。沈家本编订该书的目的是使旧案例与新学说相互印证，因此，收集了 1838 年以后有关清朝司法的大量资料，为后人研究提供了可靠的依据；书后附录的中外交涉案件，对研究清朝末年列强强加给中国的领事裁判权具有很高的史料价值。

庚子被囚

1900 年，八国联军攻占北京后，又南下占领北京的南大门保定。

庚子之变，是中国近代史上的奇变。国难沉重，沈家本本人也和国家一样，命悬一线，几惨死于侵略军的刀下。这次事变，对他刺激至深，有着刻骨之痛。侵略军进入保定后，立即将沈家本拘留，同时被拘的还有保定官员廷雍（直隶布政使，一度护理直隶总督）、奎恒（城守尉）、王占魁（统带营官）。不久，廷雍等三人被侵略者处决，沈家本则被继续长期软禁。八国联军战争期间，不经清朝廷，由侵略军自行判决处斩清朝官员，仅沈家本一人幸免于难，这是绝无仅有之事。沈家本逃脱了死神，但是并没有恢复自由，仍然被监视居住在臬署，时间长达四个月。

李贵连先生认为，沈家本1900年被侵略军拘留，后能幸免于难，这与沈家本在花甲之年后，仍然能够义无反顾地采纳西方法律，思想较少守旧有着极为深切的联系。同时与1898年保定北关教堂教案也有一定程度的前因后果关系。沈家本拆毁教堂，被八国联军推断为附和义和团而将他拘留，但另一方面，沈家本并不盲目排外，他转移保护教士教民生命的做法亦是符合国际法则。

沈家本和廷雍等被拘留期间，保定官员曾竭力营救，以重金行贿德国翻译官部骊。但是部骊却只是个洋无赖，只受礼，不办事。到头来，保定官员人财两空。营救失败，还受到李鸿章的斥责。营救无效，廷雍等最终被杀。沈家本则因其子习拳无所据；拆毁教堂，意不在仇教，而是避义和团烧教堂杀洋人之锋之权宜之计；官职卑微，罪轻于廷雍，这三条原因，终于躲过这次劫难，是被逮官员中唯一逃脱这次劫难的人。据沈家本孙女沈仁同回忆，处决廷雍等人之时，他曾被押赴行刑之处陪斩。

沈家本被囚之际，正是义和团奋起反抗以教堂为代表的外来侵略势力如火如荼之时。但是义和团所发出的正义的愤怒，却与旧时代联结在一起。以旧时代的思想物质为后盾的正义者，无法战胜以现代思想物质为后盾的非正义者。义和团终于淹没在清王朝和侵略军联合屠杀的血泊之中。在这动荡不安的年月，沈家本这位花甲老人，身处其间，不但失去自由近四个月，而且生命一度受到威胁。他有多少悲愤，他有多少忧伤。很可惜，记录他个人这段经历的日记都已丢失，无法窥视其内心的细微活动，只有诗歌相陪伴。数量可观的"囚诗"，记录了当时的景况，也留下了他的感情世界。从所留的诗歌中，可以了解他的人格。

庚子年九月初一，他被侵略军拘押，在北街福音堂，他与廷雍等相遇，彼此涕泪交流，为大好河山落泪："楚囚相对集新亭，行酒三觞涕泪零。满目河山今更异，不堪说与晋人听。"

从庚子年九月初一被囚起，到十二月二十六日离开保定，这几个月，是他诗作最多的时间。这些诗，是他的心灵呼喊。忧郁、焦虑、愤怒，都在诗中得到尽情的发泄。但是，作为一位久历风霜的花甲老人，他虽然身处逆境，从诗的内容看，基本上是以一种平静的心态面对那瞬息变幻的风云。六十而耳顺，在这耳顺之年，他似已看破红尘。

十二月二十五日，奕劻、李鸿章在《和议大纲》上画押。翌日，沈家本离开保定奔赴西安。侵略者终于将他释放，他结束了囚徒的生活。沈家本身与国同，饱经劫难，感极赋诗，难诉一腔悲愤。其中他为怀念岳飞而写的诗句"精忠报遗恨，濡笔还挥涕"更是深深寄寓了他对时世家国的悲慨。

沈家本生死悬于一线，最后得以生还，正应了常话，大难不死，必有后福。民国龙顾山《庚子诗鉴》有诗一首曰："留得余生供读律，当时台柏幸卑微。"这算是他的后福吧！历此大难，次年沈家本升任刑部侍郎，开始了他留名千古的、轰轰烈烈的近代中国法制改革运动。

名列朝班

沈家本结束囚徒生活，在西安候补等待。光绪二十七年（1901）五月，西太后下诏定于七月十九日回銮。接着清王朝下谕旨：以候补三四品京堂沈家本为光禄寺卿。光禄寺卿是属于中央的六部九卿之一，其职责是专管皇室祭品、膳食及招待酒宴的，没有什么实权。沈家本的专长是"律例"，这个职务的安排显然只是临时过渡。朝廷安排沈家本担任光禄寺卿可能有另外一个原因，那就是为沈家本的升迁路径创造条件。按照清朝的文官制度，文官的升迁是有细密的线路次序的。任光禄寺卿前，沈家本的官职是山西按察使，按察使可升的官职一般是布政使。而有了光禄寺卿官职，今后可升任方向的余地就很大，可以升任侍郎、左副都御史、通政史、大理寺卿等官职，也就是说，沈家本在光禄寺卿职务上，一旦升迁，就有晋升到名列朝班官职的可能。

作为光禄寺卿，沈家本必须提前离开西安，为西太后和光绪皇帝回京做开道准备、布置一路行宫。沈家本作为朝廷命官，是一位既爱国又忠君的官员，对朝廷忠心耿耿，这次作为圣驾回銮的先行官丝毫不敢怠慢。沈家本一路周密计划、精心安排，为西太后和光绪皇帝顺利回京提供了颇为舒适的行程。在回銮途中，时任刑部尚书80岁高龄的薛允升因不堪路途颠簸在开封去世，鉴于沈家本回銮行程恪尽职守的表现，加之他原来在刑部时早已是有名的律例专家，所以在配备刑部官员时，朝廷想到了他，十月初四，朝廷下谕旨：以光禄寺卿沈家本为刑部右侍郎。

朝廷的这一任命，对沈家本来讲无疑是生命和事业的重大转折。仅从官级上讲刑部右侍郎是二品官，要比三品的光禄寺卿级别高。是年十月十日（1901年11月20日），沈家本回到了京城，然后就到刑部就职。如果说庚子年是沈家本的保定受难年，那么，辛丑年则是沈家本的旅途奔波年和官场幸运年。

光绪二十七年十二月二十八日（1902年1月7日），西太后和光绪皇帝从西安回到了北京城。沈家本第一次以刑部右侍郎身份入直。所谓"入直"也就是"入值"，是指官员入宫禁值班供职。沈家本第一次以刑部侍郎身份进宫名列朝班。圣驾回京，自然是要大议群臣，重整朝纲。原先，因庚子之变，刑部一分为二，北京方面的刑部由满尚书贵桓留守，西安方面的刑部由汉尚书薛允升负责，而薛允升现已去世。现在随西太后和光绪西逃的清朝中央六部亦回京城，六部两地办公结束，现又合二为一，但一部两地留下的事务却有许多。

沈家本就是在这种情况下，以侍郎职务来到刑部任职的。此时的他，可谓是刑部头牌"精通业务的领导干部"，在刑部开始发挥着他人不可替代的作用。人称沈家本是"大器晚成"者，说的就是他年过花甲才任刑部侍郎，从此名列朝班，登上其人生最为辉煌的巅峰。

修订律例

"新政"改革为沈家本提供了大展宏图的良机。1901年11月，沈家本升任刑部右侍郎，离开刑部八年又重回故地，开始了他一生最辉煌的时期。光绪二十八年正月十三（1902年2月20日），元宵节未过，光绪皇帝又下谕：……转刑部右侍郎沈家本，为左侍郎。左侍郎与右侍郎，统称为侍郎，官级上都是正二品，但在岗位职务排列上，左侍郎排在右侍郎的前面。因此，朝廷将沈家本由刑部右侍郎转为左侍郎，实际上也是一次提拔和重用，为其后出任修律大臣做好了准备。

1900年以后，英、日、美、葡诸国在与中国续订商约时曾表示，如果中国律例与东西各国改为一律，即放弃在华的领事裁判权。为此，清政府欲寻"熟悉中西律例者"修改《大清律例》。对于清朝而言，这次修律不过是一种策略上的权宜之计。1902年4月1日，沈家本凭借自己渊博的法律知识、丰硕的研究成果、深厚的法律经验及劳怨敢任的个人品格，由当时三位朝廷重臣张之洞、刘坤一、袁世凯联合举荐沈家本与伍廷芳一道出任修律大臣，他们的举荐理由是："刑部左侍郎沈家本，久在秋曹，刑名精熟。"

沈家本早就将列强攫取治外法权视为国家民族的奇耻大辱，对朝廷昏聩庸顽、不思变革忧心忡忡，念念不忘改善法制、收回利力。因此，出任修律大臣的沈家本，以满腔热忱着手筹划修订法律事宜。在此后的10年间，亲力亲为，拉开了大规模修订法律活动的序幕。

沈家本受命为修律大臣期间，参照近代西方法律基本理念，着手修订旧律、创制新律。修订旧律主要是对《大清律例》的全面改造，改造成果主要体现在《大清现行刑律》中。该律摒弃传统诸法合体的旧制，是一部单纯的刑法典。该法典确定了死刑唯一的原则，削减了旧律繁杂的死罪条目，改旧律的笞杖徒流死五刑为死刑、无期徒刑、有期徒刑、拘留、罚金，附加刑有剥夺公权和没收，删除了凌迟、枭首、戮尸、缘坐和刺字等残酷的刑罚，禁止刑讯和买卖人口，废除了旧律的援引比附制度；重视惩治教育，统一了满汉刑律。《大清现行刑律》努力实现着清政府提出的"将一切现行律例，按照交涉情形，参酌各国法律，悉心考订，妥为拟议，务期中外通行，有裨治理"的法律改革目标。

此外，沈家本还主持制定了《大清民律》《大清商律草案》《刑事诉讼律草案》《民事诉讼律草案》等一系列法典。虽然这些新法典不曾得到完善，且大部分未曾施行，但其制定的本身就已经是中国法律史上亘古未有的革命。沈家本以自己卓越的立法贡献，奠定了在中国法律现代化进程中不可动摇的历史地位，博得"中国法制现代化之父"的美誉。

沈家本身处变局，心存忧患，努力探求新旧交替之际法律发展的途径。然而，尽管沈家本竭尽心力融通中西法律，他的修律仍然遭到守旧派的强烈反对和顽固官僚士大夫的百般阻挠。为维护修律成果，沈家本代表法理派与"礼教派"围绕删除旧律中以纲常名教量刑的内容进行了四次大的论争，最激烈的一次爆发于沈家本奏上新刑律草案之后，一时之间，下有部院督抚大臣的排挤指斥，上有"修改新刑律不可变革义关伦常各条"的上谕。沈家本甘冒被斥为悖逆纲常、离经叛道的风险，起而论辩。最终《大清新刑律》渡过难产大关，附加"暂行章程"五条得以颁布。但不久，沈家本却被迫辞去修订法律大臣和资政院副总裁两项职务，回任法部（1906 年，清官制改革，将"刑部"改为"法部"）左侍郎，从而结束了他将近 10 年的修订法律生涯。

熔铸东西

1904 年 5 月，沈家本改刑部律例馆为修订法律馆，建立了近代法律改革的组织机构。同时，大量招聘留学海外的法政人才，翻译西方各国的法律，尽可能地了解掌握更多的西方法律状况，完成了修订法律的前期准备工作。修订法律馆主要翻译和研究东西各国法律，并整理中国法律旧籍。经此介绍到中国的东西诸国法律和法律学论著,涉及之广、数量之大,前所未有,使得比较各国体例,去芜存菁,转而应用于改造中国旧律和创立新法成为可能。

主持修订法律伊始,沈家本就积极为将来法律的施行做准备。他深知清朝统治者历来认为法律无足轻重,绝大部分官吏对法律一无所知,因此,他奏请设立法律学堂以造就新型法律人才。1906 年,经过一年时间的筹备,中国第一所中央官办法律专门学校——京师法律学堂正式开学。沈家本被任命为管理京师法律学堂事务大臣。他以"会通中外"为指导方针,聘请了冈田朝太郎博士等外国法学家为学员授课,并支持冈田博士出版《法学通论讲义》作为学堂的基础教本。京师法律学堂的开办堪称中国法律史上的一大创举。以往,中国虽有聚徒讲授律学的传统,甚至以律学传家者也不乏其人,却没有法学。因此,创办法律学堂不仅是配合新法创制和施行的必要措施,更成为中国近代法学研究和教育的良好开端。

能够成为中国传统法律向近代转型时期的标杆式人物,得益于沈家本"参考古今,博稽中外,融会贯通,不存偏见"的法律思想。他说:"当此法治时代,若但证之今,而不考之古,但推崇西法而不探讨中法,在法学不全又安能会而通之,以推行于世?"① 也就是说,学不分新旧中西。这就是他反对门户之见,对待中西学说的态度。至于怎样实现中法与西法之间的会通呢? 沈家本坚持认为:"我法之不善者当去之,当去而不去,是为之悖;彼法之善者当取之,当取而不取,是为之愚。"② 在改革的过程中,虚心豁达,把不同文化背景下的法律放置到同一个平台上,一体同视,择善而用,综合考订,并由此来推演中国近代法学的发展之路,这对于出身官宦之家、自幼熟读史书、受儒家正统文化影响至深的沈家本来讲难能可贵,更是百年后的今天我们仍然不能忘记其开创性贡献的原因。鉴于此,著名的法律史学家杨鸿烈高度评价沈家本为"有清一代最伟大的法律专家""中国法系全在他手里承前启后,且又是媒介东西方几大法系成为眷属的一个冰人"。③

作为传统法学的集大成人物,沈家本对于近代法学发挥了植基作用,起到了承上启下的历时性作用。1910 年,中国近代第一个全国性的法学学术团体——北京法学会成立,德高望重的沈家本被推举为首任会长。次年,第一本近代意义上的法学杂志——《法学会杂志》发刊。当时的革命风暴已经形成,

---

① 沈家本. 历代刑法考 [M]. 北京:中华书局,1985:2223.
② 沈家本. 历代刑法考 [M]. 北京:中华书局,1985:2236.
③ 杨鸿烈. 中国法律发达史:下册 [M]. 北京:商务印书馆,1933:326.

形势岌岌可危。但残缺的政局并没有影响法学的发展，也没有影响以学会和杂志为载体的法律人团体的生成。民国成立后，耄耋之年的沈家本为复刊后的《法学会杂志》题序。行文的最后，他说："余虽老病侵寻，不获于法学界有所贡献。而窃喜斯会之已废而复举也，因述其缘起如此。异日法学昌明，巨子辈出，得与东西各先进国媲美者，斯会实为之先河矣。"沈家本对中国法律的复兴、近代法律人的成长和近代法学的发展寄托的无限情思，跃然纸上。

蠖居小楼

1911 年 5 月，为挽救每况愈下的局势，清王朝组织了以奕劻为首的"皇族内阁"。沈家本当然被排斥在外，法部左侍郎一职自行解去。退出官场后，沈家本致力于《刑统赋解》《粗解刑统赋》《刑统赋疏》的整理。这三种古籍，都是后人就北宋律博士傅霖《刑统赋》所做的注释，久之错乱百出。经沈家本匡谬正误，臻于完整，后来编入《枕碧楼丛书》，为后人研究宋代典章制度提供了考证、比较的依据。

1911 年 10 月 10 日，武昌起义爆发，清王朝土崩瓦解之际被迫起用袁世凯组阁，沈家本被任命为"袁记内阁"的司法大臣。但是袁世凯既不想也不能挽救势将崩溃的清王朝。1912 年 2 月 12 日，清帝退位，沈家本的仕途生涯与清王朝同日告终。

中华民国成立后，国内由沈家本担任司法总长的呼声甚高。袁世凯伪装拥护共和窃据临时大总统后，也属意于他。宦海浮游近 50 年，年过古稀的沈家本最渴望过的是这样的生活："与世无争许自由，蠖居安稳阅春秋。小楼藏得书千卷，闲里光阴相对酬。"他引疾不出，专心著述，完成了他最后一部著作《汉律摭遗》。该书征稽广博，取材严谨；考辨发微，务求穷尽。相比而言，远胜杜贵墀的《汉律辑证》和张鹏一的《汉律类纂》，使汉律研究达到了前所未有的广度和深度。

沈家本虽闭门不出，但对风雨飘摇中的破碎山河却无时不深怀忧念。1913年年初，他在病榻上赋得《梦中作》：

可怜破碎旧山河，对此茫茫百感多。漫说沐猴为项羽，竟夸功狗是萧何。相如白璧能完否？范蠡黄金铸几何？处仲壮心还未已，铁如意击唾壶歌。

　　沈家本一生念念不忘国家前途、民族命运，以诗言志，与陆放翁遗诗有异曲同工之妙、异代同悲之情。

　　光阴荏苒，流逝无情，沈家本壮志未酬，却已心余力衰，深叹自己无解救国家民族于倒悬的力量。1913 年 6 月 9 日（农历端午），沈家本在北京枕碧楼故居溘然逝世，享年 73 岁。噩耗传出，举国叹惋。诗词祭文，咸述其功。1914 年春，沈家本灵柩由其子护送运回故乡湖州归葬，并建碑墓，中华民国临时大总统袁世凯专门为沈家本墓题写挽联：

　　　　法学匡时为国重，高名垂后以书传。

第七章　清末法律人群体汇聚地
——"修订法律馆"之考查

　　若将辛亥革命前十年清末新政时期的变法修律视为传统中国法制体系向近代转型的开启发动期，修订法律馆在其中所扮演的角色、所发挥的作用，不能不从现代化的视野加以重新审视和考察。

　　修订法律馆作为清末修律的一个重要机构至今仍是学术界未曾深入涉及的一个领域。长期以来，我们近代法制史研究关注更多的是清末修律的结果及其修订法律馆的极少数领袖人物（如沈家本、伍廷芳），强调修订法律大臣在修律中不可或缺的作用和影响，而对给予修律大臣施展抱负和才华的舞台——修订法律馆这个机构本身、修律过程及其在修律过程中付出大量心血的实务性技术性普通修律人员往往关注不够，着墨不多。沈家本等修律大臣的影响和作用固然重大，但其立锥之地——修订法律馆及其治下的众多法律专门人才，以及统治集团从体制、人才和经费等方面对修订法律馆的保障都是修订法律馆得以顺利开展的重要因素，而这些也都是推动近代中国法制现代化开启的重要因素，值得加以深入研究。因此，正确认识修订法律馆及其法律馆内的新职业阶层——清末法律人在近代中国法制现代化演进过程中的作用和历史贡献，是研究清末修律的题中应有之义。

　　从现有的文献史料来看，对修订法律馆的评价似乎都不高。在一般涉及中国近代法制史的论著中关于修订法律馆多是一些只言片语的介绍。民国北洋政府时期完成的煌煌536卷《清史稿》中，修订法律馆被归于法部门下，仅用了寥寥数十字对其做了记载："修订法律馆，大臣无定员（特简兼任），提调二人，总纂四人，纂修、协修各六人，庶务处总办一人，译员、委员无恒额（并以谙法律人员充之）。光绪三十三年设。"①《刑法志一》乃是对清代修订律例之概述，然对修订法律馆的记叙却如此寥寥数语，实在与修订法律馆的地位和作用

---

　　① 赵尔巽，等撰．清史稿·刑法志一［M］．北京：中华书局，1977：3463.

不相匹配。1947 年蔡枢衡先生在其著作《中国法理自觉的发展》中则对清末修律提出了严肃批评：清末修律"一切法规的形式和内容，直接模仿日本，间接效法西欧。中国旧律的原则和精神，在起草者的心目中毫无存在的余地。民国成立以后，本此精神，继续创制。至今近代式的法典早已进入完成境地，传承数千年的旧律随着成为历史上的名词"。① 中华人民共和国成立后至"文化大革命"时期，由于对清末新政和预备立宪是政治上全面否定，因此，关于清末修律几无成果。改革开放以来，随着对清末十年修律的再评价和重视，尤其是出现"沈家本"热以后，修订法律馆作为沈氏施展抱负的大舞台，陆续为研究者所重视。

一批直接参加清末修律的法律馆亲历者留下了许多有关修订法律馆及其活动的回忆文章、日记等珍贵史料。主要有董康的回忆文章《前清法制概要》《中国修订法律之经过》《中国编纂法典之概要》②，江庸应《申报》五十周年纪念而作的《五十年来之中国法制》③。修订法律馆第二科总纂汪荣宝的《汪荣宝日记》④，这是汪荣宝为自己而记，用于记述其行、抒发其情，皆其亲身经历，真实可靠。宣统以后制定、颁行的许多重要法律法规，汪氏均曾亲身参与草拟、修改或审核。清末政坛变化、清末修订法律馆以及众多法律的修订在汪氏日记多有记叙，对于研究清末政治史和法律史尤其是清末修律有诸多可资利用和参考的价值。

学界关于修订法律馆研究成果大体上可分为两类。一类是对法律修订机构本身的研究，这类研究侧重于法律馆机构本身以及服务于机构的个人，尤以对清末修律的主要组织者和领导者沈家本的生平、思想的研究最为引人注目。⑤

---

① 蔡枢衡.中国法理自觉的发展 [M].北京：清华大学出版社，2005：73.

② 何勤华，魏琼编.董康法学文集 [M].北京：中国政法大学出版社，2004：226－235，460－478.

③ 申报馆编.最近之五十年 [M].申报馆印行，1923：251－260.

④ 汪荣宝.汪荣宝日记 [M]//沈云龙.近代中国史料丛刊三编：第63辑.台北：文海出版社，1991：123.

⑤ 如陈煜关于清末修订法律馆的专著，将研究的视角转移到了法律修订机构本身，考察修订法律馆的运转模式、人员素质、经费等以前较少关注的问题（陈煜：《清末新政中的修订法律馆：中国法律近代化的一段往事》，北京：中国政法大学出版社 2009 年版）；胡震从修订法律馆馆员汪荣宝的日记出发，从馆中"小人物"的角度审视修订法律馆的运作情形 [胡震：《亲历者眼中的修订法律馆——以〈汪荣宝日记〉为中心的考察》，华中科技大学学报（社会科学版）2010 年第三期]。

另一类则是从法律移植的角度分析这一时期由修订法律机构修订的主要法律。①

清末是中国社会转型的关键时期，修订法律馆诞生于清王朝的统治大厦摇摇欲坠之际，与清末新政相始终，是清末新政中为革新法律而新设立的机构之一，其所有的工作都服从并服务于清末新政这个大局。它虽名为立法机构，却只有法律的草创权，而无决议权，所有修订的法律均须呈交宪政编查馆核议；它名为脱离法部而独立，实际上没有一个专职的修律人员，所有的工作人员，从修订法律大臣到一般馆员，均是兼职。尽管只是一个法律的草创机构，修订法律馆在沈家本的领导下，汇集了一大批具有近代法政知识的新式知识分子，以"折冲樽俎，模范列强"为修律宗旨，构建了刑法、民法、商法、诉讼法等近代法律体系。这些经过修律实践锻炼的法政人大都成为民国时期法学界和政治界的风云人物；法律馆附设的法律学堂所培养的大批法政人成为清末民初各级新式审判厅的法官和检察厅的检察官重要来源。

从法制近代化的角度看，这一时期也是立法模式从传统向近代过渡的转折期。谢振民先生在论及"立法"时认为立法有实质和形式两方面意义，他认为："立法为国家爱权力之作用，而为国家意思之表示，本有实质、形式两方面之意义。统治者之发布命令，含有真理，而又有强制人民遵行之力，此可谓实质上之立法。立法机关之行使立法权以议决一切事件，无论内容如何，均为法律，此可谓形式上之立法。……吾国数千年来，一切典章制度，大致由臣僚所草拟，经君主之裁决，虽有立法之实质，而无立法之形式。至前清预备立宪，立法活动，遂以萌芽。"② 清末宪政的难产，导致近代意义上立法机构的建立面临诸多障碍，修订法律馆立法功能的发挥也受到很大的限制。通过梳理清末修订法律馆的嬗变过程，从当时法律修订的动因、过程、内容和形式等方面来看，清末预备立宪时期的修律已是兼有实质和形式意义的立法。尽管修订法律馆还不是现代意义上的立法机构，但从其修律的形式和程序等方面看，已初露现代立法机制的端倪。在此，有必要对法律馆的沿革变迁、组织机构、人员构成及活动、修律贡献、内外权力斗争及其与其他机构的关系等系列做翔实梳理，将这个意蕴丰富、承载了近代法制发展方方面面的机构从历史迷雾中凸现出来，探索法制近代化过程中出现的诸多问题及其原因，丰富近代中国法制现代化课题研究

---

① 如李秀清对《大清新刑律》的个案研究（何勤华，李秀清. 外国法与中国法——20 世纪中国移植外国法反思 [M]. 北京：中国政法大学出版社，2003：364 - 392）；张德美对晚清法律移植的总体研究（张德美. 探索与抉择——晚清法律移植研究 [M]. 北京：清华大学出版社，2003）。

② 谢振民. 中华民国立法史 [M]. 北京：中国政法大学出版社，2000：4 - 5.

的内涵。

从近代化的视角来看，修订法律馆及其修律活动开启了传统中国法向近代转型的新征程。修订法律馆既是清末新职业阶层——法律人群体的会聚地，又是推动清末法制现代化开启的一个具体机制。

一、修订法律馆的历史沿革

学界一般认为，修订法律馆是由刑部律例馆发展而来的。如参与清末修订法律的重要人物董康①，曾经撰文说："迨团匪乱后，两宫驻跸，翌年派沈家本、伍廷芳为修订法律大臣，奏请将律例馆更名修订法律馆。"② 另一位重要修律人士江庸的记载也持此观点，只是表述略有不同，他认为是将律例馆更名为修改法律馆③。在著名的三督会奏折中，提出了另设修律馆，未提及律例馆④。从上述文献史料看，早前修订法律馆可能有不同名称记载，但有一点是可以肯定的，即修订法律馆与刑部律例馆在组织结构、工作方式及其功能作用等方面存在承续上的渊源关系，也可以说修订法律馆脱胎于律例馆。所以考察修订法律馆，有必要对其前身——律例馆做一简要回溯分析。

清代的律例馆，始设于顺治二年，时（帝）"命修律官参稽满、汉条例，分轻重等差"⑤，"特简王大臣为总裁，以各部院通习法律者，为提调、纂修等官"⑥。最初设律例馆，跟清初其他编书机构大体一样，都属于临时性的编书组织，书成即撤馆。

清初三朝，律例馆的中心任务是修律，修例尚未成为主要工作。顺治时期，由于政局动荡不安，清政府还腾不出足够的精力从事立法活动，尽管顺治四年颁布了大清律，但它基本上是大明律的翻版。康熙朝，将开国以来陆续制定的

① 董康（1867—1947），字授经，号涌芬室主人，江苏武进人，1889 年考中举人，次年中进士，并入清朝刑部工作，历任刑部主事、郎中。1902 年修订法律馆成立后，先后为该馆校理、总纂、提调。

② 董康. 中国修订法律之经过［M］//何勤华，魏琼. 董康法学文集. 北京：中国政法大学出版社，2005：461.

③ 江庸. 五十年来中国之法制［M］//许章润. 清华法学：第八辑. 北京：清华大学出版社，2006：245.

④ "查刑部左侍郎沈家本久在秋曹，刑名精熟。出使美国大臣四品卿衔伍廷芳，练习洋务，西律专家。拟请简调该二员，饬令在京开设修律馆，即派该二员为总纂……"［廖一中，罗真容. 袁世凯奏议（上册）［M］. 天津：天津古籍出版社，1987：475 – 476］.

⑤ 清史稿·刑法志一［M］. 北京：中华书局，1996：4189.

⑥ 张德泽. 清代国家机关考略［M］. 北京：学苑出版社，2006：108 – 109.

条例整理成《刑部现行则例》，是为有清以来首次大规模修例。雍正年间，又将前明、顺康两朝及本朝零星颁布的条例进一步加以整理，按制定的时间先后顺序依类附入律中。①

经过顺康雍三朝近百年对律文的不断修改，到了乾隆年间，律文已趋于稳定，此后基本不再改动。但是，社会是在不断发展的，再完备的法律也必然面临新情况新问题的挑战。因此，自乾隆朝起，清政府把立法重点转向对条例的修改完善上，律例馆的中心工作也相应转为修例。乾隆元年（1736），刑部奏准三年一届修例的原则。乾隆七年（1742）律例馆归并刑部后，"改用本部秋审处司员、提调，位列诸郎员之上"②，加上定期修例原则的确立，培养和造就了一批专业性很强的专家队伍，至晚清时期，使得刑部成为六部中比较特殊的一个部门，即专家掌部，先后涌现薛允升、赵舒翘、沈家本等刑官律学家，也使得"刑部事务之整齐甲于他部"③。

乾隆十一年（1746），经内阁等部门商议，将三年一修延长为五年一修，规定五年一小修，十年一大修，成为定制，在修律例的间歇，律例馆从事的业务主要是将刑部最新判决例中有关例文改动部分编成"通行章程"，待到修例时候再分别纂入，故而此时律例馆有必要作为常设机构存在下来。"由是刑部专司其事，不复简派总裁，律例馆亦附属于刑曹，与他部往往不相关会。"④ 自乾隆初至同治九年，清政府基本上遵循了定期修例的原则。由上可以看到，律例馆在长期的演化发展过程中，尽管还不是一个独立的现代意义上的立法机构，但它一直起到了承担国家部分立法的功能和作用。

同治九年后，内忧外患日趋严重，清政府无暇顾及修例，"自此厥后，不特未大修也，即小修亦迄未举行。"⑤ 光绪二十八年，沈家本奉诏修律，开始校勘原有律例时，亦说道："律例自同治九年大修之后，久未修改，迄今三十二年

---

① 《清史稿·刑法志》云："维时各部院则例陆续成书，苟与刑律相涉，馆员俱一一厘正。故鲜乖悟。"（赵尔巽，等撰. 清史稿·刑法志一［M］. 北京：中华书局，1977：4186）.

② 董康. 中国修订法律之经过［M］//何勤华，魏琼编. 董康法学文集. 北京：中国政法大学出版社，2004：461.

③ 董康. 中国修订法律之经过［M］//何勤华，魏琼编. 董康法学文集. 北京：中国政法大学出版社，2004：461.

④ 赵尔巽，等撰. 清史稿·刑法志一［M］. 北京：中华书局，1977：4186.

⑤ 薛允升. 读例存疑点注·自序［M］. 北京：中国人民公安大学出版社，1994：2.

矣，其中应修之处甚多。近奉明谕删繁就简……"① 故而在 1870 年至 1902 年这段时间内，律例馆并没有像往常一样对律例"五年一小修，十年一大修"。因此，作为律例馆，在修改律例这个职能上几无发挥作用的余地。

然而，恰恰就是在这 32 年间，中国社会各种矛盾重重积累，终于爆发了系列重大社会变故。甲午海战，宣告了洋务救国迷梦的破产；国内各地灾荒频密，教案不断，民变愈烈，义和团运动及革命浪潮风起云涌；从外部来看，列强环伺，八国联军悍然入侵中国，《辛丑条约》的签订给清政府和中国人民背上了沉重的外债和包袱，大清帝国陷入风雨飘摇之中。改革已成朝野之共识，尤其法律改革迫在眉睫。资深中国问题专家，时任海关总税务司司长的英人赫德曾经撰文："中国的大臣现在已经醒悟到，对外贸易的开展和发展，要求在许多新的方面进行立法，例如，合伙关系、合同保险等，并且为了摆脱在华外人享有领事裁判权的梦魇，中国有必要如同日本那样制定专门法律，建立专门法庭，培养法律专家，并引进新的司法程序。"② 在此背景下，光绪二十六年十二月初十，两宫在西安发布上谕，颁布改弦更张诏，决议改革，内云："世有万古不易之常经，无一成不变之治法。"一般认为，正是这份诏书奠定了随后十年清末新政的基调。轰轰烈烈的清末最后十年的新政运动开始了。经历过变器与变道的发展历程，清政府开始注重制度上的更新，逐渐在全国范围内展开。此后，在世界范围内的立宪思潮推动下，新政进入新的阶段。君宪救国的热潮将法律馆卷入了宪政筹备体系中。

光绪二十七年二月二十三日，刘坤一、张之洞、袁世凯三督谨遵上命联衔保奏"精通中西律例者"，内云："查刑部左侍郎沈家本久在秋曹，刑名精熟。出使美国大臣四品卿衔伍廷芳，练习洋务，西律专家。拟请简调该二员，饬令在京开设修律馆，即派该二员为总纂。"光绪二十八年四月初六，圣旨颁布："现在通商交涉，事益繁多，着派沈家本，伍廷芳将一切现行律例，按照交涉情形，参酌各国法律，悉心考订，妥为拟议，务期中外通行，有裨治理，俟修订呈览，候旨颁行，钦此。"③

沈家本奉命修律后的一年多时间里，由于伍廷芳尚未回国，修订法律还没有开展实质性工作。光绪二十九年八月，伍廷芳进京履职会同沈家本一起主持

---

① 沈家本. 律例校勘记［M］//沈家本未刻书集纂. 北京：中国社会科学出版社，1996：3.

② ［英］赫德. 这些从秦国来——中国问题论集［M］. 叶凤美，译. 天津：天津古籍出版社，2005：116.

③ 朱寿朋. 光绪朝东华录（五）［M］. 北京：中华书局，1958：4864.

修订法律馆的工作。光绪三十年四月初一（1904 年 5 月 15 日），经沈家本、伍廷芳奏请，始将刑部律例馆更名为修订法律馆①，并正式开馆办公。修订法律馆最初的办公地址就是律例馆的旧址。② 据沈氏说，修订法律馆筹备期及创办初期，主要做了如下工作："酌拟大概办法，并遴选谙习中西律例司员分任纂辑，延聘东西各国精通法律之博士、律师以备顾问，复调取留学外国卒业生从事翻译，请拨专款以资办公，刊刻关防以昭信守。"③ 由此，在帝国重臣的推动下，修订法律馆作为一个修订法律的组织开始登上清末修律这个大舞台。

清政府把一个科班出身、对中国传统律例研究精深并有三十多年刑部工作经验的学者型官员和第一个系统接受西方法学教育、有着近代中国第一个法学博士学历、当过律师又在长期对外交涉中有过运用相关法律知识的官员搭配在一起，反映了清政府对待修律的矛盾心态：一方面出于挽救政权危机的需要，不得不做出引进西方法律的姿态；另一方面又害怕引进西法走得太远有损国体。因此，让有着西学背景的伍廷芳直升二品大员参与修律，又让精通传统律例的刑部当家堂官兼任修订法律大臣，实有调和中西之良苦用心。不论清朝的主观意图如何，让精通中法者与熟谙西法者共同主持修律工作，无疑是几千年来中国修律史上绝无仅有的先例。

此后，法律馆在两大臣的领导下，陆续进行了一系列修订法律的活动，成绩斐然。其中尤以光绪三十一年三月二十日，修订法律大臣伍廷芳、沈家本奏进堪为前期修律指导性纲领的"奏请变通现行律例内重法数端"一折，受到当时重臣之一的军机大臣、外务部尚书瞿鸿玑高度赞扬，董康曾经回忆道："军机大臣瞿鸿玑常语人曰：'年来臣僚，侈谈新政，皆属皮毛，惟法律馆此奏，革除垂千年酷虐之刑，于小民造福不浅也。'沈大臣感朝廷之嘉纳，督饬同僚，奋志进行。"④

但是，修订法律本为清末新政改革中的一环，除修律外，新政尚有编练新军、整顿吏治、改革司法、兴办教育、整理财政、广开税源等各方面事务。当修订法律在逐步进行时，其他各项新政也渐次开展。跟修律直接相关的改革是

① 董康. 中国修订法律之经过［M］//何勤华，魏琼编. 董康法学文集. 北京：中国政法大学出版社，2004：461.
② 董康. 中国编纂法典之概要［M］//何勤华，魏琼编. 董康法学文集. 北京：中国政法大学出版社，2004：469.
③ 沈家本. 删除律例内重法折［M］//历代刑法考（四）·寄簃文存. 邓经元，点校. 北京：中华书局，1985：2023.
④ 董康. 中国修订法律之经过［M］//何勤华，魏琼编. 董康法学文集. 北京：中国政法大学出版社，2005：461.

朝廷于光绪三十二年七月十三日下诏预备仿行立宪,并将官制先行改革作为立宪初阶在诏书中一并宣布,八月十三日,上谕命筹设资政院,作为将来立议院的基础。紧接着九月即开始了官制改革,史称"丙午改制"。官制改革,既是对权力的重新分配也是对传统官僚集团利益的一次大调整,牵连出一大串纷争,也将法律馆卷入了这场政治涡流之中。各个部门都希望趁部院改革、裁并之机来扩大本部门实力,捞取更多人力、物质资源。而在司法系统闹得沸沸扬扬的"部院之争"中,沈家本掌理的大理院和法部的行为也属于此次政争中的一环。随着官制改革馆员纷纷他调,修订法律馆在多方权力角逐下,无形中停止运转。

光绪三十三年四月十二日,朝廷下谕旨:"调沈家本为法部右侍郎,张仁黼为大理院正卿"①,由此部院之争暂告一段落。但是彼此积怨并没有完全消除,关于司法权限已有朝命,无可再争。② 六月初九,遵照朝廷旨意,由法部尚书戴鸿慈领衔,奏上"拟修订法律办法"一折,戴氏会奏支持了前述张仁黼对沈家本主持修律是将法律修订"仅委诸一二人之手"的指摘,认为应"增加数人",并建议由法部和大理院共同主持"特开修订法律馆"③。光绪三十三年九月初五,宪政编查馆大臣奕劻核议上奏修订法律办法④,该道奏折无疑是后来整个修订法律事业的总体规划书,从修律组织地位结构、人员配备、修律内容、修律程序等各方面,都做了一个大致规划。后来的修律实践,基本上是按照这个规划进行的。宪政编查馆在所呈的折中,要求修订法律馆独立,排除部院、督抚的干涉。同时奕劻再次强调宪政编查馆对修订法律的最高实质权力:考覆法律草案,咨请皇帝允准之权。

清政府采纳了奕劻的意见,就在奕劻上奏的同一天,清朝发布上谕:"着派沈家本、俞廉三、英瑞充修订法律大臣,参考各国成法,体察中国礼教民情,会通参酌,妥慎修订,奏明办理。"⑤ 由此,争议迁延不断的修订法律馆的组织和人事问题终于尘埃落定,修订法律馆第一次在正式文件中离部独立。光绪三

① 朱寿朋. 光绪朝东华录(五)[M]. 北京:中华书局,1958:5669.
② 光绪三十三年四月初九,上谕军机大臣等"本日大理院奏,司法权限,酌加厘定,开单呈览一折,着与法部会同妥议,和衷商办,不准各执意见"。(清德宗实录卷五百七十二[M]. 台北:华文书局,1964:568).
③ 戴鸿慈,等奏. 法部尚书戴鸿慈等奏拟修订法律办法折[M]//故宫博物院明清档案部编. 清末筹备立宪档案史料(下). 北京:中华书局,1979:841.
④ 宪政编查馆大臣奕劻等奏议覆修订法律办法折[M]//故宫博物院明清档案部编. 清末筹备立宪档案史料(下). 北京:中华书局,1979:850-851.
⑤ 中国第一历史档案馆编. 光绪宣统两朝上谕档:第33册[M]. 桂林:广西师范大学出版社,1996:208.

十三年十月初二,新任修订法律大臣沈家本、俞廉三(英瑞因病未就职)就法律馆重新筹设上奏。该奏折除法律馆开设、运作、人才聘请等,还就经费问题做了详细申明:"开办用款,如建设馆舍,添购书籍,印字机器等项,核实估计约需银二万两。常年用款,如调查、翻译、薪水、纸张、印工、饭食等项,约计每年需银十万两。库储支细,臣等固所深知,但使可从简略,讵敢稍涉铺张。惟是立法事宜,关系全国,既非一手足之烈,亦非一朝夕之功。所有需用经费,均系再三确核,力求蹲节,无可再减。拟恳天恩饬下度支部照数拨给,稗臣等有所藉手。"①

尽管国库虚弱,清朝还是谕准所请。经费落实后,沈家本紧接着奏调人员来馆办事,经过近一个月的筹备,重组后的法律馆于光绪三十三年十一月二十七日(1907年12月31日)重新开馆办事。按《法律馆办事章程》②,法律馆有四项职责:一、拟订奉旨交议各项法律;二、拟定民法、商法、刑法、刑事诉讼法、民事诉讼法诸法典草案及其附属法,并奏订刑律草案之附属法;三、删订旧有律例及编纂各项章程;四、编译各国法律书籍。

为落实上述职责,机构设置上法律馆分设二科三处。二科:第一科执掌关于民律、商律的调查和起草,第二科执掌关于刑事诉讼律、民事诉讼律之调查起草。三处:一为译书处,负责各国法律书籍的编译;一为编案处,负责旧律例删订及各项章程编纂;一为庶务处,负责文牍会计及各项杂务。人员配置方面,此前,法部右参议王世琪、候补郎中董康,因沈氏奏调,被清朝简任为法律馆提调(该官职为法律馆具体事务的总管官)。随后纂修、协修等也陆续调进。至宣统年间,修订法律馆已成为一个颇具规模的法典草拟机构。据宣统二年(1910)开列的修律馆修订《现行刑律》衔名,除修律大臣沈家本、俞廉三外,提调官4人,总核官1人,总纂官5人,纂修官12人,协修官12人,校理官3人,校对官3人,集掌官2人,共44人。③

自此,沈家本由原来兼充改为专任修订法律大臣(其法部右侍郎的职位仍保留),其工作重心转向修订法律。按照宪政馆设定的要求,修订法律馆有计划有步骤又快速地进行了大规模的修律活动。修订法律大臣和修订法律馆走上历

---

① 沈家本.奏拟修订法律大概办法[N].政治官报,光绪三十三年十月初二第四十二号.

② 沈家本.修订法律大臣沈等会奏开馆日期并拟办事章程折附清单[N].政治官报,光绪三十三年十一月二十一日第六十号.

③ 故宫博物院编.钦定大清现行刑律·衔名(故宫珍本丛刊第333册)[M].海口:海南出版社,2000:5-6.

史前台，翻开了修订法律馆历史的崭新一页，拉开了清末法律改革的大幕，也开启了近代中国法制迈向现代化的新航程。

从上述修订法律馆的历史沿革，可以梳理出修订法律馆如下规律性变化。

首先，修订法律馆经历了由最初临时性机构发展为常设性机构。律例馆是因时因事或建或撤。从其初设的顺治年间到同治年间，都是刑部根据修订律（例）的需要临时从刑部抽调精通律例的人员组成修订队伍，对《大清律例》及部门法规进行修订。一旦修订任务完成，即行撤销。乾隆初年，形成了"五年一小修，十年一大修"的定制。这样每隔五年左右，律例馆就重新设立一次。所以，它始终是一个临时性的机构。而修订法律馆则不同，从 1904 年正式运作起，直到清朝覆亡，始终肩负着大量而繁重的修律任务。中间虽因部院之争而一度中断，但修律工作并未因此而停止。修律机构的常设化是修律工作正常有效进行的重要保障。它一旦设立，就不因统治者的意志为转移，这样，立法机构的独立性才有了可能。

其次，修订法律馆机构设置上经历了由附设到独立的变化。律例馆最初是因修律需要而设立的一个独立的官厅。虽然是一个独立官厅，但其独立性并不具有实质意义，因为它最终也是依附于修律的需要而设立的一个临时机构，修律完成即撤销。乾隆七年（1742），律例馆附设于刑部，归并刑部辖管。立法机关由司法机关兼管，契合了司法行政合一的中国传统官僚体制。修订法律馆初设之时，承续律例馆之形式，仍附属于刑部。1907 年，作为部院之争后的修订法律馆归属权之争被廓清并重新厘定，法律馆从刑部中分立出来，成为一个独立的立法机构。尽管这种独立是相对意义上的，但机构形式上的独立，既反映了统治者对变法修律的重视，也大大提高了修订法律馆的地位，由此其他机构对修订法律馆的羁绊和约束以及变法修律的阻力大大减少。

再次，修订法律馆人员配置上由单一变为多样。传统型的修律机构律例馆由精通中国传统律例、长于刑名的刑部堂官执掌，由刑部司员组成。这样一支清一色出身于刑部的队伍，所做的工作也就是在小范围内对以《大清律例》为代表的传统法律做一些小修小补。而修订法律馆无论是领导者还是职员，都给人焕然一新的感觉，呈现多样性、多层次性。两位修订法律大臣沈家本和伍廷芳是当时中国人对传统法律和西方法律认识最为深刻的代表。沈家本是继薛允升、赵舒翘之后中国传统法律最高成就的集大成者，伍廷芳是近代中国第一个对西方法律深有体认的开创者。作为法律馆领导者，沈氏含蓄委婉，伍氏直接坦率；沈氏习惯以历代法律比较为论据，伍氏则喜欢以自己的经历和西方法律规定为论据。这种领导者的迥异风格，深刻影响了其后修订法律馆修订法律的基本思路，那就是以中西法律比较为依据。修订法律馆旗下汇集的一大批法学精英，既有对传统法律素有研习的"体制中人"，如吉同钧等；又有留学日本、欧美、学有所成的"体制外人"，如江庸、章宗祥、汪有龄、汪曦芝、姚震、朱献文、张孝栘等，而这些新生力量在馆中表现活跃，也是其后民国法律界的中坚力量。这种学历背景各不相同的法学精英会聚一处，一方面使得法律馆时时处处有着不同思想的交锋，保持着法律馆的生机与活力；另一方面，各种不同的观点在辩论中成熟和完善，使得新订法律既不囿于传统而徘徊不前，又不过于超期而走得太远，使之更符合中国的国情。根据曹汝霖回忆，在筹备立宪时期，他与汪荣宝、章宗祥、陆宗舆四人，"每逢新政，无役不从，议论最多，时人戏称为'四金刚'"。① 修订法律馆网罗的这批具有西学背景的法学人才，是之前的律例馆所没有也不可能有的新鲜血液。西式人才的引进，为修订法律馆增添了浓厚的近代色彩。

最后，法律修订方法上由零散地小修小补变为综合地全面更新。律例馆根据时势变化，在传统政治许可的范围内，以"修改、移并、移改、续纂、删除"② 五种方式，对传统法律进行修改。它非但没有触动传统法律的基本精神，并且以维持传统法律的正常有效运转为目的。而修订法律馆设立的初衷即是改变传统旧律，以适应时代发展的需要："将一切现行律例，按照交涉情形，参酌各国法律，悉心考订，妥为拟议，务期中外通行，有裨治理。"③ 在沈家本等领导下，修订法律馆不但对传统法律《大清律例》进行了改造，编成《大清现行刑律》，而且，更为重要的是以当时世界上最先进的法理为指导，以最新的法典为蓝本制定了一系列近代法典，如《刑事民事诉讼法》草案、《大理院审判编制法》《法院编制法》《大清新刑律》《大清民律》草案、《大清刑事诉讼律》草案、《大清民事诉讼律》草案、《破产律》《国籍条例》《大清商律》草案、《违警律》等。没有修订法律馆这个近代化的修律机构，这些近代化的法典就不可能产生。而这些近代化法典的制定，也证明了修订法律馆的近代化色彩。

---

① 曹汝霖. 曹汝霖一生之回忆［M］. 台北：传记文学出版社，1980：46. 朱德裳亦回忆说："清末以留学生为显官，（汪荣宝）共曹汝霖等见称四大金刚。"（朱德裳. 三十年闻见录［M］. 长沙：岳麓书社，1985：143.）
② 梁启超先生在其《论中国成文法编制之沿革得失》一文中论及"明清之成文法"曰，（律例）纂修之体裁大略分为修改、移并、移改、续纂、删除五种。（梁启超. 梁启超法学文集［M］. 北京：中国政法大学出版社，2000：162－163.）
③ 朱寿朋. 光绪朝东华录（五）［M］. 北京：中华书局，1958：4864.

二、修订法律馆中的法律精英

近代中国的法制转型，离不开近代法律人的发起和推动。修律大臣沈家本等清醒地认识道："法律之学繁颐精深，改弦更张功匪且夕。民商各法，意在区别凡人之权利义务，而尽纳于轨物之中。本末洪纤条理至密，非如昔日之言立法者仅设禁以防民，其事尚简也。"因此，"惟有广罗英彦，明定职司，以专责成而免旷误"。①

不同于传统的士绅阶层，近代法律人除有少部分精通传统律例的官僚外，大多毕业于国内的法律、法政学堂或具有海外法科留学经历，他们以宪政和法治为理想追求。这些法律精英的存在，是清末修律活动得以开展的人力资源条件。修订法律馆重开以前，尽管修订法律大臣也陆续调用了一批人才，但因为处于预备立宪前后，又先后遭遇官制改革、部院之争，以致人心浮动，所以还没有真正形成团体观念。重开后，修订法律大臣借鉴此前修律过程中的经验和教训，开始了新一轮的人员调配工作。具体来看，修订法律馆聚集了以下几类法律人才。

（一）本国法律精英

经费、人员是社会特定组织体及其运行的关键性构成因素，在前述开馆经费问题上与度支部多次力争并得到朝廷准奏后②，沈家本得以高薪聘请了众多国内外法政精英加盟法律馆。时任法律馆修纂、后为民国法律界领袖之一的江庸曾追忆："凡当时东西洋学生之习政治法律归国稍有声誉者，几无不入其中。"为了提高这些年轻人的工作积极性，沈氏大幅度提高他们的薪水："法律馆于两大臣下，虽设有提调、总纂、纂修、协修等名目，然薪俸之厚薄，则不以位置之高下为标准。总纂薪金倍于提调；纂、协修之专任者，薪金又倍于总纂盖以初仕之学生，其资格不足以充提调、总纂，使之专致力于编纂事业，非

---

① 修订法律大臣沈等会奏开馆日期并拟办事章程折附清单［J］．东方杂志，1908（2）：114.

② 自伍廷芳于光绪二十九年十二月七日奏请派员拨款开始，修订法律大臣为资金问题反复劳累奔波，因与度支部认识不一，沈家本多次上奏朝廷，力陈修律之困难与任务之艰巨，而开馆所急需人才，尤其外籍专家，非重金礼聘不可，"重禄劝士，古训昭然"（沈家本：《修订法律大臣奏馆事繁重恳照原请经费数目拨给折》，参见《政治官报》，光绪三十三年十月二十日第六十号）。

厚俸不能维系也。"① 光绪三十三年十月十二日（1907 年 11 月 17 日），沈家本奏调法部右参事王世棋、候补郎中董康到法律馆任提调。② 沈家本称赞董康为有"详定编辑条例、审查翻译稿件、博考各国法典"③ 之才能的法律栋梁之材。8 天后，沈家本又一次奏请将 30 名"各员并留学各生或法学精研，或才识优裕"者调到法律馆，负责法律翻译和法律编纂等工作④。这些法政精英，既有精通传统律学的官员，也有国内新式法科学堂毕业生以及留学欧、美、日的佼佼者。笔者根据上述及相关资料将修订法律馆部分人员列表如下。

修订法律馆部分人员名单

姓名	籍贯	职务	教育、学历背景
王世琪	湖南宁乡	法部右参议	
董康	江苏武进	法部候补郎中	
许受衡	江西龙南	大理院刑科推丞	
周绍昌	广西灵川	（大理院）民科推丞	
朱汝珍	广东清远	翰林院编修	日本法政大学法科
章宗祥	浙江吴兴	署民政部参事	
王仪通	山西汾阳 原籍浙江绍兴	大理院推事	
王守恂	天津	民政部郎中	
姚大荣	贵州安顺	大理院推事	
吴尚廉	广东南海	（大理院）署推事	
陆宗舆	浙江海宁	民政部郎中	日本早稻田大学法政速成科
陈毅	湖北蕲州黄陂	前学部参事	
金绍城	浙江吴兴	大理院推事	英国铿司大学理财政法科
熙祯	不详	署大理院检察官	
吉同钧	陕西韩城	法部员外郎	
曹汝霖	浙籍，上海出生	外务部主事	日本东京法政大学

① 江庸. 趋庭随笔［M］//张云龙. "近代中国史料丛刊"初编第九辑第 85 种. 台北：文海出版社，1967：61 – 62.
② 奏准简派法律馆提调［N］. 申报，1907 – 12 – 18.
③ 奏准简派法律馆提调［N］. 申报，1907 – 12 – 18.
④ 名单参见《政治官报》光绪三十三年十一月初二第四十二号。

姓名	籍贯	职务	教育、学历背景
吴振麟	祖籍浙江	农工商部主事	日本帝国大学法科
顾迪光	浙江绍兴	法部主事	
范熙壬	湖北黄陂	内阁中书	日本帝国大学法科
谢宗诚	不详	知府用安徽试用知州	
许同莘	江苏无锡	拣选知县留学日本毕业生	日本法政大学法科
严用彬	不详	知州用优贡知县	
李方	广东长乐	大理院行走法政科进士	英国康伯立舒大学法律科
章宗元	浙江吴兴	大理院行走法政科进士	美国加州大学理财科
江庸	福建长汀	大理院行走、分省知县	日本早稻田大学法经科
汪有龄	浙江钱塘（杭州）	大理院行走	日本法政大学
程明超	湖北黄冈	法政科进士	日本京都大学法政科
高种	福建闽侯（福州）	法政科举人	日本中央大学法科
严锦镕	广东东莞		美国哥伦比亚大学政法科
王宠惠	广东东莞		北洋大学法科，美国耶鲁大学法学博士
陈篆	福建闽侯（福州）		巴黎法律大学
朱献文	浙江义乌		日本帝国大学法科
汪荣宝	江苏苏州		日本早稻田大学法政速成科
马德润	湖北枣阳		德国柏林大学法学博士
熊垓	江西籍		日本东京法学院

　　资料来源：奏调通晓法政人员折［N］．政治官报，1907－12－06；程燎原．清末法政人的世界［M］．北京：法律出版社，2003：184－190。

可通过上表对清末修订法律馆人员构成做一简略统计分析。

从教育背景来看，35 人中，有海外留学背景的共 20 人，约占总数的 57%；留学地分布在日本、美国、英国、法国、德国，以留学日本的最多，有 13 人，其次是美国，有 3 人，再次是英国，有 2 人，最后是法国和德国，各有 1 人。无海外留学背景者，亦有多人在科举时期取得功名，如董康是前清进士。也有毕业于国内大学的法科生，如王宠惠为北洋大学法科毕业生。有海外学习经历的留学生构成了修订法律馆的骨干，留日学生占有绝对优势比例，反映了清末日本政治法律对国人的影响。其他欧美国家的留学生比例相对较小。法律馆中有过半数的海外留学生说明近代中国法制现代化是伴随着国门被动打开、西学东渐、中西文化交流日益频密、国人开始向西方学习的过程同步进行的。

从人员的地域结构看，除两人籍贯地不明外，在有籍贯地可查的 32 名馆员中，来自浙江的最多，有 10 人，其后是广东有 5 人，湖北有 4 人，江苏、福建各 3 人。来自上述 5 省的人员约占了总人数的 80%。江浙地区为全国人文荟萃之地，常得风气之先。湖北是辛亥革命首义之地，湖北革命党人和仁人志士在清王朝统治腹心武昌，一举推翻了中国历史上的最后一个封建王朝。广东、福建地处东南沿海，与海外接触较早，沿海居民思想较为开通。这些省份为经济文化发达地区，居民大都有求变、求新的与时俱进思想。因此，从成员的籍贯地能够约略看出法律修订人员的思想观念、精神风貌、行为方式及其价值取向。

值得注意的是，表中董康、江庸、马德润和高种等人，其修订法律的工作延续到民国时期，他们亦是民初修订法律馆的组成人员。董康作为清末修订法律馆的提调，在民初分别担任了法律编查会的副会长和修订法律馆的总裁，在修律活动中继续扮演着组织、协调和领导的角色，并参与了从清末的《大清刑律草案》到民国初期的《第一次刑法修正案》和《第二次刑法修正案》的起草修改工作。毕业于日本中央大学的高种，在清末修订法律馆负责《大清民律草案》之"继承编"的修订，进入民国以后，担任了民律第二次草案中"继承编"的修订工作，同时也是民律第三次草案"亲属编"的修订者。机构设置和人员任用上的延续性、继受性，在一定程度上保证了清末到民初的法律修订工作未因政权更迭而中断，反映了近代中国法制现代化相对独立的演进过程。

为了保证修律的质量，对于争议较大的重要法条往往汇集法律精英共同修纂。据史料记载，法律馆在从事《大清现行刑律》修订中对犯奸一罪的《律文修改稿》内开列的修纂人员有：第一科纂修朱汝珍，编案处纂修谢宗诚，庶务处总办王式通，第二科总纂汪荣宝，编案处总纂吉同钧，提调章宗祥、董康、王世琪、罗维垣，总核何汝翰，第一科总纂许受衡，译书处总纂周绍昌，编案处纂修姚大荣、许同莘，编案处协修吴尚廉等。① 仅是对犯奸一罪的修纂就会聚了修订法律馆的众多骨干人员。

（二）外国法律专家

活跃于清末修订法律馆的人员，除前述本国法律精英外，还有外国专家。甲午战争后，向日本学习的呼声甚高。光绪三十一年九月十七日，伍廷芳、沈家本奏进派员赴日考察一折，内称："我国与日本相距甚近，同洲同文，取资尤易为力。亟应遴派专员前往调查，借得与彼都人士接洽研求。至诉讼裁判之法，必亲赴其法衙狱舍，细心参考，方能穷其底蕴。"② 模范列强，是修订法律馆修律的基本宗旨之一。近代中国继受外国的法律成果尤以日本为甚。其原因是多方面的，关系政治、地域、种族、文化等因素。但体察修订法律大臣希望高效率制定新律的动机，其赴日考察需要的时间少，经费少，且语言文字障碍少是最直接的考虑。再者，从修订法律馆人员的教育背景来看，几乎近一半的人员有留学日本的经历，取法日本也是顺理成章了。

沈家本创立京师法律学堂时，"乃赴东瀛，访求知名之士。群推冈田博士朝太郎为巨擘重聘来华。松冈科长义正，司法裁判者十五年，经验家也，亦应聘而至"③。在沈家本主导下重点延请了冈田朝太郎、小河滋次郎、松冈义正、志田钾太郎等日本法学名家为法律馆顾问。

冈田朝太郎，法学博士，东京帝国大学教授，"帝国大学七博士"之一，日本刑法学权威人士。1897 年至 1900 年在德、法研究法律 4 年。之所以会聘请冈田，是因为此前其《刑法各论》《刑法总论》已译介至国内，产生很大影响。法律馆不惜以月薪高达 850 银元，与其签约 3 年，聘任到馆。冈田于 1906 年 9 月抵华，此后的十年间，冈田除了在修订法律馆以及袁世凯政府法律编查会任顾问外，还担任京师法律学堂、京师法政学堂等处教习，主讲"刑法""法院编制法""刑事诉讼法"等课程，著有《法学通论》《日本刑法改正案评论》《死刑宜止一种论》等讲义和专著，是对我国清末修律和法律教育出力最多的日本法学家。光绪三十四年（1908），沈家本欣然为其《法学通论讲义》作序，对其人、其书、其学给予高度评价。④

---

① 参见《犯奸律文修改稿》，第一历史档案馆修订法律馆全宗，档案号 10，第 2 包。

② 朱寿朋. 光绪朝东华录（五）［M］. 北京：中华书局，1984：5413.

③ 沈家本. 法学通论讲义序［M］//历代刑法考（四）·寄簃文存. 北京：中华书局，1985：2233.

④ 沈家本. 法学通论讲义序［M］//历代刑法考（四）·寄簃文存. 北京：中华书局，1985：2233-2234.

松冈义正（1868—1951），1892年毕业于东京帝国大学，获法科学士学位，是日本著名法学家梅谦次郎的弟子，曾担任会计检察院惩戒裁判所裁判官、判事、检事登用试验委员会委员、东京上诉法院推事等职。据说，松冈当时与中国政府签订了月薪800银元的3年合约。松冈来华之初，主要在京师法律学堂担任教习，讲授民法学、民事诉讼法学、破产法学等科目。光绪三十四年十月（1908年11月），松冈与冈田朝太郎等人同时受聘为修订法律馆调查员，主要负责民律和民事诉讼律的起草工作。和冈田一样，来华前其《破产法》（明治三十二年讲义）也被译介至国内，这两位专家的聘定，乃是因其早已名声在外，故为修订法律大臣奏请聘用而来。除此之外，修订法律馆还派馆员赴日考察刑法及司法各方面的情况，在这些馆员回复的报告书中，修订法律大臣对日本其他领域的一流专家得以了解，又上奏朝廷重金聘进。小河滋次郎和志田钾太郎的到来正缘于此。

小河滋次郎（1861—1925），东京帝国大学教授、法政大学中国学生讲师，日本研究监狱学的先驱。他从东京专门学校毕业后曾经留学德国，1886年返回日本后在内务省工作，后来又转司法省，1891年任监狱课长，1906年获得东京帝国大学法律博士，随后出版权威性著作《监狱学》的中文译本。1908年5月13日，小河应清朝之聘，抵达北京，任狱务顾问，同时任附设于法律学堂之监狱学专科之讲习。小河不负众望，起草监狱律，设计模范监狱，在他的努力之下，京师模范监狱终于在宣统年间建成。在晚清的监狱改革中，小河是非常重要的人物。

志田钾太郎，1894年毕业于东京帝国大学法科，旋入研究院专攻商法中的公司和保险，1898年受派赴德国研究商法，回国后于1903年获法学博士，并任日本学修院、东京高等商业学校和东京帝国大学的商科及法律教授。在来中国之前，因1905年至1907年出版三本译著：《商法》《商法商行篇》及《商法总则》，志田获得学界盛誉。志田钾太郎是到馆最迟者，其在1908年年底，应私法编定在即的时势而来。清政府原准备聘请日本著名民商法学家梅谦次郎为大清私法的起草员，但"梅谦次郎为该国政府随时顾问必不可少之人，断非能轻易聘用。访有日本法学博士志田钾太郎为商法专家，名誉甚著，享经臣等公同商酌，聘充臣馆调查员，电请出使日本国大臣胡惟德妥订合同，约其来京"。[①]1908年，修订法律馆以创纪录的950银元月薪聘用志田钾太郎起草《大清商律》

---

① 修订法律大臣沈家本等奏议复朱倡铣奏慎重私法编别选聘起草客员折［N］. 政治官报，光绪三十四年十月十五日，第三七三号。

草案。志田到馆后，很快筹备草拟全面的、完全现代的商法，以取代之前伍廷芳等草拟的《钦定大清商律》，最后志田完成的商法草案称为《志田案》。此外，志田也在京师法律学堂、京师法政学堂任讲习，主讲商法学。①

上述日本法学家以其渊博的法律知识和精湛的立法技术很快奠定了其在修订法律馆中的地位。清末法律近代化过程中几部至关重要的法律及草案出自他们之手，其中虽有诸多内容与中国社会不相协调，但他们提供的立法框架则功不可没。冈田的《大清刑律》的主体部分，虽屡经变革，仍然保留在民国时代的刑法中，松冈的《大清民律草案》前三编虽然未及颁布清祚已亡，但在南京国民政府建立之前，始终是民法的基础。而志田庞大的《商律草案》，则被认为是一切后来编纂者不可缺少的参考资料。小河不仅编定了《大清监狱律》，更主持了国家级的监狱改革。② 同时，这些日本法学家向中国学生传授现代法律知识及学习方法。他们都在修订法律馆附设的京师法律学堂任教习，冈田来华后从基础教起，主讲《法学通论》，光绪三十三年将讲义汇集成册，在此讲义的序中，他传授了法学学习方法，并注意联系中国实际。除了修律、教学之外，这些专家与修订法律馆馆员还常常切磋学问，对馆员业务加以指导。法律馆的亲历者汪荣宝在其日记中记载了其与冈田交往的经历，从记载中可以看出，在修订法律馆中，这些日本专家还充当"智囊"角色，甚至充当这些修订法律馆馆员老师的角色。这样的角色对清末修律的影响是"润物细无声"的，经过这样的中日法文化的交流，清末所修之律离传统越来越远，清政府及士大夫阶层虽对传统凋零心有不甘却也无力阻止"日式"法律近代化之滚滚潮流迎面而来。

考察上述修订法律馆各类人员，其在修订法律馆组织中的角色定位各有不同。作为组织领导者，最重要的是沈家本和伍廷芳，两人虽同被清政府任命为修律大臣。但其后沈家本以一刑部旧官员超越了伍廷芳的地位，成为一个集体制内官僚与法学家于一身的领导人。沈家本审时度势，擢拔人才，兼容并包，沈虽是旧律大家却不囿于旧识，而努力学习新法学知识，最终使自己成为会通中西的法学泰斗，加之其对组织的责任感，超强的人际关系处理能力，拥有实际的职权，多种条件集于一人，使得沈在新政背景下，"大跃进"式的修律运动

---

① 任达. 新政革命与日本：中国，1898—1912 [M]. 李仲贤，译. 南京：江苏人民出版社，2006：182 – 185；王健. 中国近代的法律教育 [M]. 北京：中国政法大学出版社，2001：195 – 196.

② 任达. 新政革命与日本：中国，1898—1912 [M]. 李仲贤，译. 南京：江苏人民出版社，2006：172 – 174，181 – 173.

中，成为修订法律馆的权威巨擘。伍廷芳作为修订法律馆早期领导之一，凭借其开放的视野、卓越的法律才能和丰富的外交阅历，一跃而成新政中的政治明星。伍在馆时间虽然不长，但以其丰富的西学背景为法律馆带来了全新的修律理念和方法，其设计的修律的蓝图，尽管在局部行不通，但是从长时段来看，伍的影响一直与修订法律馆相始终。当然，由于伍的思想过于超前，社会难以接受这种激烈的修律变动，加之伍氏个性特征难容于国内旧官僚体制，致使伍最终放弃了其修订法律馆领导者的地位，其作用类似于修订法律馆转换职能的启蒙者和传教者。

修订法律馆的骨干力量，主要来源于国内外政法精英的加盟，当然由于立场观点及知识背景的不同，不可避免地出现保守和激进派别之分，这实际上是两种修律思路的斗争。以吉同钧为代表的保守派，期望在保证大清律例的框架不变的情况下改变其中的某些方面，以此完成修律事业，其模式为改订旧律；而以董康和汪荣宝为代表的激进派则主张突破大清律例传统框架，模仿西法模式，分门别类另起新律。随着清末新政进入新的阶段和预备立宪的开展，后一种模式成为修律主流，群体总体呈现激进的情形。当然，保守分子的顾忧也有其深刻的一面，即法律不仅是一种工具，还是长期积淀下的民族精神的反映，颠覆旧律会导致倾覆宗庙之舆。因此，伴随着政治格局的变化，不同的修律目标和不同的修律思路，导致了法律馆内的斗争与妥协交织往复。最后是作为顾问者的日本法律专家，其不具备正式的体制内权力，但因顺应革新法律的潮流，以及拥有修订新律所必需的知识和技术，慢慢突破原先所设定的顾问者角色，而成为修律的一支重要力量。

观察上述法律馆人员结构及其配备所体现出来的中西结合（本国法律精英与外国法律专家）、新旧结合（新生的法律职业阶层与传统体制中的旧官僚）、传统科举文化背景与法学新科专业背景相结合的格局，突显馆员各自的知识背景、思想意识处于不同的阵营，法律馆大有兼容并包的趋势，馆中既有派充的旧式官员，也有后加入的新派人士；既有英美法系知识背景的，也有大陆法系知识背景的。这一切，意味着在关于修律道路的抉择、修律宗旨的确定、修律形式的安排等，必然会产生妥协与斗争。同时也意味着清末修律正是在折冲樽俎、会通东西中艰难前行的。总之，正是在这融会了东西新旧的法律馆中，形成了一支高素质的人才队伍，而这批高素质人才成为修订出高质量的法律的重要保障，有力推动了清末法律近代化的进程。

三、修订法律馆的主要工作及成果

作为清末新政中的修订法律机构，修订法律馆最大的贡献就是编订出了一批中国近代意义上的新法律。在经过了长期的准备工作后，修订法律馆对《大清律例》加以改造，编订了《大清现行刑律》；同时，针对不断变化的新事物、新情况，法律馆又不断起草新律，从单个条文到单行法，从参与起草法律到独立编纂法典，法律馆的努力最终成就了中国近代主要法律的转型，开启了近代中国法制现代化的新征程。修订法律馆主要修律成果如下。

（1）《大清现行刑律》与《大清新刑律》。删修旧律旧例，改订刑罚制度，废除一些残酷的刑种和明显不合潮流的制度，这一方面以公布《大清现行刑律》为代表；《大清新刑律》是中国历史上第一部近代意义上的专门刑法典。

（2）商律：《钦定大清商律》由商部制定，光绪二十九年十二月五日（1904年1月21日）奏准颁行，《公司注册试办章程》由商部制定，光绪三十年五月（1904年6月）奏准颁行；《商标注册试办章程》与《商标注册试办章程细目》由商部制定，光绪三十年六月（1904年7月）奏准颁行，《破产律》由商部起草，于光绪三十二年四月（1906年5月）奏准颁行。《大清商律草案》亦称《志田案》，《交易行律草案》于光绪三十四年（1908）起草，《破产律草案》于宣统元年完成，《保险规则草案》于宣统二年八月（1910年9月）奏交资政院审议，《改订大清商律草案》由农工商部拟订，宣统二年十一月（1911年1月）奏交资政院审议，《银行则例》由度支部订，光绪三十四年正月（1908年7月）奏准颁行，《银行注册章程》由度支部订，光绪三十四年六月（1908年7月）奏准颁行，《大小轮船公司给照章程》20条，由邮传部订，宣统二年三月（1910年4月）奏准颁行，《运送章程》由农工商部起草，宣统二年八月（1910年9月）奏交资政院审议，十二月奏准绳颁行。

（3）民律：修订法律馆主要着眼于对《大清律》的修订和《大清新刑律》的制定，民事立法的修订直到光绪三十三年五月（1907年6月）才受到朝廷的重视，民律编纂遵循三项宗旨："注重世界最普通之法则"，广泛吸收大陆法系国家民法的一般原则和具体规定；"原本后出最精确之法理""采用各国新制"以便与列强相交涉；"求最适于中国民情之法"和"期于改进上最有利益之法"。

（4）诉讼法与法院组织法：《刑事民事诉讼法草案》光绪三十一年（1905）提出制定简明诉讼法；《各级审判厅试办章程》光绪三十三年十一月（1907年12月）编成；《刑事诉讼律草案》和《民事诉讼律草案》宣统二年十月（1911

年 1 月 27 日）相继编成；《大理院审判编制法》与《法院编制法》由清政府于
1906 年 12 月颁行。

移植外国法律是中国法律近代化的重要路径，自晚清修律时移植外国法这
一趋势延续至民初的修律活动中。修订法律馆之所以以法律移植为其主要修律
取向，可以从外部压力和内部需求两方面寻找答案。外部压力来源于以废除领
事裁判权为核心的治外法权外交博弈的需要。与列强接轨，以制定符合世界潮
流（在当时也就是欧美潮流）的良法，成为废除治外法权的重要谈判筹码。因
此，修订法律馆的修律活动直接服务于这一重要的外交舞台。正如刘星所言，
"法律移植是和当下的'政治'设想密切纠缠的，甚至是当下'政治'设想的
一个组成部分"①。"模范列强"的修律主旨，决定了法律移植是修律的主要取
向。内部需求则源于固有资源的缺乏。这一点在刑法、诉讼法、商法和民法等
部门法中表现得尤为突出。当近代中国的政治、经济社会结构发生变化亟须法
律做出调整，而本国固有的法律又无法完成上述使命时，法律移植就成了"一
项制度发展的捷径"。

综上所述，清末法律修订工作基本遵循了这样的思路，即先刑事法律，再
诉讼法、商事法，最后是民事法律，并跟踪当时最新的法律思潮及时进行修订。
这一修律思路为民国以后的修订法律馆所承续沿用。在法律移植过程中，在道
德价值观念等敏感领域，对固有法律制度和习惯做法做了保留，这一点突出表
现在刑律中。在移植外国法和本土化之间，修订法律馆为适应新政改革需要明
显倾向于移植借鉴外国法，但对本国的传统和习惯也给予了适当的关注。如果
说法律移植和本土化是一个事物无法分离的两方面，那么法律馆的修律活动所
表现的则是大小不一的两个"面"，其中法律移植这一"正面"明显大于本土
化那一"侧面"或"背面"。

此外，伴随清末西方法律的引进，不仅法学知识界重视对新法律名词的翻
译、解释和统一运用，修订法律馆也专门组织人员进行法律名词的统一解释。
在修订法律大臣宣统元年两次奏进所办事宜的奏折中，都提到该馆拟有"释法
律名词"②。法律馆第二科总纂汪荣宝在其日记中曾记录了这样一段文字：

> 以民诉律内所用术语多系袭东人名词，思酌量改易。阅渡部万藏《法
> 律大辞典》及上野贞正《法律辞典》，并参考英字，翻检经籍纂诂，反复

---

① 刘星. 重新理解法律移植——从"历史"到"当下"[J]. 中国社会科学, 2004 (5):
26.

② 修订法律馆大臣奏报筹办事宜 [N]. 申报, 1909 - 03 - 02.

斟，卒不能一一得确译之字，始叹制作之难。①

汪氏对民诉律词语颇费周折的斟酌使用，在方法上令人耳目一新，其借助的资源不仅有日文词典，更有"英文"和中国传统的"经籍纂诂"。创造往往就是在对传统和现代、东方与西方的沟通交流中加以斟酌取舍而完成的。可以说，与传统律例的修改相比，修订法律馆在修律方法上实现了由传统向近代的转型。

作为一个法律编纂机构，修订法律馆在沈家本的领导下，汇集了一大批具有近代法政知识的新式知识分子，以"折冲樽俎，模范列强"为修律宗旨，构建起了刑法、民法、商法、诉讼法等近代法律体系。这些经过修律实践锻炼的法政人大都成为其后民国时期法学界和政治界的风云人物。法律馆附设的法律学堂培养的大批法政人成为清末民初各级新式审判厅的法官和检察厅的检察官重要来源。董康曾在其回忆中写道：

> 民国初元，政府基础，渐次巩固。法曹尤构新象，馆中编纂，皆膺要职。如章宗祥、江庸、汪有龄、汪曦芝、姚震、朱献文、张孝移诸君尤其彰著者。各级审、检两长及推检，亦多本馆附设法律学堂之毕业生，人才一时称盛。②

由此观之，正是沈家本开明的人才政策，吸引了一大批优秀法政人才投身于修订法律馆，人才济济的修订法律馆无疑是清末法律人群体崛起的一个缩影，也是推动近代中国法制现代化开启的一个重要机构设施。

---

① 胡震. 亲历者眼中的修订法律馆——以汪荣宝日记为中心的考察［J］. 华中科技大学报（社会科学版），2010，24（3）：24-33.

② 董康. 民国十三年司法之回顾［M］//何勤华，魏琼. 董康法学文集. 北京：中国政法大学出版社，2004：714.

中篇

02

民国北京政府时期法律人群体的中兴
与近代中国法制现代化的曲折和徘徊

第八章 北京政府时期法律人的成长与近代 中国法制现代化的蜿蜒前行

一、民国初年法制秩序的建构

1911 年爆发的武昌起义推翻了腐朽的清王朝，结束了统治中国两千多年的君主专制制度，以孙中山为首的资产阶级革命党人以一个全新的政治姿态走到了历史的前台，致力于将中国改造成一个资产阶级民主共和国。孙中山在就任南京临时政府大总统以后，明确表示"中华民国建设伊始，宜首重法律"①。在民国初期的社会思潮中，对于法治的期望和对专制的厌弃，成为当时社会的一个主要思想潮流和趋势，并被视为巩固民主共和制度的重要保障。可以说，"首重法律"的政治建国方针正是顺应了共和的基本原则。也就是说，新生的民国必须通过法律手段来重新整合晚清统治者留下来的破败的社会局面，即用法律的手段来进行社会秩序构建。但这样的历史性巨变刚使国人兴奋起来，政权就落到了以袁世凯为代表的北洋军阀手里，中国又陷入了连年内战和动乱之中。以宋教仁为代表的国民党人，原以为可以借助资产阶级民主共和国的制度，在法律的框架内实现旧中国的改造和再生。然而，并不具备现代政治知识的袁世凯"不了解共和国需要什么或民主如何起作用，根本没有实现共和或民主的愿望"②。

在中国近代历史上，从 1912 年袁世凯窃取辛亥革命果实，到 1927 年蒋介石形式上统一中国，这十几年的时间是中华民国北京政府时期，亦称北洋军阀统治时期。民国初年北洋军阀的统治，在政治、经济、文化、思想上充满了新和旧的矛盾与冲突。激化的阶级矛盾，政治上的剧烈动荡，是这一时期的基本特

---

① 孙中山 . 在南京答《大陆报》记者问 ［M］//孙中山全集：第 2 卷 . 北京：中华书局，1982：14.

② 顾维钧 . 顾维钧回忆录（第一分册）［M］. 北京：中华书局，1983：91 - 92.

点。在此时期，中国无论南方或北方，长期处于军阀战乱之中，社会各类矛盾激化。北洋军阀的反动统治，不断受到各阶层人民反抗浪潮的冲击。1916 年袁世凯称帝复辟失败，在国人的唾骂声中死去，北洋军阀集团也发生了分裂，相继控制北京政府实权的皖系、直系、奉系，以及在北方控制一省或地区的大小军阀相互间为了争权夺利，造成连绵不断的军阀混战。随着战争的胜负，北京政府的实权，也就在各派大军阀手中转移。在此期间，北京政府所谓的总统、执政、大元帅就多次更换，内阁总理的更迭更是频繁，从 1916 年至 1928 年短短的 13 年中，就有 38 届内阁，最短的两届只有六天，无论哪一派当权都不长久。北洋军阀的统治时期，由于连年内战，给人民带来了空前灾难。孙中山先生对反动的军阀统治政权深恶痛绝，曾一针见血地指出："夫去一满洲之专制，转生出无数强盗之专制，为毒之烈，较前尤甚。"[①] 为打倒军阀的统治，孙中山先生长期坚持不懈地进行奋斗，他的这一理想，直至 1928 年北伐战争取得胜利，北洋军阀最后覆灭方始得以实现。

中华民国北京政府时期，政权更替频繁，"城头变幻大王旗"，但军阀统治的本质未曾改变。可以说这一时期是 20 世纪中国历史上最黑暗的一页，特别是政治方面，腐败、专制、独裁几乎是这一阶段的代名词。但是，另一方面我们也应该看到，这一时期也是中国社会剧烈变化、新旧制度交替更迭的转折期。在民国北京政府存续的十几年中，它也被动地逐渐形成了一些资产阶级民主政治制度，尽管很不完善，但是对当政者的权力也形成了一定的制约，在一定程度上推进了近代中国民主宪政制度建设。

早在民国建立以前，伴随着以中国同盟会为代表的革命运动迅速发展，资产阶级上层的立宪运动也逐渐高涨起来。北洋军阀的实力人物袁世凯亦看出没落的清王朝已是大厦将倾，难寻出路。"不立宪即革命，二者必居其一"，因而袁世凯认定，立宪既是抵制革命所必须，又与整个北洋军阀集团的发展有重大利害关系。出于政治需要，袁世凯遂幡然变计，连上奏折，侈谈立宪。这在客观上促成袁世凯与立宪派的结合。1906 年郑孝胥、张謇、汤寿潜等江浙人士在上海组成"预备立宪公会"，联合各省立宪派，要求清政府实行宪政。袁世凯极力拉拢他们，对预备立宪公会的活动给予大力支持，并笼络立宪派中独树一帜的杨度，举荐他为西太后和皇族亲贵讲解立宪问题。因此，国内立宪派视袁世凯为宪政运动的中坚，甚至在报上赞扬他是"开明之巨手"。1908 年，袁世凯接受美国《纽约时报》记者托马斯·米拉德的采访，这是他平生第一次接受西

---

① 孙中山选集（上卷）[M]．北京：人民出版社，1956：104.

方媒体的采访。在谈到改革的主要任务时，袁世凯列举了三方面："财政制度、货币流通体系以及法律结构。"他说："只有做好了这些事，大清国才能恢复完整的主权。而且，也只有等到恢复了主权，才能真正理顺国家正常的经济和政治生活。"① 可见，作为清末统治集团的实力人物袁世凯亦将"法律结构"视为理顺国家经济和政治生活的主要改革任务。从一定意义上说，辛亥革命时北洋军阀集团能够窃取全国政权，除了掌握有北洋六镇这样一支新式军队外，得到国内立宪派的支持和对法制改革的重视也是一个重要的因素。民国北京政府成立后，北洋军阀尽管内部有不同派系的争斗，但各个派系都非常重视政法人才，积极笼络、延揽法律人士，充实和巩固自己的政治统治力量。宋教仁、许世英、汪有龄、王宠惠、罗文干、汤化龙、丁士源、余棨昌、章宗祥、王正廷、王世杰、王鸿年、王家襄、朱献文、阮性存、金绍城、余绍宋等皆是北京政府时期或活跃于中央或奔走于地方政法界的法政精英。

由于军阀集团不同派系实力的此消彼长，自1912年至1927年，中华民国北京中央政府在不同派系的军阀集团手中转换。这些不同派系的军阀集团为了维护自己的统治权，也打着民主法制的幌子，试图借助近代民主共和政体的运作方式来标榜自己的中央统治权的合法性，为此也进行了法律创制和司法制度建设活动。其表现是清朝末年制定颁布的一系列法律、法规被继续援用，如《大清刑律》易名为《中华民国暂行新刑律》。设立与清末同名的"修订法律馆"继续开展新的立法活动；落实清末司法改革中的四级三审制，将检察机构独立于审判机构，设立平政院主管行政诉讼和对官吏的弹劾权等。此外，军阀混战以及与孙中山为首的革命党南方政权的对立，也使得掌握中央统治权的军阀无暇他顾，从而放松了思想控制和司法干涉。因此，北京政府时期在言论思想自由、舆论监督和司法独立方面在中国近代史上都有其历史进步意义。

在政权组织上，民国北京政府形式上采取了三权分立制度，权力受到制约。北京政府时期的宪法，除《中华民国约法》外，均以立法的形式限制了政府的权力。以这一时期产生法律效力时间最长的《临时约法》为例，临时大总统的权力受到了很大的限制。如"临时大总统制定官制官规，但须提交参议院决议""临时大总统任免文武官员，但任命国务员及外交公使得参议院同意"。其他诸如宣战、缔约、媾和及宣告大赦等权力均受到参议院的严格限制。临时大总统必须遵守法律，忠于职守，否则，将受参议院弹劾，并由"最高法院审判官互

---

① 郑曦原. 帝国的回忆——《纽约时报》晚清观察记 [M]. 北京：生活·读书·新知三联书店，2001：142，143.

选九人，组织特别法庭审判之"。《天坛宪法》中，对总统的权力做了更多的限制，尤其是"解散众议院须经参议院同意"，在肯定总统解散国会的权力的同时，又在事实上"合法"地剥夺总统的这项权力。这样，从《临时约法》发展到《天坛宪法》，以立法的形式确立对政府权力的限制，以防止政府滥用权力，在法律条文上逐渐完善。

三权分立政权机构是民主共和国的标志，在三权分立的政权机构下，政府的权力受到一定程度的限制。例如，面对段祺瑞内阁的专权，国会内进步党和国民党摈除党见，联合起来，维护权力制衡的原则，对段祺瑞的权力形成有力牵制，这一点，在对德国宣战问题上集中表现出来。1917 年 5 月，段祺瑞提出参战案，国会拒绝合作，形成了政治僵局。段祺瑞不断对国会施加压力，结果适得其反，国会于 5 月 19 日做出决定，先改组内阁，暂缓讨论参战问题。这就表明国会对内阁的不信任态度。总统黎元洪在国会的强烈要求下，于 5 月 23 日解除段祺瑞的职务，从而引起政府危机，使段祺瑞的参战计划严重受挫。可以看出，北洋军阀时期的国会不是"橡皮图章""表决机器"，而是真正起到了一些监督政府、制约权力的作用。

在司法制度方面，民国北京政府初步建立了近代司法独立体制。《中华民国临时约法》《中华民国约法》和《天坛宪法》都明文规定了独立、公开审判的司法原则。如"法院之审判，须公开之""法官独立审判，无论何人，不得干涉之""法官在任中不得减俸或转职，非以法律受刑罚宣告，或应免职之惩戒处分，不得解职"。特别是最后一条对法官自身权益的保护，更保证了司法的公正和独立。1920 年，北京政府又以法令的形式对法官的自身公正做了补充规定：法官不得列名党籍。"无论何种结合，凡具有政党性质"，法官"盖不得列名，其以列名党籍者，即行宣告脱离"。司法独立的原则不仅写在宪法中，而且，在实践中也有所体现。20 世纪 20 年代围绕"金佛朗案"的争执，能够看出当时中国政治中司法独立的特征。早在 1923 年 5 月，直系政府曾做出决定，按照法国的要求解决"金佛朗案"，但为国会所否决。同年 12 月，曹锟基于"执政在野，亦反对甚力"而再次拒绝各国的要求。1925 年 4 月 11 日，段祺瑞的国务会议决定接受"金佛朗案"，使中国在对法赔款中蒙受损失。这件事情导致司法机关的介入，京师地方检察厅派检察官翁敬棠调查此事。10 月 2 日，翁敬棠写出 8000 字报告，确认"金佛朗案"使中国损失 8000 多万，认为外交总长沈瑞麟、财政总长李思浩"图利外国而故意议定，触犯刑律，构成外患罪"；司法总长章士钊"促成其事，共犯情节"，应一并依法治罪。翁敬棠以一个地方检察官的身份侦察此案，搜集证据，侦察活动历时 6 个月，整个过程依法进行，当时的中央政府至少不敢公然妄加干涉。这样的调查，与当今美国对克林顿"莱温斯基事件"以及英国法官对布莱尔政府"凯利事件"的独立司法调查亦有一定可比性，可它却发生在 80 年前的中国，这说明，北京政府时期的司法独立并非全是虚伪的。司法独立、"司法不党"、司法超越党派利益不仅是北洋政府时期司法界的主流话语，而且现实中也具有一定的影响力，这一点可以说最具现代法治精神，使司法审判不会因一党私利而有失公正。

辛亥革命推翻了清王朝，结束了延续两千多年的封建制度。革命解放了人们的思想，民主共和的观念深入人心，新思潮与旧秩序之间的矛盾，日益发生碰撞而趋于激烈，但任何人想复辟君主专制的旧制度，均遭到可耻的失败，袁世凯洪宪帝制和张勋复辟的迅速失败，就证明了这一点。随着民国的到来，法治思潮的兴盛为法律人的兴起和发展提供了思想条件。"毁灭清政府的革命洪流，并没有让曾经置身其中的法政人凋谢零落。相反，在民国时代，他们以更矫健的身姿和更强劲的力量，继续活跃在推展民主、共和与法治的历程中。"①

二、北京政府时期法律人的成长及其活动

法律人群体是构建法治秩序的核心要素，是实现法治理想的中坚力量。新生民国法治秩序的建构依赖于这一群体对社会经济、政治和文化生活的普遍参与。从国外法律人的成长来看，"欧美各国的法律人才，不特在立法界、司法界、行政界三方面表现着他们的法律才能，便是工商实业军士武官，都有不少的法律人才在那里指导着、活动着，所以他们所办的各种事业无处无时不表示着纪律化、秩序化，他们法律人才之普遍化可见一斑。"② 观察民国北京政府时期法律人其"普遍化"之倾向昭彰卓著。伴随着新生民国的建立，他们逐渐进入或被吸纳到新生的国会及行政体系、大理院及地方审判机构、修订法律馆、地方省宪自治、法政学校、政党及其他社会团体等之中，并日渐扩展其力量以推动民国法制的进步。

民国北京政府时期，法律职业人队伍继续扩大。前述清末法制变革时期，以留学归国的法政留学生为主体，以本土法律教育培养的法政人才为补充，形成了清末时期一大批官职品级较低、资历尚浅的法政新人，经过十余年的发展，到民国北京政府时期，逐渐成为法律界的中坚力量。在民国动荡的政治形势和严峻的国际背景笼罩下，近代中国第一代以法律为职业的——法律家群体正式

---

①　程燎原. 清末法政人的世界 [M]. 北京：法律出版社，2003：339.
②　孙晓楼. 法律教育 [M]. 北京：中国政法大学出版社，1997：10.

形成，并在法律领域开枝散叶。正是基于法律职业之关联，法界中人逐渐产生职业意识，使得北京政府时期法律界逐渐形成相对独立、自治的内部生态。在面对张勋复辟引发国体变更时，法界中人群起辞职，明显意识到自己所从事之法律职业源于共和制度，由此亦见法界人士对民主共和之认同。由直皖战争引发的政局变动时，司法中枢人事随着派系斗争、起伏而变动，但司法系统中下层变化不大，具有相对的稳定性。在这一职业群体的影响下，民国法制由传统向近代的转型沿着清末法制改革的方向继续向前推进，法律精英群体也以不同身份和角色投入这一转型的历史洪流之中。

从教育背景和学源结构上看，民国北京政府时期的法律人大体上分为两种类型：一是曾经留学欧美的受欧美法律文化熏陶的法律人，其中著名人物有章宗元、王宠惠、罗文干、伍朝枢、丁士源、金绍城、王正廷、章任堪、田鹤鸣、祝修爵、杨荫杭、顾维钧、唐绍仪、王正廷等；一是留学日本学习法律的著名人物，有唐宝锷、汤化龙、宋教仁、汪有龄、王家襄、王鸿年、朱献文、余绍宋、阮性存、包达三、余棨昌、钱承诒、吴振麟、江庸、章士钊、章宗祥、黄尊三、潘念之、张知本、林纪东、戴季陶、居正、朱执信、张耀曾等。这些具有法政科专业知识背景的"法政人"在民国这个崭新的时代，艰难地开拓出能够初展他们专业特长的广阔天地，成为民国北京政府时期政治舞台上引人注目的人物，为民国法制及社会发展做出了应有的贡献。

民国北京政府时期的社会历史背景一方面是动荡的国内政治局势，一方面是严酷、复杂的国际环境。这两种因素造就了这一群体的法律思想及其法律实践活动呈现出开放、多元、复杂的特征，法律家在运用西方的法治理论来改造中国法制现实的过程中，研究触角已经涉及近代中国法制建设的方方面面，其理论思维已经将纯粹的西方法治理想与中国的现实相结合，当然其主要的学术观点及其法律实践往往是不统一甚至是前后不一、相互矛盾的。也正是这种开放性的研究视野和强烈的关注现实法制的责任，法律家以自己的法律知识背景，或著书立说成一家之言，或投身现实矢志法制实践，或开办学校培养法律人才，或兴办实业发展国计民生。一大批具有留学经历，并富有自由、平等、人权等有志于民国法制建构的人才在北洋政府得到重用，他们大多受过西方文化教育，对于如何借鉴西方法律思想制度以促进中国司法进程的改革有自己的一套见解，并为之做出努力。这一时期的法律人从职业分布上看，既有民初的国会议员、内阁官员、法官、检察官、律师，亦有从事研究教学的法学家。从思想倾向上看，既有保守主义者，亦有激进主义者。尽管个体差异明显，但民初这一群体的共同特点亦不难窥见。这是一个具有共同法律价值观念、法律职业意识及其法律运用方法和技术的特殊群体。他们既受到中国传统文化的熏陶，又不同程度地接受了西方法学教育，大多数人具有双重的法律知识背景。由此民初法律人群体作为当时社会的精英知识分子，他们不可避免地会参与民国时期的立法活动及其他各种政治活动，供职于民国初年多个国家机构或组织，如国会、政府内阁、司法部、大理院、文官高等惩戒委员会、司法官惩戒委员会、修订法律馆、法权讨论委员会、法政专门学校、法学会等，在民初这个新生的共和国舞台上，法律人群体扮演着各种角色，充分发挥自己的专业才干，推动了民国法制的进步和发展。这其中有如下众多值得记叙的法律人。

董康（1867—1947），字授经，号诵芬室主人，江苏武进县人。1912 年赴日本学习法律，北京政府时期历任法律编查会副会长、大理院院长、中央文官高等惩戒委员会委员长、修订法律馆总裁、司法总长、财政部长、东吴大学法律科教员、上海法科大学教授等职。著有《民法亲属继承两篇修正案》《中国修订法律之经过》《中国编纂法典概要》《中国法制史》等书籍。

许世英（1873—1964），字静仁，号俊人，安徽省至德县（今东至县）人。曾任晚清奉天审判厅厅长，1909 年赴欧美考察，回国后历任民国直隶都督秘书长、大理院院长、司法总长，政治会议委员及福建民政厅一长、段祺瑞内阁内务总长、袁世凯政府大理院院长、赵秉钧内阁司法总长。其主要事迹有任内确立中国律师制度、组织国民共进会，主张司法独立与改良。

王鸿年（1870—1945），字世玙，号鲁璠，浙江永嘉县永强区三甲（今温州市瓯海区天河镇）人。1898 年，入日本东京帝国大学法科学习，卒以研究生毕业回国，先后应聘办四川将弁学校、山东法政学校等。民国元年（1912）奉命任外交部佥事，以后一直从事外交工作，曾起草制定了北洋政府的《内阁制度刍议》。历任奉天、营口、汉口、福州、铁岭等地的外事特派交涉员，先后获授五等、四等嘉禾章。民国五年（1916）署理驻日公使馆一等秘书官，二年后调驻朝鲜总领事，又相继晋授三等、二等嘉禾章。1920 年 8 月，中日发生"庙街交涉"一案。北洋政府试图通过法律手段解决这一争端，派王鸿年北上与日军谈判。王鸿年展现其外交才干，平息了中日间的风波，北京政府授王鸿年二等大绶嘉禾章，并耀任驻日公使馆参事官，代理驻日全权公使。1921 年外交部任命王鸿年为专门委员，参加华盛顿太平洋会议，签订《九国公约》，有关对日交涉及收回胶州湾主权方面做出积极的贡献。1922 年，北洋政府任命王鸿年为驻苏联远东共和国外交代表兼驻赤塔总领事。1923 年调任外交部参事，以全权公使记名。1926 年任外交部俄文法政专门学校校长。抗战期间，拒绝日寇利诱，借口腿疾，固辞不出，"闭户八年，翛然自洁"。王鸿年生平著作众多，有《宪法法理要义》《国际公法总纲》《国际中立法则提要》《战时国际法规总纲》《日本军制提要》《日华会话》《日本语言文字指南》《中国政治沿革史》《南华词存》等。《宪法法理要义》是近代中国出版最早的宪法学著作。

朱献文（1872—1949 年），原名昌煌，字郁堂，浙江义乌市赤岸镇雅治街村人。清光绪二十八年（1902），选派留学日本东京帝国大学法科。回国后，在修订法律馆任协修。光绪三十四年（1908），应试中法政科进士，次年授翰林院检讨，宣统三年（1911）为资政院议员。民国成立后，历任国务院法制局参事、大理院推事，1914 年朱献文任江西省高等审判厅厅长。1919 年 6 月，朱献文以政绩卓著，调任京师高等审判厅厅长。1922 年，朱献文调任江苏高等审判厅厅长，因不满军阀混战，阻碍法治，朱献文于 1927 年挂冠归里。曾参与修订《大清民律草案亲属编》《大清民律草案继承编》，对民国法制建设颇多贡献。

汤化龙（1874—1918），字济武，湖北省浠水县人。光绪三十年甲辰（1904）中进士，授法部主事，山西大学堂国文教习。日本法政大学法科毕业。历任湖北省谘议局议长、湖北省军政府民政总长、南京临时政府陆军部秘书处长、北京临时参议院副议长、众议院议长、教育总长兼学术委员长。著有《违警律释义》《游美日记》《蕲水汤先生遗念录》等传世。

江庸（1878—1960），字翊云，号趋庭，晚号澹翁，四川璧山（现重庆市璧山区）人。1901 年赴日留学，毕业后入早稻田大学师范部法制经济科。1906 年回国后任京师法政学堂总教习，继任修订法律馆纂修及法律学堂教习。1911 年作为唐绍仪随员参加与南方革命军的南北议和。1912 年民国成立，留任大理院推事兼北平法政专门学校校长，9 月，任京师高等审判厅厅长，同年与汪有龄等人在北京创办私立朝阳大学。1913—1917 年任司法部次长，王士珍组阁时任司法部总长。1918—1920 年任日本留学生总监督。1920 年，任法律编查馆总裁，兼故宫博物院古物馆馆长。1924 年因不满曹锟当局统治辞去公职，设立律师事务所，创办法律周刊，受聘国立法政大学校长。1925 年 9 月受北洋政府派遣赴广州调查"沙基惨案"。同月任中日东方文化事业总委员会中方委员。1926 年迁居上海，从事律师业务，曾义务为"救国会七君子"辩护。抗战期间多次拒任伪职。1949 年秋，应毛泽东手书邀请，出席第一届中国人民政治协商会议第一次全体会议，并被推选为全国政协委员。著有《南游杂诗》《趋庭随笔》《刑法总论》等。

王宠惠（1881—1958），字亮畴，广东东莞人，1900 年毕业于天津北洋大学法科，次年赴日研究法政，与秦力山刊行《国民报》。1902 年赴欧美留学并获耶鲁大学法学博士，取得英国律师资格，当选为柏林比较法学会会员。1905

年加入同盟会，1911 年回国后任沪军都督陈其美的顾问，1912 年 1 月出任南京临时政府外交部长，1912 年 3 月出任唐绍仪第一届内阁司法总长，1913 年受聘任复旦大学副校长，同时出任中国比较法学会第一任会长，1917 年任北京政府法律编纂会会长，1920 年出任大理院院长兼北京法官刑法委员会会长、法理讨论会会长，1921 年 12 月任梁士诒内阁司法总长，1922 年任颜惠庆内阁司法总长、8 月署理国务总理，1923 年被国际联盟选为海牙常设国际法庭正法官，1924 年 1 月任孙宝琦内阁司法总长，1925 年改任修订法律馆总裁。著有《法理学》《王宠惠拟宪法草案》《中华民国宪法》《中华民国宪法刍议》《比较宪法》等。

王正廷（1882—1961），原名正庭，字儒堂，号子白，浙江奉化人。1896 年考入天津北洋西学堂。1901 年进海关任职。1905 年赴日本筹设中华基督教青年协会分会，加入同盟会。1907 年赴美国留学，1910 年毕业于耶鲁大学法律系后，留耶鲁大学研究生院深造。王正廷在耶鲁学习期间，与王宠惠、王景春被时人合称"耶鲁三王"。三王都曾供职民国外交界，代表国家出席过重要国际会议，王宠惠和王景春又分别以法学专家和交通专家著称。1911 年王正廷回国，武昌起义爆发后，任黎元洪都督府外交司司长、临时参议院议员。1912 年中华民国成立，任唐绍仪内阁工商部次长兼代总长，上海中华基督教青年会全国协会总干事。1913 年 4 月当选为参议院议员及副议长、代理议长，因袁世凯以暴力压迫国会和议员，被驱逐出北京。1916 年袁世凯死后，国会恢复，继任参议院副议长。1917 年赴广州参加护法运动，署理军政府外交总长。1919 年为中国出席巴黎和会全权代表之一，坚持拒签对德和约，获得国内舆论好评。1921 年到北京就任中国大学校长，这一职务长期连任。1922 年 12 月被黎元洪任命为代理国务总理兼外长，1923 年 3 月任中俄交涉督办，至 1924 年 5 月与苏联代表签订"中俄协定"。1928 年 6 月王正廷任南京国民政府外交部长、中国国民党中央政治会议委员、国民党中央执行委员等职。王正廷一生政治、外交经历丰富，在南京国民政府时期曾任国民党中央执行委员、外交部长、驻美大使等重要职务。

石志泉（1885—1960），字友渔，号友儒，湖北孝感人，留学日本东京帝大法学部，1905 年加入同盟会，1914 年回国后历任北京政府司法部编纂、奉天高等审判厅推事、大理院推事、修订法律馆总裁和副总裁、司法部民政司司长、司法次长等职，后任朝阳大学法学院院长，北京大学法学院教授、院长、司法储才馆馆长。著有《新民事诉讼法评论》等程序法论著。

罗文干（1888—1941），字钧任，广东番禺人，英国牛津大学法律硕士，获法律资格，宣统元年广东审判厅厅长，法科进士。后历任司法总长、审判厅厅长、监察厅厅长、修订法律馆副总裁，1919 年赴英考察司法获得大律师资格，回国后兼任北大、法官讲习所教授。任北京政府司法部次长、财政总长、大理院院长等职。著有《我国学法律者之责任》等书。

顾维钧（1888—1985），字少川，江苏嘉定人，1901 年考入圣约翰书院，1904 年赴美留学，获得哥伦比亚大学法学博士学位，中华民国时期最出色的外交家之一，1919 年以中国代表身份参加巴黎和会，力争山东权益，拒签《凡尔赛和约》，1921 年作为中国政府全权代表之一参加华盛顿会议。历任北洋政府外交总长、财政总长、国务总理等职。著有《外人在华之地位》等书。

张知本（1881—1976），字怀九，湖北江陵人。1895 年考入武昌两湖书院，毕业后留学日本法政大学。1905 年加入同盟会，武昌起义后，被推举为湖北军政府司法部长，1913 年被选为第一届国会参议员，1917 年随孙中山南下进行护法战争。1923 年任教于上海法政大学。此后历任国民党中央执行委员、湖北省主席、立法委员兼宪法起草委员会副主任、行政法院院长、司法行政部长等职。其代表作有《宪法要论》《社会法律学》等。

总的来说，民国北京政府时期，虽然是军阀集团专制政权，但从北洋军阀统治的具体历史时段看，面对社会的急剧转型，军阀为了巩固其统治，又不得不打起"民主"与"共和"等具有资产阶级性质的招牌，因而以清末制宪修律为开端的法制现代化进程并没有中断。这一时期，伴随着法律人群体的进一步成长及其对社会生活"普遍化"的参与，促使民国北京政府时期在法制的形式方面得到了进一步的补充和发展。历史的车轮依然滚滚向前，只不过在军阀混战的年代，民国的法律精英们又迎来了新的挑战，社会法治建设在艰难曲折中蜿蜒前行。

第九章 "为宪法流血"
——再评中国民主宪政的先驱宋教仁

当时最合适的向导宋教仁，死于一帮鼠辈制造的暗杀，民国初年最值得期待的一场政治实验，刚刚开幕便宣告终结。国运之衰，莫此为甚①。

宋教仁是值得历史铭记的一位重要人物，是伟大的民主革命先行者，作为辛亥革命时期资产阶级革命派的著名领导人，他与黄兴、孙中山两人并称，是国民党的主要筹建人，中华民国的主要缔造者之一，有中国"宪政之父"的称号。中华民国建立之后，宋教仁担任临时政府的农林总长，致力于民主共和国的创建，是中国民族资产阶级试图在中国最早实行西方资产阶级民主与法制的倡导者、组织者和积极推行者，他与民国初年的法制建设有着密切的关系，尤其是他在民国前后形成的宪政思想，具有鲜明的资产阶级法制精神，在中国近代法制史上占有重要地位。研究辛亥革命时期的法律制度，不能不研究作为中华民国临时政府法制院第一任总裁的宋教仁的思想及其活动。

一、宋教仁之历史简述

宋教仁，字遯初，亦作钝初，号渔父，自署公明、劈、劈斋、桃源逸士、桃源渔父，湖南省桃源县上坊湘冲人。

光绪八年（1882 年 4 月 5 日），宋教仁出生在湖南常德市桃源县一个地主家庭，6 岁时宋教仁进入私塾读书，在深重的民族苦难中度过了他的童年。

光绪二十五年（1899），17 岁的宋教仁升入桃源漳江书院读书，"喜爱政治、法律、地理等学科"。② 光绪二十八年（1902），他考入武昌普通中学堂。翌年入学，在校期间，被由吴禄贞等人组织的革命团体在武昌花园山的聚会吸引，常与同学议论时政，倾向革命，"抱改革大志""昌言排满"，在同学中被

---

① 百年疑云：究竟是谁杀死了宋教仁？［EB/OL］．腾讯网，2018－03－27.
② 陈旭麓，何泽福．宋教仁［M］．南京：江苏古籍出版社，1984：48.

称为"最激进者"。萌生了"实行革命，推翻帝制"的思想。

光绪二十九年（1903）八月，结识黄兴，成为挚友，对清朝腐朽统治日益不满，坚定走上了反清革命道路。同年11月4日，偕黄兴、刘揆一、陈天华、章士钊等共同发起成立华兴会。

光绪三十年（1904）二月，华兴会在长沙正式成立，黄兴任会长，宋教仁任副会长。华兴会主张从城市起义，进行反清，决定组织以长沙为中心的武装起义，提出了"驱除鞑虏，复兴中华"的革命口号。同年10月，因泄密长沙起义失败，11月，宋教仁东渡日本，入东京政法大学、早稻田大学学习。在留日期间，"精研法政经济地形势"①，尤其对资本主义的社会制度特别感兴趣，广泛地阅读了西方资本主义政治学说和法律制度方面的书籍。他还翻译了各种文稿，有《日本宪法》《俄国之革命》《英国制度要览》《万国社会党大会略史》《各国警察制度》《世界史年表解》《俄国制度要览》《澳大利、匈牙利制度要览》《比利时、澳匈国、俄国财政制度》《美国制度概要》等。这些译著，宋教仁认为是救中国的"良方"，对革命宣传起了推动作用。同时，宋教仁从这些翻译工作中，系统地掌握了理论知识，对当时世界重要国家的政治、经济、法律各种制度有了相当深刻的认识，其宪政与法治思想日臻成熟，这为他后来从事党政工作、构建资产阶级民主共和国建国方案提供了丰富的理论依据。

光绪三十一年（1905）八月，支持孙中山在日本东京成立中国同盟会，并担任其司法部检事长，将前革命杂志改为中国同盟会的机关报《民报》。

光绪三十二年（1906），曾一度回中国，试图在东三省建立反清政治力量，但不久就再次去日本。期间，根据其侦探结果编纂《间岛问题》一书，为清政府日后保护图们江间岛地区提供了有力证据。

光绪三十三年（1907）春，宋教仁返回祖国，在东北进行革命活动，并试图联络反清义军，"欲与公（东北抗清人士李逢春）等通好，南北交攻，共图大举"②。后在奉天（今沈阳市）发动起义，因计划泄露起义无果。

宣统二年（1910）八月，宋教仁、谭人凤等会聚东京，召集11省区同盟会分会长会议，决定组织中部同盟会，全力推进长江流域革命运动。同年冬，宋教仁结束6年留日生活，返抵上海，任《民立报》主笔，以"渔父"笔名撰写大量宣传革命的文章。

宣统三年（1911）七月，上海召开中部同盟会成立大会，会上推举宋教仁、

---

① 卞孝萱，唐人权. 辛亥人物碑传集［M］. 北京：团结出版社，1991：9.

② 陈旭麓. 宋教仁集（下）［M］. 北京：中华书局，1981：727.

谭人凤任总务干事,并发布宣言和章程,以"推覆清政府,建设民主的立宪政体"为宗旨。此后,宋教仁致力于长江流域的革命运动。他亲自来往于上海、两湖各地,积极发展中部总会分会,筹款购买武器弹药,推动长江中下游流域的革命进程,促进了武昌起义的爆发。

1911年10月11日,中华民国湖北军政府在武昌成立,宋教仁致力于建设民主共和政权,大力宣传革命宗旨。11月9日,成立仅一个月的新生政权——湖北军政府公布了由宋教仁主笔的《中华民国鄂州临时约法草案》。这部中国历史上第一个带有宪法性质的文件,共七章六十条,鲜明地体现了民主、立宪、共和的思想,成为当时各省革命党人效法的榜样。

1912年1月1日,中华民国在南京成立,宋教仁被任命为法制院院长,主笔起草了一部宪法草案《中华民国临时政府组织法》。

1912年4月,唐绍仪组织内阁,宋教仁与蔡元培、陈其美等同盟会骨干成员入阁,分别担任农林、教育、工商总长,使同盟会会员在政府中占据多数,被称为同盟会中心内阁。任农林总长期间,宋教仁仍注重法制建设,他拟定了边境开垦、移民与森林等法律草案,并对内政、外交等提出许多富有建设性的建议。7月,因不满袁世凯专制独裁行径,愤然辞职。7月21日当选为同盟会总务部主任干事,主持同盟会工作。8月25日,中国同盟会改组为国民党,宋教仁当选为理事,并任代理理事长。

1912年年底至1913年年初,为争取国民党在中华民国第一届国会选举中获取多数席位,宋教仁在湖南、安徽、上海、浙江、江苏等地进行演说,各地反响热烈。1913年2月,国会选举接近尾声,国民党取得重大胜利。但宋教仁追求民主宪政与实现政党政治的活动,最终不为袁世凯的专制独裁统治所容,1913年3月20日,宋教仁在上海火车站惨遭杀害,年仅31岁。

宋教仁为民主共和国捐躯,举国恸悼。宋教仁一生坚守的民主宪政,是反对专制统治的有力武器。宋教仁的理想虽然没有实现,但他的宪政思想和献身精神,在中华民族追求民主的斗争史上写下了浓墨重彩的一笔。

二、宋教仁宪政与法律思想主要内容

19世纪末20世纪初,帝国主义对中国的侵略进一步加深,清政府完全成了"洋人的朝廷",民族危机空前严重。以孙中山为首的资产阶级革命家为进行反对帝国主义及其走狗清王朝的民主革命斗争,努力"向西方国家寻找真理"。他们从西方资产阶级革命时代的武器库中学来了进化论、天赋人权论和资产阶级共和国等思想武器和政治方案，希望以此"外御列强，内建民国"①。宋教仁正是其中一位杰出的代表。

在同时代的资产阶级革命家中，宋教仁以博学多识，尤其是在宪政法制方面为民国开国做出了重大贡献。1905 年 6 月，留学日本的他改变了原来准备学习军事的打算，选择了进入日本东京法政大学学习政治法律。他刻苦研读了大量法律书籍，花费大量精力和时间陆续翻译了西方 8 国 11 部政治法典，写下了《我之历史》《醒狮》《程家柽革命大事略》《间岛问题》等众多著作，创办和主办了清末民初具有广泛影响的《民报》《民立报》等报刊。更为重要的是，宋教仁为资产阶级革命派撰写了大量草案、文告、约法、中央和地方政治制度及各种法令法规。在辛亥革命推翻封建帝制的政治舞台上，宋教仁作为一个年轻活跃的革命家、思想家、理论家，以他渊博的知识、高远的理论、独特的见解开辟了中国没有皇帝时代的历史新篇章，形成了比较系统的宪政与法治思想，成为我国近代史上民国开国宪政与法制建设的集大成者。

1. 深刻揭露批判清末预备立宪的专制主义本质

20 世纪初，清政府为了维护其摇摇欲坠的统治，推行"新政"。1905 年，西太后冀"满洲朝基础永久确固"，而欲实行"立宪"。宋教仁作《清太后之宪政谈》一文，猛烈地抨击了清政府的假立宪，宣讲宪政的真谛就是"立宪国民，其义务必平等，其最普通者，则纳国税是也"；"立宪国民，其权利必平等，其最普通者，则人人有被选举之权利是也"；"立宪国民，有监督财政之权"。而这一切清政府是根本做不到的，因为按清朝定制，汉人都要缴纳地丁粮，而满人非但没有纳税负担，反而由政府以地丁粮供养他们，这怎么能做到义务平等呢？因此，在这种满汉极端不平等的情况下，清朝绝不会真正实行立宪，即使实行也是假货。他断言："自政府宣言预备立宪以来，无日不以筹备宪政为借口，而行其集权专制之策略……直为种种倒行逆施之行，速国家之亡而无所顾忌。使长此不变，吾意不出十年，茫茫禹域，必断送于彼辈之手耳。"②

1906 年 9 月 1 日，慈禧太后颁布预备仿行宪政谕旨，清政府在内外交困的局势下开始"预备立宪"。然而，这种在不危及当权者统治权的前提下进行小心翼翼地政治革新走的是维新派和改良派的老路。在已经系统化学习过西方政治理念的宋教仁看来，这些修修补补的改革与其说是向西方学习，不如说是清政府拿西方人的政治工具来巩固自身的统治地位。

①　毛泽东. 毛泽东选集：第 4 卷［M］. 北京：人民出版社，1991：1513 - 1514.
②　郭汉民. 宋教仁集：第 1 卷［M］. 长沙：湖南人民出版社，2008：18，266.

1908 年，清王朝颁布了所谓的《钦定宪法大纲》，并确定以九年为预备立宪期限，摆出一副想要实行宪政的模样来麻痹和欺骗人民。对此，宋教仁撰写了大量的法制文章。如《钦定宪法问题》《宪政梦可醒矣》《中国古宪法复活》《希望立宪者其失望矣》等，对清政府"预备立宪"的骗局进行了深刻的揭露和批判。他指出，《钦定宪法大纲》只不过是清王朝装腔作势抵御人民之利刃。因为，其一，《大纲》规定"大清皇帝万世一系永远尊戴"，这种以根本大法昭示天下皇帝至高无上、神圣不可侵犯，致皇权合理合法的做法，真正可以和"今古史上第一专制君主秦始皇"的"朕为始皇、二世三世至于万世""近古史上第一荒淫君主明武宗"相媲美，两相毫无根本差别，《大纲》纯粹是保障君权的宪法；其二，《大纲》完全是模拟日本的钦定主义炮制而成的，即是抄袭日本"半专制之宪法条文而又谬以己意增减之"，这充分暴露了清政府的虚伪；其三，清政府的立宪从未真正执行。如《大纲》第十条所谓司法权不以诏令随时更改者，今何如耶？第十六条所谓臣民言论、著作、出版、集会、结社均准自由者，今何如耶？第十九条所谓臣民之财产居住无故不加侵扰者，今何如耶？由此，宋教仁得出结论："立宪者，决非现政府所得成者也，现政府之所谓立宪伪也，不过欲假之以实行专制者也。其所以设资政院、立内阁，非以立宪国之立法机关与责任政府视之者也，故其所以对付资政院之权限与内阁之组织者，亦不得责以立宪之原则者也。其所谓宪法大纲者，不过欺人之门面，赖人之口实，万不可信者也。"①

2. 主张建立资产阶级共和国，强调宪政体制下宪法就是国家的根本大法

宪政作为一种政治形态，它的前提是存在一部宪法，核心在于实现民主政治，目的在于限制国家权力、保障公民权利。宋教仁宪政思想正是围绕着这三方面展开的。

提倡民主立宪，主张建立资产阶级共和国，是宋教仁宪政思想的出发点。辛亥革命前，宋教仁就指出，今后我国政治变革，结局虽不可知，然君主专制政体，必不再许其存在，而"趋于民权而立宪政体之途，则固事所必至者"。他在武昌起义全国响应之时，即指出共和政治已为全国舆论所公认，所以美利坚合众国的制度，当为我国"他日之模范"。后来他又提出，国民党应"以巩固共和，实行平民政治为宗旨"，并认为，这种共和政体必须是立法行政司法权三权分立。宋教仁法治思想的核心就是实行宪政，即实施以宪法为核心的民主法治体系。留学日本主修法律的宋教仁通过阅读大量西方宪政理论专著和观察国际

---

① 陈旭麓. 宋教仁集（上）[M]. 北京：中华书局，1981：18.

社会的宪政经验，获得了丰富的宪政素养，引发了对国内宪政问题的思考。在宋教仁看来，英国是君主立宪的国家，他赞赏英国的宪政制度，但不是赞赏英国的君主立宪制，他认为英国的内阁制和两党制的民主精神和权力制衡的原则是值得肯定的。同时，宋教仁又对日本实施宪政过程中的不足之处提出了批评："日本之政治，号称立宪几三十年，而犹不能脱少数人垄断专制之习、左右国务者，总之不离乎藩阀武人者近是。"① 宋教仁认为，如果中国革命后要避免武人政治的局面，就必须在革命之前做好相应宪法制度的设定，这样才能在大局初定之时迅速实行民主宪政。

辛亥革命推翻了清王朝专制政体，但它还只是完成了政治革命的第一步，接下来最关键的任务就是要建设共和政体。权力制衡理论是近代宪政的基本内容。随着洛克、孟德斯鸠等人的分权制衡学说的传播，近代中国权力分立思想得以产生；也正是对西方分权学说的了解和研究，宋教仁在革命后大局初定时主张实行民主宪政。面对袁世凯的野心，以宋教仁为首的稳健派组织上组建国民党，倡行政党政治与之抗衡；理论上对宪法有关问题潜心研究，在中国提出了"三权分立"的制宪原则。宋教仁认为在三权分立原则下，立法权归国会，而国会初开第一件事，则为宪法。"宪法者，共和政体之保障也。中国为共和政体与否，当视诸将来之宪法而定，使制定宪法时为外力所干涉，或为居心叵测者将他说变更共和精义，以造成不良宪法，则共和政体不能成立……此吾党所最宜注意，而不能放弃之责任者也。"② 1913 年 3 月，宋教仁代草了《国民党之大政见》一文，详细论述了国民党对于政体之主张，再次表达了对宪法作用的重视。宋教仁不仅是一个理论家，他更是注重将理论运用于实践的革命家。武昌起义后，他为军政府起草的《鄂州约法》中，将立法权、行政权、司法权分属于不同的国家机关，实现了立法权、行政权、司法权三权相互独立，相互制衡，这是宋教仁将三权分立制衡学说化为中国具体实践的典范。

3. 民主与法制结合保障人民权利的思想

在近代西方宪政思想的体系中，宪政的目的之一就是通过对权力行使的限制来实现人民的自由权利。宪政的目的在于保障人民的自由权利，三权分立理论也是基于此而产生和施行的。西方资产阶级法制中，以自由、平等和管理国家为主要内容的人民权利是极为重要的部分。在宋教仁法制思想中，人民权利占有突出的地位。宋教仁认为，人民是国家的主体，因而人民应享有平等、自

---

① 郭汉民. 宋教仁集：第 1 卷［M］长沙：湖南人民出版社，2008：363.

② 郭汉民. 宋教仁集：第 2 卷［M］长沙：湖南人民出版社，2008：547.

由、管理国家的权利。他指出："尚公德，尊人权，贵贱平等，而无所谓骄谄，意志自由，而无所谓徼幸，不以法律所不及而自恣。"他因而倡议"人人所当自勉者也"①。他强调："国民为国家政治之主体，则即宜整理政治上之作用，天赋人权，无可避也。"②

把人民权利纳于法制之中，以法制保障人民之权利是宋教仁孜孜以求的理想，为此他曾做出不懈的努力。早在宋教仁起草的《中国同盟会中部总会章程》之中，他就进行过初次尝试，这部章程规定"会员一律平等""会员得于法律范围内，保持身体，财产，职业，居住，信仰之自由""会员依法律有选举，被选举之权"③。

在《中华民国鄂州约法及官制草案》中，宋教仁在中国历史上第一次破天荒地公开宣布"人民一律平等"，这部约法还详细地规定了人民享有言论、通信、信教、居住迁徙、营业等十七项自由和权利。"这些规定对培育中国人民的民主与法制意识，促使中国人民的民主主义觉醒，推进湖北地区以及其他各省民主革命有着重大积极作用。"④

1911年12月，独立各省代表在武昌制定的《中华民国临时政府组织大纲草案》，送至宋教仁处批阅时，宋教仁对其中未涉及人民权利提出了严肃的批评，他批注道："此草案不适合者颇多。如人民权利义务毫不规定。行政官厅之分部则反载入，以制限其随时伸缩之便利。甚望其反复审定，不使贻笑大方也。"⑤

南京临时政府成立后，任法制局长的宋教仁亲自拟就了《中华民国临时组织法草案》该草案与之前的《中华民国临时政府组织大纲草案》非常明显的区别是增加了"人民"一章，既规定了人民一律平等的原则，又列举了人民应享有的各项民主自由权利。这使得这部草案"具有人民保障书"的性质，而且，从内容上来说，"更具人民性、民主性"⑥。尽管后来这部草案未被参议院通过，却反映了宋教仁要求把人民权利法制化的强烈愿望。最后宋教仁的努力没有被忽视，由他主稿的包含大量人民权利内容的《中华民国临时约法》在1912年3月被参议院通过，成为中国历史上第一部资产阶级宪法。

---

① 陈旭麓. 宋教仁集（下）[M]. 北京：中华书局，1981：377.
② 陈旭麓. 宋教仁集（下）[M]. 北京：中华书局，1981：459.
③ 陈旭麓. 宋教仁集（上）[M]. 北京：中华书局，1981：27.
④ 张晋藩. 中国法制通史（第九卷）[M]. 北京：法律出版社，1999：347.
⑤ 陈旭麓. 宋教仁集（上）[M]. 北京：中华书局，1981：371.
⑥ 邱远猷，张希坡. 中华民国开国法制史[M]. 北京：首都师范大学出版社，1997：354.

宋教仁还注重维护下层人民的权利。他倡导了"社会改良论"，由他起草的章程尤其规定了不狎妓，不置婢妾，男女平等，承认再嫁之自由，不得歧视私生子，不得苛待佣工（如仆役，车夫，轿夫之类），离婚，再婚自由等。对于人民如何行使权利的问题，宋教仁认为，人民行使管理国家的权利才能确保其他权利的行使。因此，他强调人民行使管理国家权力的重要性。他指出："其在共和立宪国，之成以共和立宪国者，法律上国家之主权，在国民全体，事实上统治国家之机关，均中国民之意思构成之。"他呼吁："国民为国家之主人翁，固不得不起而负此维护国家之责，间接以维护国民自身之安宁幸福也。"① 在宋教仁的眼里，人们行使管理国家权利方式有两种。一种是间接管理法："在法律上，则由此少数优秀特出者组织为议会与政府，以代表全部之国民。"② 而这些优秀者如何产生呢？宋教仁补充道："现中央总统国会俱由国民选出，而中央以下一省行政长官，亦当由国民选出，始能完全发现民意。"③ 另一种是人民直接参与管理国家："其地方制中，则犹注重于地方自治一途，使人民直接参与施政，以重民权。"④ 宋教仁在其仅31年的短暂革命生涯中，为"中国开创了民主和法制的第一章"⑤，他毕生夙愿就是希望中国和西方资本主义国家一样走上民主与法制的轨道。

4. 努力建设"良政治"，坚持用依法行政来维护国家管理秩序

宋教仁是真正将法治精神融入自身行动、将宪法和法律置于至高无上且神圣不可侵犯地位的政治家，真正将个人和党的一切活动置于法律允许范围之内的实践家。宋教仁在1913年3月发表自己对国民党未来行政政策的若干主张时，就全面论及了当时国家行政出现了一系列问题，如从来中央与地方官权限多不明晰；用人行政常常是为人择事，并非为事择人，各机关冗员异常众多等。为了整肃官吏势力、保障国家政治修明，宋教仁建议完善行政法规，"专立考试及惩戒机关，以法律为之保障"⑥。

辛亥革命成功后，他说："以前，是旧的破坏时期，现在，是新的建设时期。以前，对于敌人，是拿出铁血的精神，同他们奋斗；现在，对于敌党，是

---

① 陈旭麓. 宋教仁集（下）[M]. 北京：中华书局，1981：747.

② 陈旭麓. 宋教仁集（下）[M]. 北京：中华书局，1981：747.

③ 陈旭麓. 宋教仁集（下）[M]. 北京：中华书局，1981：460.

④ 陈旭麓. 宋教仁集（下）[M]. 北京：中华书局，1981：470.

⑤ 党德信. 宋教仁——中国资产阶级民主革命的卓越活动家[A]. 纪念辛亥革命七十周年学术讨论会论文集（中）[C]. 北京：中华书局，1983：1517.

⑥ 郭汉民. 宋教仁集：第2卷[M] 长沙：湖南人民出版社，2008：585.

拿出政治的见解，同他们奋斗。"他决心"努力从事于良政治之建设"。宋教仁所说的"良政治"，就是他梦寐以求的资产阶级民主政治。他希望以"政党政治"，建立"责任内阁"，制定"良宪法"来求得民主宪政的实现，按照西方资产阶级共和国的蓝图来建设自己的国家，他说："在将来建设一良好政府与施行良政策足已。而欲建设良好政府，则应通过行政立法的形式明确各部、各司的职责与职数、任职形式等，确保各部门依法行政。依法行政强调国家行政首脑和行政机关依法律行使行政权。"宋教仁在其制定的《中华民国鄂州约法及官制草案》中规定"都督依法任命文武职员""依法律给予勋章及其他草典""都督依法律宣告戒严"① 等。这个草案是宋教仁依法行政思想的最初体现。

1912 年，南京临时政府成立后，宋教仁出任南京临时政府法制局局长后，立即主持起草了《法制院官职令》《中华民国内务部官职令》《各部官职令通则》等一批行政法法令和法律性文件，其中最重要的《中华民国临时约法》再次确认了依法行政的原则。内中如"临时大总统，为执行法律，或基于法律之委任，得发布命令，并得使发布之""临时大总统得依法律宣告戒严"等则都是包括宋教仁在内的革命党人依法治国思想的体现。宋教仁在唐绍仪内阁任农林总长后，在任内极端重视依法行政。他在就职演说时说道，"经营之法，不可不有次第，拟分数期，逐渐举行。第一期则行调查之事，第二期则定诸制度法律及行政机关"。"中原腹地，宜用积极的方法，均拟以次设定各种制度法律。"②而后，宋教仁为确保他属下各厅府依法行政，亲自拟订了农林渔垦等厅府官制草案，都明确规定有如"厅长……执行法律命令"等内容。这使得农林垦各部门在宋教仁任总长时成为依法行政的典范。

地方机关依法行政也是宋教仁所关注的一个重要方面。他指出，"地方行政，分二种，一曰官治行政，一曰自治行政。官治行政以中央法令委任地方行之"③，"各省除省长所掌之官治行政外，当有若干行政必须以地方自治团体掌之，以为地方自治行政……至于自治范围……皆明定法律，列举无遗，庶地方之权得所保障"。④为确保依法行政的实施，宋教仁还提出用法律来保障对官吏的考察和惩戒。他主张："一曰厉行官吏登庸考试……一曰实行惩戒官吏失职……是二项须专立考试及惩戒机关，而以法律为之保障。"⑤

---

① 陈旭麓. 宋教仁集（上）[M]. 北京：中华书局，1981：352.
② 陈旭麓. 宋教仁集（下）[M]. 北京：中华书局，1981：490.
③ 陈旭麓. 宋教仁集（下）[M]. 北京：中华书局，1981：395.
④ 陈旭麓. 宋教仁集（下）[M]. 北京：中华书局，1981：490.
⑤ 陈旭麓. 宋教仁集（下）[M]. 北京：中华书局，1981：493.

　　宋教仁认为，建立监督机制，是保障政府依法行政的有效途径："夫立宪政体之国，必有议会为监督政府机关，而行决议、质问、弹劾之权。""立宪国有行政裁判之制度，所以正行政官署违背法规损害人民权利之失者。人民对于违背法规损害权利之行政处分，得提出诉讼于特别机关，求其取消变更。"① 由此可见，宋教仁主张必须设立一项有效的行政裁判制度来约束监督政府的行政行为，以保障人民的权利。同时，宋教仁还提出建立行政法上的行政官员责任制度，强化对官员的监督，对官员的失职、腐败行为给予惩罚，这些都表明宋教仁注重通过法律制度设计来确保依法行政、廉洁行政，保持政府政治清明的法治思维。

　　5. 维护国家主权与尊严的国际法思想

　　国际法是通过国家间的协议形成的对其主体具有法律拘束力的行为规范的总称。在日本留学期间，宋教仁学习积累了丰富的国际法知识，国际法是其法律思想中一个重要的组成部分。19世纪末20世纪初，帝国主义掀起了瓜分中国的狂潮，尤其是日本帝国主义长期觊觎我国的领土。宋教仁从国际法理、历史渊源的角度深入分析和抨击帝国主义对中国领土主权的侵占野心，提出了切实可行的意见和方案，对维护国家权益起了积极的作用。

　　1907年8月，日本密谋侵吞中国东北领土。在长白山东南，有一块纵十里、宽一里的滩地，历来属于中国。朝鲜谐称之为"垦土"，译音"间岛"。日本早就觊觎这块土地，企图以此作为侵略中国的跳板。日本的报刊颠倒黑白大造舆论，硬说"间岛"是"朝鲜的属地"。日本在朝鲜的殖民当局向该地派出警察，设立了派出所。受日本参谋部操纵的长白山会，也在为日本侵吞"间岛"制造假证据。宋教仁闻此义愤填膺，他通过友人介绍，打入长白山会，在这一带进行了实地考察，搜集了第一手资料，还将长白山会制造的全部伪证拍照携归。路经朝鲜时，宋教仁到汉城图书馆，查阅了各种有关资料。随后返日本，在帝国大学图书馆又翻阅了大量文献图籍。经数月努力，在实地考察和缜密论证基础上，宋教仁从维护祖国领土完整和安全的大局出发，根据国际法中有关国界问题的理论，依据"历史的、地理的、政治的事实"②，写成了《间岛问题》一书。书中，宋教仁对"间岛"作了国际法上的研究，他援引了大量中国、朝鲜、日本的历史、地理文献典籍和公私记载，并运用自己丰富的国际法知识，论证"间岛"地区从周秦以来一直是中国设官管辖之地，揭露了日本的侵略野心。

---

① 郭汉民. 宋教仁集：第2卷［M］. 长沙：湖南人民出版社，2008：377.
② 陈旭麓. 宋教仁集［M］. 北京：中华书局，1981：137.

"以谓间岛从来之性质,实有确切不移之界说,而不容一毫矫诬者也。""此版图取得之方法,与境界划定之种类,皆国际法上所认为确定国家领土主权之必要形式。……又皆国际法上所认为确定国家领土主权行使范围(国境)之必要实质也"①。宋教仁遂从间岛领土主权的历史、间岛自然地势、间岛境界条约予以充分论证,"由是以衡度二侧主张之理由,则其是非可得而言焉""间岛当为中国领土,其条件已完全具备矣"②。《间岛问题》书成后,日本当局深恐清政府以此为据,戳穿其编造的伪证,先是离间,劝说宋教仁不要帮助迫害他的清政府;后又以巨款购买该书版权。但宋教仁富贵不淫,拒卖书稿,以民族大义为重,向清政府提供了有关资料。其后,中日就"间岛"问题进行交涉。清政府因有宋教仁的书稿,日方制造的谎言和伪证难以成立,被迫放弃侵吞阴谋。当然不能说"间岛"地区主权的捍卫全在于宋教仁的一本书,但这本书在"间岛"谈判中所起到的作用,是不能低估的。正因为此,人们在论及此事时,谓之为"一本书捍卫一块国土"。

1910 年夏,中葡两国关于澳门划界问题争议日趋激烈。针对葡萄牙当局的澳门"久在葡下","中国已不行使管辖权于澳门,而移诸葡国"的谬论,宋教仁援引国际法上所谓的"时效取得之义",即"取得非所应得之土地,而经过一定时期者,即作为有效",予以反击。"然时效云者,其例盖仿于普通民法。民法上之取得时效,大抵以平稳彰明于二十年或十年间继续占有他人之物而不经对手人请求为条件。葡人之占有各地,果悉合乎此条件乎?"然后他愤然地质问葡国当局,"掠夺焚杀,几如盗贼,岂得为平稳? 私自侵入,未尝宣言各国,经其承认,岂得为彰明? ……是其无援引法律上所谓时效取得之义之资格,不已彰彰乎? 无此资格而犹漫然主张领土权,非期吾当局无国际法之知识而因以图逞其野心而何耶?"宋教仁转而呼吁清政府,"然中国有必胜之理,实不可阁,今而后,甚望当局诸氏据理力争,勿以国民栉风沐雨所辟之土地轻易与人也"③。

同年 8 月,一名英国人组织"上海渔业股份有限公司",并在上海发行股票,其营业目的是在上海附近中国领海以外的洋面捞取鱼族,输入上海贩卖。对此宋教仁义愤填膺,在《民立报》上大声疾呼,"外人之夺我利权可谓无微不至矣";为保全中国利权,他将国际法与俄国渔业法比较起来,阐释国际法在领

---

① 陈旭麓. 宋教仁集 [M]. 北京:中华书局,1981:74.
② 陈旭麓. 宋教仁集 [M]. 北京:中华书局,1981:85.
③ 陈旭麓. 宋教仁集 [M]. 北京:中华书局,1981:309 - 311.

海制度上的发展，"虽然，现今国际法上所公认领海者，普通虽为距海岸三里，然今岁俄国发布沿海省渔业法，公然以距海岸十二里为领海，而各国亦承认之，盖已开国际法上扩张领海之新例"，并提出："吾国苟能仿而行之，其收回利权何可限量，何上海渔业之足云耶？"这表明宋教仁已关注到国际法上关于领海划界的最新发展，并主张灵活运用国际法维护国家的利益。

领土主权神圣不可侵犯是国际法的基本原则之一。宋教仁深谙西律和国际法规，并以此无情地鞭挞了帝国主义对中国领土主权的豪取强夺，揭穿了其侵略本质。宋教仁法律思想的实践是以其爱国主义情怀为出发点和归宿的，其法律思想中渗透着国家主权至上和领土完整与安全不容丝毫侵犯的爱国主义精神和民族气节。他的努力，在客观上有唤起人们爱国热忱的效果。他对国际法的运用，不仅能适时从法理上把握国际条约，而且还能灵活地运用国际习惯来处理没有条约调整的国际法问题，为维护国家主权和人民利益发挥了积极作用。

作为清末民初革命党人中最早研究西方宪政与法治思想、提出宪政与法治主张、积极探索实施宪政与法治途径的政治家，宋教仁要比同时代的资产阶级革命家站得更高。诚如蔡元培先生所言："其（同盟会）抱有建设之计划者居少数。抱此计划而毅然以之自任者尤居少数，宋渔父先生其最著也。"他被当时的革命党人"目之为中坚人物，奉其政策为圭臬"①，成为民初政坛叱咤风云的人物。与"实业救国"的主张相比，"议会政治"在当时是敢于同袁世凯做正面斗争的积极进步的政治主张。尽管宋教仁的法律思想还不够成熟，但他比别人更深刻地认识到了民主与法制的重要性。任何统治阶级为了维护自己的统治，不但必须制定法制，而且必须施行法制。宋教仁为之奋斗并献出了自己的年轻生命，我们不能因此否认宋教仁的资产阶级民主与法制思想是中国近代史上的一份珍贵遗产，也不能否认宋教仁的历史作用和地位。当然，在有两千多年历史的封建王朝的废墟上刚刚建立起来的民国初年，他过分迷信于用法律手段来建立他向往的民主政治体制是注定行不通的，历史事实也证明了这　点。宋教仁用自己的鲜血祭奠了自己的伟大理想。

但是，宋教仁的法制思想在当时还是有积极意义的，它推动了资产阶级法制思想在中国的传播和发展。"宋教仁虽然遇刺身亡，但他是一个孤独的历史先驱者，昭示着未来中国的大趋势。"② 宋教仁重视宪法、坚持依法行政、用法律

---

① 宗良．宋先生死后之民国［N］．民立报，1913 – 03 – 25.
② 迟云飞．民初刺杀宋教仁案及其政治波动［M］//张晓波，周绍纲．1913：革命的反革命．北京：中华书局，2014：35.

维护国家主权与尊严以及用法护法的思想对当前建设法治中国仍具有一定的现实意义。

三、宋教仁"为宪法流血"的革命活动

如果说孙中山首先提出在中国推翻封建专制建立民主共和并提出立法、司法、行政、考试、监察五权分立的法制原则作为中华民国宪法蓝本，那么，宋教仁就是中国近代史上推行宪政、实现法制的开创者和具体实行者。纵观宋教仁的一生，早年留学日本，在血气方刚的年纪，积极组织、参加革命团体，立下"复兴中华"之志，开始了自己的反清革命之路，宋教仁的一生是革命的一生。回国后，宋教仁不辞辛苦，四处奔走，创建革命组织，联络志同道合之辈，壮大革命队伍力量，为新生的中华民国贡献了自己的青春，宋教仁的一生是战斗的一生。在成功推翻清王朝腐朽统治之后，宋教仁又开始为建立更好的国民政府而努力，积极投身到追求民主宪政、建立民主共和国的潮流之中。为了揭露和防止袁世凯的独裁专制，倡导和保障民权，他起草制定了大量的法律、法规，他积极地用合法的斗争来维护宪法，推动政党政治的实现。宋教仁这种追求法治的精神及其实践在推动中国法制现代化过程中起到了积极的作用，宋教仁的一生是光辉的一生。与孙中山等同时代人比较，可以说宋教仁是民初政党政治身体力行的第一人，也是推动近代中国法制现代化的先驱。大致说来，宋教仁为宪法流血的革命活动，可分为三个阶段。

第一阶段，从 1904 年年底赴日留学到 1911 年 10 月武昌起义。这一阶段宋教仁的主要活动是开始公开地有针对性地抨击清王朝统治者的立宪骗局，热情宣传和介绍西方资产阶级的民主和法制，阐释他的宪政理念和法制思想，号召推翻腐朽的、封建的清王朝统治。

1904 年，宋教仁与黄兴等华兴会成员策划在慈禧太后 70 岁生日那天在长沙起义，由于被奸细发现，事情败露。清政府查抄了设在长沙的华兴会总部，并派人缉拿宋教仁，宋教仁逃亡日本。初到日本，宋教仁本打算学习军事，但后来选择了法政。他之"专心研究政法、经济诸学科"，就是"为将来建设时代之需"。他深知要以新的政治制度代替旧的专制制度，不是一件简单的事，而当时的革命者还没有几个人注意到这个问题。在日本留学的六年，他研究各国的政治、法律、官制、财政等，翻译了日、英、德、美、匈、奥等国的宪法、官制、财政制度等，这些在他的日记里都有详细的记录。在日本留学生当中，有时会讨论这些问题，"每有辩议，独有钝初能本末悉举，众感悦怿"。他在这方面确实走在了同时代人的前面。山西革命党人景梅九在《罪案》中回忆，宋在回国

前夕曾对他说："但破坏容易，建设难，我看同志从事于破坏一途的太多，对于建设，很不注意，将来要组织共和国，不是玩笑的事！什么临时约法，永久宪法，都须乘此功夫，研究一番才好！所以我很想邀集精悉法政同志们，一齐干起来，你以为如何？"宋去世后，景梅九忆及往事，痛心不已，挽联中写下了"破坏易，建设难，勉为其难，遂死于难"的字句。

1905 年 6 月 3 日，宋教仁与黄兴、田桐等在日本东京创办《二十世纪之支那》月刊，以"提倡国民精神，输入文明学说"为宗旨，宣传反清革命思想，提倡爱国主义，鼓吹革命，主张建立民主共和之"完全国家"，力图"使我二十世纪之地支那，进而为世界第一强国"。8 月 20 日，中国同盟会在日本东京成立，推选宋教仁为司法部检事长，8 月 26 日，因《二十世纪之支那》第二期上刊登有《日本政客的支那经营谈》一文，对日本的侵华政策进行抨击，结果被日本政府予以查封。11 月，《二十世纪之支那》改名为《民报》重新出版，成为中国同盟会最重要的机关报。

1906 年至 1907 年，宋教仁曾一度回中国，在东北一带从事革命活动，试图在东三省建立反清政治力量。期间经数月努力，在实地考察和缜密论证基础上，完成《间岛问题》一书，为间岛地区作为中国领土提供了有力国际法依据。

1910 年 11 月，宋教仁结束 6 年留日生活，返抵上海，任《民立报》主笔，以"渔父"笔名撰写了大量宣传革命的文章，内政外交、经济文化无不涉及，学识渊博，笔锋犀利，为世人所钦服。在辛亥一代革命党人中，宋教仁亦是一个满腔热血的男儿，曾亲赴辽东，运动马贼，策划武力革命。黄花岗起义前夕，他应黄兴之召奔赴香港参与筹划。上海登船前，于右任对他说："以大义言，何敢阻君？以私交言，则甚不愿君行也。"他回答："无恐。事成，为四万万同胞造幸福；不成，则送我一个头颅已矣！"两人含泪而别。武昌起义也与宋教仁组织中部同盟会，推行他的"上中下三策"之"中策"有莫大关系（上策是中央革命，联络北方军队，以东北为后援，一举占领北京，号令全国；中策为长江流域各省同时起事，设立政府，然后北伐；下策为边境革命，或云南、或两广、或东北，在国外设立秘密机关，先占据边隅之地，徐图进取）。于右任如此评价："如渔父者，才、学、识三者俱备，昔日为国南走粤而北走辽，无时或息。"称许他对国不可谓不忠。

第二阶段，从武昌起义到南京临时政府成立，这一时期宋教仁的工作重心转向以建设新国家为宗旨的立法活动，积极组织和参与创制《中华民国鄂州临时约法》（以下简称《鄂州约法》）、《中华民国临时约法》和其他一系列法律法规，精心策划民主共和国的未来蓝图，成为新生民主共和国的"叔孙通"①。

1911 年 10 月 10 日，武昌起义的枪声宣告了清王朝末日的到来，然而仓促之间取得的胜利，令许多革命党人都缺乏思想准备。当武昌革命党人电请黄兴、宋教仁等从速来鄂共谋大计之时，宋教仁带着厚厚三大册《共和国中央制度》《地方政治机关设施》等法制文献，于 1911 年 10 月 28 日和黄兴抵达武昌，入驻军政府"招贤馆"，宋教仁怀着极大的热忱积极参与到新生的革命政权和法制建设之中。据当时湖北革命党人黄中垲先生《辛壬闻见录》记载，宋教仁当面对其言："革命之目的在造成立宪国家，当宪法未成之先，虽有政府，不过临时应急设施。而临时政府不可无法令以资遵守，此种法令，法美先进国家皆曾经过，大抵名之曰临时约法。今革命军初兴，诸事草创，一般人士率区区以战事为务，无暇注意及此。一旦临时政府成立，仓促莫就，必感困难。余不敏，日来闲居无事，草成约法草案若干条，拟邀同志之有法律知识者数人，枉过寓所共相讨论。"② 这是宋教仁起草《鄂州约法》的大体经过。《鄂州约法》主要得益于宋教仁的贡献，也是湖北军政府集体智慧的结晶，尤其是汤化龙的贡献。《鄂州约法》共七章六十条，秉承西方资产阶级宪政理论和经验，第一次明文规定了三权分立的资产阶级共和国政府结构形式，这是对封建君主专制制度的根本否定；规定了人民的权利和义务，规定了地方行政（都督）、立法（议会）、司法（法司）的权限；《鄂州约法》是具有明显的资产阶级共和宪法性质的第一部地方宪法，具备了近代国家宪法的三大功能，即确定国家体制，政府组织和政权分配，以及各种职权行使的程序与方法。《鄂州约法》在各省纷纷独立的情况下，对地方政权的建立、稳定地方秩序起到了示范作用。当时，两湖、江苏等省政权的建立，都是依此法建立的地方政权。其具有的开创性和全国性意义，使得它成为江西、江苏、浙江等省临时约法的样板和《中华民国临时约法》的蓝本。

1912 年 1 月 1 日，中华民国南京临时政府正式成立，宋教仁被任命为法制院院长。他致力于建设民主共和政权，积极参加新生民国各项法律法规的创制。从《鄂州约法》的草创，到《中华民国临时约法》的制定，宋教仁都是组织者和领导者，贯穿其活动的中心就是"立"字——创立、树立与建立资产阶级的民主共和国。

---

① 叔孙通，生卒年不详，秦汉时期薛县人（今山东省枣庄市），汉朝礼仪制度的制定者，司马迁称赞叔孙通是因时而变、为大义而不拘小节的"汉家儒宗"。

② 湖北省图书馆. 辛亥革命武昌首义史料辑录 [M]. 北京：书目文献出版社，1981：14.

　　为了尽早建立各项法令制度，使新生的民国步入有法可依、以法治国的轨道，宋教仁不辞劳苦，费尽心血，多方协调。功夫不负有心人，在宋教仁的主持努力下，先后出台了一批法令规章，涉及政治、机构的有《法制院官职令草案》《中华民国内务部官职令》《中华民国临时组织法草案》等；涉及经济、文化教育的有《保护人民财产令》《普通教育暂行办法》等；涉及振兴实业、保护财产的有《保护人民财产令》等；涉及保障人权、废除封建等级制度的有《大总统令开放蛋产，惰民等许其一体享有公权私权文》《大总统令内务部禁止买卖人口文》等；涉及有关振奋民族精神、废除封建恶习的有《大总统禁烟文》《内务部报告禁赌呈》《大总统令内务部通伤各省劝禁缠足文》等。这些法令规章是宋教仁辛勤劳动的结晶，他"乃本平日之经验，草定法制，故临时政府法令，多出先生之手"。宋教仁等资产阶级革命派在掌权的三个月中，重视法制建设，充分发挥法制在建立政权、巩固政权、发展经济、促进文化教育和改造民俗风尚等方面的重大作用。使整个社会、国家和人民都有法可依、有章可循，是值得后来革命者很好学习和借鉴的。

　　1912 年 2 月，在孙中山的亲自主持下，参议院召开会议，决定制定约法。宋教仁作为主要起草人参与其中。在共和国政体问题上，宋教仁主张法国式的内阁负责制，他认为"内阁不善而可以更迭之，总统不善则无术更易之，如必欲更易之，必致摇动国本。此吾人不取总统制而取内阁制也"。从当时形势看，举袁世凯为总统成为无法改变的事实，若实行总统制，政权则掌握在袁世凯手中；若实行责任内阁制，政权将集中于内阁，革命党人还有机会通过议会竞选来控制内阁。宋教仁对袁世凯素无好感，不相信袁世凯真心赞成民主共和。当时，举袁世凯为总统成为无法改变的事实，若实行总统制，政权则掌握在袁世凯手中；若实行责任内阁制，政权将集中于内阁，革命党人还有机会通过议会竞选来控制内阁。宋教仁坚持责任内阁制的另一个原因是想借此排除旧官僚在新政府中的势力。他曾说："现在组织临时政府，肇造共和政体，要不是由我们党人负起责任，大刀阔斧，革故鼎新，就不足以谈政治的改革。……我认为组织政府之初，应该全用革命党员，不用旧官僚。"他希望凭借责任内阁制，将中央政府的实际权力牢牢掌握在革命党手中。可是武昌起义后，宣布独立的各省有很多在旧官僚、立宪派人的控制之下。对此宋教仁很不甘心，在组织临时中央政府初期，他还采取措施试图削弱黎元洪的影响。他认为："改总统制为内阁制，则总统政治上之权力至微，虽有野心者，亦不得不就范。"在这种思想指导下，宋教仁力图在约法中加强责任内阁的权力。他参照西方各国宪法，结合中国的现实情况，尤其是为了预防将来可能出现的专制，着重强调三权分立、实施权力监督以及司法独立等。

1912 年 3 月 11 日，孙中山在南京颁布了由宋教仁主稿的《中华民国临时约法》。这部约法，是具有资产阶级民主共和国性质的根本大法，它规定在国会制订的宪法实行以前，约法的效力与宪法相等。《中华民国临时约法》共七章，五十六条。它规定中华民国主权属于国民全体，以参议院、临时大总统、国务院、法院行使其统治权；全国人民一律平等，国民有人身、财产、营业、言论、出版、集会、结社、通信、居住、迁徙、信仰等自由；又均享有请愿、陈诉、考试、选举和被选举民主权利。约法又根据"主权在民"的原则，确立中华民国为资产阶级民主共和国，在国家机构的体制上，参议院行使立法权，临时大总统由参议院选举，参议院有权对其弹劾；法院执行独立审判原则，不受上级干涉；政府组织采取责任内阁制，内阁总理由议会的多数党产生；总统颁布命令，须由内阁副署，方能生效。这就把资产阶级民主共和国的方案，呈现在中国人民面前，这部宪法体现了资产阶级的意志和利益，具有明显的革命性、民主性。它充分说明孙中山、宋教仁等人出于建立民主共和国的真诚，试图用国家根本大法形式巩固革命成果。《临时约法》的颁布，从根本上否定了流行中国数千年的封建帝制，使民主共和的观念为大多数国人所接受。更重要的是，它成为以后资产阶级革命党人维护民主共和，反对独裁专制的有力法律依据。在它的旗帜下，一切复辟帝制的活动都不得人心，一切专制独裁统治都受到正义的谴责。可以说，体现了孙中山、宋教仁等人法律思想的《临时约法》，在封建传统根深蒂固、皇权主义阴魂不散的近代中国有着非同寻常的重大意义。新中国建立后，1954 年在制定新中国第一部宪法的过程中，毛泽东谈及宪政历史时，对宋教仁有过贡献的《临时约法》作了历史的肯定，他说："民国元年的《中华民国临时约法》，在那个时期是一个比较好的东西，当然，是不完全的，有缺点的，是资产阶级性的，但它带有革命性、民主性。……其余的几个宪法和宪法草案，整个来说都是反动的。"① 因此，关于宪政和宋教仁从事宪政活动的革命性、民主性，是毋庸置疑的。从《鄂州临时约法》到《中华民国临时约法》体现了当时的民主宪政思想水平，也是宋教仁宪政及法律思想的集中表述，体现了共和立宪的真谛。

1912 年 3 月 10 日，袁世凯在北京就职中华民国大总统，在国内民主气氛浓厚的情况下，袁世凯不得不做出拥护民主的样子，表示"永远不使君主政体再

---

① 毛泽东. 关于中华人民共和国宪法草案［M］//毛泽东著作选读（下册）. 北京：人民出版社，1986；706 - 713.

行于中国"，"深愿竭其能力，发扬共和之精神，涤荡专制之瑕秽"。在较为宽松的政治环境下，袁世凯统治之初出现了政党林立的民主景象。宋教仁亦认为民国建成，中国已不是专制之国，而是一个法治社会，在宪法和法律的范围内，人民享有充分的参政执政的权利。由此，宋教仁抱着"然犹以为既列阁员之群，以参赞大政方针之一人，则主持所议之政见，以期见诸实行，或亦易事故姑且承乏其间，以图展布有日"的目的，他参加了唐绍仪内阁出任农林总长。任职期间，一方面，面对"秩序败坏，生计凋敝，干戈满地，库帑如洗，外则列国未之承认，内则各省俨然封建"①，宋教仁忧心如焚，在内阁会议上痛切陈词，力主实行军民共治。受内阁同志委托，宋教仁彻夜未眠，埋头赶撰，草成一份涉及政治、经济、军事等方面的综合性大政方针；另一方面，作为农林总长，宋教仁恪尽职守、勤勉政务，尽管任职不足三月，但在农林畜牧渔政及制度设施方面成绩斐然，如设立农艺、林艺、畜牧试验场，政讲习所，特派专家前往奉天、吉林实地调查林产，制定各级林务，垦殖渔政机关官制，均已见诸行事。其在计划中者，尚不与焉。是其对章炳麟之预期有事实答复焉。而最值得大书特书者，即其树立清廉俭朴之政风，观乎《政府公报》6 月 8 日第 39 号刊载《农林部咨财政部 5 月份决算清册》，殆为民国初年北京政府唯一之特例，权位金钱不能淫，政见则不可牺牲，政治家之风骨，宋氏有之矣②，因此，招致袁氏之嫉忌，亦益复加甚焉③。

第三阶段，从 1912 年 7 月辞去农林总长职务到 1913 年 3 月 22 日遇刺牺牲。作为民初政党政治最主要的倡导者和先行者之一，这一时期宋教仁的主要活动是从事民国初期国会的选举及其运作，改组国民党，推行政党政治，为国民党在中华民国第一届国会大选中赢得胜利流尽了最后一滴血。

依据《临时约法》设置的内阁负责制框架，责任内阁对国会负责，总统发布命令必须由国务员副署。但袁世凯显然不愿意让资产阶级法制来束缚自己，不久，袁世凯就开始施尽伎俩，挥舞屠刀砍向责任内阁制，致使宋教仁等四名同盟会会员 1912 年 7 月辞职，至此以同盟会会员占多数的"中心内阁"（亦称"唐宋内阁"）垮台。目睹袁世凯的专横跋扈，宋教仁大失所望，转而致力于议

---

① 吴相湘. 宋教仁传［M］. 北京：中国大百科全书出版社，2010：132.

② 吴相湘. 宋教仁传［M］. 北京：中国大百科全书出版社，2010：140.

③ 李剑农《中国近百年政治史》记载，革命党人中途变节为袁世凯以金钱收买者颇不乏人，袁亦曾以某银行支票簿赠宋教仁，请其自由支用，然宋只略支少许表示谢意后，即以原簿还之。袁生平最喜使贪使诈，最忌有能力又有操守者，于此尤异常愤嫉，宋杀身之祸此为重要原因。

会民主和政党政治活动。宋教仁坚信只要遵循《临时约法》,组织政党并使之在国会中成为多数党,从而掌握责任内阁,就能保证各项法规的贯彻执行。宋教仁决定建立政党,参加选举,以使民国宪法名副其实。在他看来,"国家既为共和政治,则国民人人皆应负责任"。"吾人只求制定真正的共和宪法,产出纯粹的政党内阁,此后政治进行,先问诸法,然后问诸人。凡共和国家存在之原理,大抵如此。"① 于是,宋教仁更坚定了以政党政治来维护国法的信念,并开始着手付诸实践。

然而,当时同盟会作为一个最大的、统一的全国性资产阶级革命政党,它是一个具有两重性质的政治组织,既是资产阶级的革命政党,又是一个包含资产阶级、小资产阶级急进派、资产阶级自由派和地主阶级反满派的松懈的同盟,其内部存在着复杂的思想分歧与派系争斗。由于政见分歧,武昌起义前后同盟会开始出现分裂,至1912年同盟会已经四分五裂。作为同盟会政事部主任干事的宋教仁对同盟会的涣散状态很不满意,决心改组同盟会。他四处奔波游说,以同盟会为班底,联合统一共和党、国民共进会、国民公党、共和实进会等小党派,于1912年8月在北京成立国民党。孙中山、黄兴、宋教仁等人为理事,实行理事合议制,因孙中山、黄兴当时热衷实业,故当时主要由宋教仁主持工作。国民党成立后,在宋教仁的热心努力下,吸引了多方面的人物,在临时参议院中占有多数,成为国内第一大党。同年12月,全国进行了第一次国会选举,宋教仁担当起领导国民党参加竞选的重担。1913年年初,宋教仁专注于选举活动,自京汉路南下,以国民党代理事长的身份,到处发表政见,批评时政,为国民党竞选众议员和参议员鼓吹。国民党在宋教仁的主持下,全力投入竞选活动。

1913年年初,身为国民党实际领袖的宋教仁自故乡湖南出发,从长沙到武汉,顺江东下,在安徽、上海、浙江、江苏等地演说,言论风采,倾动一时。这个早春,长江流域刮起的"宋教仁旋风"是中国近代史上最明亮的一刹那。在宋教仁运筹帷幄、苦心经营下,中国有史以来第一次国会两院选举已近尾声,国民党胜利在望。作为党魁,宋教仁将顺理成章地成为国务总理,组成纯粹的政党内阁,这正是他一生孜孜以求的政治理想,他内心的喜悦可想而知。在杭州,他登上了南高峰,"海门潮正涌,我欲挽强弓"。一首《登南高峰》把宋教仁意气风发、踌躇满志的心迹演绎得淋漓尽致。宋教仁的才干得到众多人士的推崇。章太炎曾说"至于建制内阁,仆则首推宋君教仁,堪为宰辅","谓总理

---

① 陈旭麓. 宋教仁集(下)[M]. 北京:中华书局,1981:487.

莫宜于宋教仁……"作为政治对手的梁启超也不得不承认宋教仁是"我国现代第一流的政治家"。徐血儿亦直言宋教仁是"当今第一流之政治家，而无有可以企及之者也"，认为他有沉毅的魄力、运用的手腕，尤其有系统的政纲，而且能坚持政见，不屈不挠。① 然而，宋教仁的努力也遭到一些无识之辈的指责，称他主张内阁制乃是出于私心，就是想自己当总理。此种陋见，无须一驳。当宋教仁遇刺被送往医院急救之时，他向于右任留下遗嘱：诸公皆当勉力进行，勿以我为念，而放弃责任心。我为调和南北事费尽心力，造谣者及一班人民不知原委，每多误解，我受痛苦也是应当，死亦何悔？生命垂危的最后一刻还叮嘱黄兴拍电报给袁世凯，"伏冀大总统开诚心，布公道，竭力保障民权，稗国会得确定不拔之宪法，则虽死之日，犹生之年"②，何其博大的胸怀啊！宋教仁至死都不忘人民权利的保障而将个人生死置之度外。

1913 年 3 月，中华民国第一届国会选举基本结束，国民党取得重大胜利。众议院议员 596 人，国民党得 269 议席，共和党得 120 议席，统一党得 18 议席，民主党得 16 议席，跨党者得 147 议席，无党派 26 席。参议院议员 274 人，国民党得 123 席，共和党得 55 席，统一党得 6 席，民主党得 8 席，跨党者 38 席，无党派 44 席。国民党在参、众两院 870 议席中占有 392 席，虽然没有超过半数，由于共和、民主、统一三党加起来只有 223 席，国民党依然可以凭借其绝对优势影响操纵参、众两院。国民党的选举胜利，进一步抬高了宋教仁的政权预期和政治热情，他满怀激情地展望，大局已定，政党内阁责任制定可成功。随之他起草了《国民党大政见书》，作为将来国民党内阁的施政纲领。纲领分为"对政体之主张"和"对政策之主张"两部分，前者包括单一国制、责任内阁制、省行政长官由民选制进入委任制、省设有列举立法权的自治团体、国务总理由众议院选出等；后者则有整理军政、划分中央与地方之行政、整理财政、整理行政、开发产业、振兴民政、兴办国有交通业、振兴教育、统一司法、运用外交等。为了实现资产阶级民主共和国的伟大抱负，宋教仁南下湖南、湖北、江西、安徽、江苏等省，到处演说，宣传政见，批评袁世凯政府当局的内政外交，认为只有国民党方面出面组织的议会政党责任内阁，才是救治"不良政府"的"医生"。3 月 18 日，他在上海国民党交通部公宴会上演说时进一步表示，革命党与政党虽然都是过政治的生活，牺牲进取的精神也始终一贯，但从事政治的方式毕竟大为不同，"昔日在海外呼号，今日能在国内活动，昔日专用激烈手段

① 徐血儿. 当今之政治家［N］. 民立报，2013 - 01 - 26.

② 郭汉民. 宋教仁集：第 2 卷［M］. 长沙：湖南人民出版社，2008：588.

谋破坏，今日则用和平手段谋建设"。他解释说，"建设"就是要排除原有的恶习惯，吸引文明的新空气，最终达到真正共和的目的。他当时力主"先定宪法，后举总统"，这和袁世凯"先举总统，后定宪法"的如意算盘针锋相对。宋教仁光明坦荡，他深信，他的地位只能通过合法的选举取得，只能采用光明正大的手段，不可能依靠策划于密室之中的阴谋，更不可能仰仗铁与血的暴力。"选举的竞争，是公开的，光明正大的，用不着避什么嫌，讲什么客气的。我们要在国会里头，获得过半数以上的议席，进而在朝，就可以组成一党的责任内阁；退而在野，也可以严密地监督政府，使它有所惮而不敢妄为，应该为的，也使它有所惮而不敢不为。"① 对宋教仁而言，他之所以从政是因为怀有一种责任心——建设这个生养他的祖国的责任心。对他来说，重要的不是总长、总理的位置，而是政见能否得到实施。南京临时政府时期，孙中山提名宋教仁为内政总长人选，未能通过，只做了法制院（局）长，有人为他抱不平，他说："总长不总长，无关宏旨，我素主张内阁制，且主张政党内阁，如今七拼八凑，一个总长不做也罢。"这样一个阳光般的政治家在一片缺乏阳光制度、阳光规则的土地上，注定会被黑暗的势力所吞噬。

以袁世凯为首的北洋军阀集团不能容忍真正的内阁制对其权力的约束，他们所崇信的是武力、强权、专制和独裁。对民初出现的政党政治的新气象，袁的亲信、陆军总长段祺瑞就曾气急败坏地说："党派竞争，不顾大局，非武力震慑不可。"民主斗士宋教仁正意气风发地期待着政党内阁制的实现之时，民主的敌人袁世凯集团却正在磨刀霍霍，准备用卑劣的手段为实行专制独裁扫除障碍了。1913 年 3 月 20 日，风尘仆仆的宋教仁在上海车站被袁世凯政府收买的凶手武士英射杀身亡。宋教仁为宪法而流尽了自己最后一滴血，为实现真正的民主共和国献出了自己年轻的生命。

巨星陨落，消息传来，举国悲怆。这绝不只是宋教仁家人、朋友、同志们的悲伤，也不只是与他同时代的国人的忧伤，更是我们这个古老民族的百年哀伤，是整部近代中国史不能弥合的创伤。宋教仁之死让人痛惜，让人至今念念不忘。在中国近代史上，没有任何一个政治人物的死，曾经引起举国上下如此强烈的震撼；也没有一个谋杀案如宋案一样，对历史产生如此重大的影响。经过无数仁人志士的多年流血抗争，辛亥革命推翻了封建王朝，建立了亚洲第一共和国，中华民族滚滚向前的历史车轮来到了关键路口。但宋教仁案的一声枪响，打破了亚洲第一共和国可能拥有的正常建设进程；一颗罪恶的子弹，使近

---

① 郭汉民. 宋教仁集：第 2 卷［M］. 长沙：湖南人民出版社，2008：542 - 543.

代中国一个可能实现民主宪政的历史契机，在国人眼前昙花一现……1913年7月，因宋案引发了革命党人的"二次革命"；1913年10月6日，国会选举临时大总统袁世凯为正式大总统；11月4日，袁世凯以参与"构乱"为由下令解散国民党；1914年1月10日，袁世凯强令解散国会；1914年5月，袁世凯宣布废除《临时约法》；1915年12月12日，袁世凯倒行逆施下令恢复帝制，改国号为洪宪。真可谓无量金钱无量血，可怜购得假共和①。

《中国近百年政治史》的作者李剑农对宋教仁为宪法而流血的原因做过分析，他认为宋教仁所以为宪法而流血，固然因为他的献身精神，另方一面也是他过分信赖宪法手段和对袁世凯进行了错误的估计。他认为，从唐绍仪内阁到赵秉钧内阁，这种约法上的工具之所以全成废物的原因就是法律制度的背后没有民众力量的拥护，民众并不知道这种法律制度是自己的生命所托，应该全力维护。宋教仁虽然循规蹈矩，把自己的活动局限于法律范围之内，而他自己却遭到袁世凯政府的非法暗杀，这对宋教仁的政治思想是一个莫大的讽刺。湖南革命党人何海鸣在《刺宋案与各政党》一文中痛苦地指出："使诸君（指国民党内宋教仁一派）当日而不委曲求全者，宋先生又何至死乎？但死一宋先生而能唤起吾党及一般人梦觉，宋先生虽死亦无负于民国矣。"

宋教仁逝世后，社会各界纷纷表示痛心惋惜，孙中山写下挽联："作公民保障，谁非后死者；为宪法流血，公真第一人"。章太炎与宋教仁关系甚好，政见亦相近，宋遇刺后，写下挽联"愿君化彗孛，为我扫幽燕"②。宋教仁好友湖南革命志士谭人凤闻噩耗万分悲痛，写下长联："破坏建设一身兼，有思想，有学问，有才能，谓之政治大家曾何愧；瘈狗毒蛇全国布，无人心，无天理，无国法，成此暗杀世界岂能堪？"民主党领袖汤化龙与宋教仁私交甚笃，宋去世，汤深情作一挽联曰："倘许我作愤激语，谓神州将与先生毅魄俱沉，号哭范巨卿，白马素车无地赴；便降格就利害观，何国人忍把万里长城自坏，从容来君叔，抽刀移笔向谁言。"国民党元老于右任悲愤撰书刻铭：

> 先生之死，天下惜之。先生之行，天下知之，吾又何纪，为直笔乎？直笔人戮。为曲笔乎？曲笔天诛。於乎！九原之泪，天下之血，老友之笔，贼人之铁。勒之空山，期之良史，铭诸心肝，质诸天地。呜呼！

① 蔡济民. 书愤［N］. 民主报，1912 - 09 - 13.
② 章炳麟. 挽宋教仁联［M］//章太炎全集·太炎文录补编. 上海：上海人民出版社，2017：474.

第十章 王家襄与民国初年的议会政治

一、民国初年的议会政治

议会亦称国会，世界各国的议会，分别采取两院制或一院制的组织形式。民国初年的议会，是模仿美国而来，因此，采用了两院制，参议员共有274人，众议员596人。参、众两院合计共有议员841人。其中，国民党籍议员约占45%，是国会第一大党。而在国会成立前，临时参议院起到了国会的作用，中华民国临时大总统就是临时参议院选举产生的，第一届临时大总统是孙中山，第二届临时大总统是袁世凯，中华民国大总统是国会选举产生的。1913年4月8日，中华民国第一届国会在北京正式召开，议员们首先公推议员中年事最高的云南参议员杨琼为临时主席，此后数月内依法进行了议会议长选举，中华民国大总统选举。选举产生了国会全院委员长林森，参议院议长张继，副议长王正廷，众议院议长汤化龙，副议长陈国祥。9月11日，通过熊希龄内阁名单。10月6日，两院选举袁世凯为中华民国第一届正式大总统。10月7日，选举黎元洪为副总统。10月10日，袁世凯正式宣誓就任正式大总统。袁世凯当选总统后，开始对威胁自己权力的国民党进行封杀。11月4日，袁世凯以"叛乱"罪名下令解散国民党，并驱逐国民党籍的国会议员，导致国会由于人数不足无法运作而休会，袁世凯另行召集"中央政治会议"和"约法会议"，取代国会。1914年1月10日，袁世凯正式解散国会。其后虽然国会时有恢复，但都逃脱不了受制于军阀摆弄的命运，直到1925年4月24日，段祺瑞正式下取消法统令，民国第一届国会终于消失。其间段祺瑞击败张勋复辟后，重掌北京政府大权，下令另立了第二届国会，即安福国会（1918年8月12日—1920年8月）。1920年7月爆发直皖战争，直系联合奉系取胜之后控制北京，段祺瑞辞职。8月，大总统徐世昌无奈宣布解散安福国会，并进行新新国会的选举。新新国会由于没能按规定人数成会，成为一届流产的国会。

民国初年的国会制宪与议会政治实践是赓续晚清以"开国会"为标榜的立

宪运动以来，以"主权在民"为政治合法性叙事的又一次制度化尝试，虽然它在中国历史上仅存在了短暂的十几年，但是作为中国民主化进程中的一次伟大尝试，它的历史地位不容忽视。它之所以在传统的中国出现与当时中国的政治文化变迁是密不可分的。清末，在西学东渐的背景下，中国的传统政治文化正发生着前所未有的改变。从知识精英睁眼看世界起，政治文化变迁的趋势已经注定。经过维新派、立宪派和革命派的努力，民主政治制度终于在中国建立起来。中国百年共和的宪政史上，开天辟地地举办了规模巨大的国会选举，出现了众多的党派，民主思潮在公共舆论中也盛极一时。民初议会政治尽管只运作了短短十几年，但由于其代议制、人民选举、多党竞争的前所未有的新形式，成为部分国人心目中的黄金时代。

民国初年，议会制度作为立宪政治的最重要组成部分引进了中国的政治生活，这段时期是中国政治制度和社会结构变化最剧烈的时期。民国初年之所以采用议会共和制，不是一种偶然现象，而是与中国特定的历史背景分不开的。在民国议会制度确立之前。中国的立宪政治已经经历了短暂的积累阶段，具有了形成议会制度的政治、思想和组织条件。

民国初年的议会政治是辛亥革命以后中国政治制度"承百代之流，而会乎当今之变"的主要创新之一，是 20 世纪初叶中国民主政治运作的典范。作为亚洲第一个民主国家，新生的中华民国顺应世界潮流，仿照美国的政治制度，在不到一年的时间里成功地将国会、选举、多党制、三权分立、言论自由以及共和精神一一引进中国人民的政治生活，并在其后十三年的实践中建立了完整的民主政治运作的基本规则，其在民主政治运作中表现出的水准，应该说达到了时代的高峰。

第一，把国会作为国家政治活动的中心，是民初国人对民主政治的第一大贡献。议会在国家政治活动中处于何种地位是衡量专制与民主的试金石。1912年民国建立伊始，宪法尚未制定，总统尚未选出，北京临时参议院即开始讨论建国规划，审议临时政府的财政和人事议案，起草国会议员选举法，并对临时大总统袁世凯展开严肃质询。正式国会成立后，国会议员坚决排除袁世凯插手起草宪法的企图，牢牢控制制宪大权，在讨论宪法草案过程中，严格规定了总统的权限，并将总统置于国会控制之下。无论民初的政党斗争多么激烈，国会始终居于国家政治活动的中心。即便政争后来演变成军阀战争，国会本身依然运转。无论直系还是奉系，都不敢公然废除国会。第一届国会复会后制定的《中华民国宪法》是中国第一部正式的民主宪法。民初国会是一个真正意义上的，独立运行的，通过竞选产生的民意代表组成的代议机关，实践表明，民初国会最接近民主政治的本意。

第二，民初的多党政治丰富多彩富有朝气，它所展示的政党政治与西方民主国家实行的多党制度是一致的，它的初始运作是成功的。在全国选举和国会活动中民初的多党政治表现出的强大活力与和平理性是民初国人留给后人的宝贵遗产。辛亥革命前很多保守派，包括梁启超这样的一些开明派人士，对民主政治深表疑虑，担心一旦实行民主，必然出现党派倾轧，天下大乱。然而在清政府退位后几个月内，围绕着国会议员选举，原先纷乱杂陈的各个政党迅速调整政策，相互合并，最终形成国民党、民主党、共和党、进步党等主要政党。假使没有这些政党的参与和组织，如此大规模的选举活动是不可能的。尽管选举过程中不可避免出现混乱和腐败现象，但是并没有出现严重的舞弊和暴力事件。800多名参众议员按期产生。在国会小组委员会及两院议长选举中，主要政党之间也没有发生恶性争斗。正是因为民初国人自觉遵循多党制的一般原则，没有一个政党在制宪过程中试图将本党的纲领凌驾于别的政党之上。因此，无论政党之间争论多大，这种政争都不会导致国家分裂和内战。

第三，以共和精神为指导建设多民族统一国家，是民初国人留给后人的另一个宝贵财富。与传统的改朝换代不同，清朝的灭亡是在袁世凯、各省谘议局以及武昌起义军共同压力下促成的。皇帝自动退位大大缓解了革命前的满汉矛盾。民初政治领袖及时调整方向，放弃排满，提出"五族共和"的建国方案，避免了革命前很多人担忧的国家分裂。最能体现共和精神的就是国旗以五色构成，象征汉、满、蒙、藏、回五族共和。

总之，民国初年的议会政治是中国人民追求民主自由的最初尝试。民初国人以最大的热情将国会、选举、多党竞争以及天下共和这些本国历史上从未听说过的理想——付诸实施，并在实践过程中表现出了卓越的才能和真诚态度。尽管出现袁世凯称帝和张勋复辟，但是民初国人对民主政治的坚定信念并没有动摇；相反，挫败复辟反而使议会政治更加巩固。

民初议会政治失败是中国近现代史的最大关节点之一，分析第一届国会选举中存在的若干缺陷有助于理解失败的原因。首先，全国规模的选举在20世纪初的中国还是一个新鲜事物，政府对于如何组织大规模的选举，选举人对于如何理解和运用选举权，参选人对于如何竞选议席，都没有充分的准备。选举规模急剧扩大，组织混乱，选民虽多但素质低，不理解民主政治，不能给国会有力支持。更重要的是，各主要政治势力参与程度不同，特别是最强的北洋派及地方实力派几乎没有参与选举，选出的国会与实际政治格局完全背离，国会没有权威，无法正常运作，最终被国会以外的强大势力推翻。

　　民初议会政治在经过短暂而曲折的发展后便退出了历史舞台。造成其失败的原因是多方面的，但是民主政治文化发展不充分是一个非常重要的原因。中国根深蒂固的传统政治文化在民初议会中的影响依然存在，并且其力量远远超过了在当时发展不成熟的民主政治文化。民主政治制度没有民主政治文化的滋养是很难长期发展的。传统政治文化的弊端渗透在民初议会政治运作的各个环节中，为民初议会政治走向衰败埋下了不可忽视的隐患。议会从一诞生就成为民国初年各方势力争权夺利的工具，中华民国临时参议院的多数派是同盟会的人，同盟会也就拥有了立法权，同盟会本意加强政府的行政权，采用国家元首拥有大权的总统制，但由于当时革命力量的弱小，不得不对袁世凯代表的北洋军阀妥协，袁世凯任总统，换来了清帝的退位，而失去总统行政权的同盟会又试图将总统制改为国家元首权力较小的内阁制，将袁世凯"捆绑"在虚设的总统之位。而权力欲极强的袁世凯自然不能接受，当选大总统的袁世凯随即解散了议会。

　　昙花一现、起起落落的民初议会政治与民国北京政府两任参议院议长王家襄的跌宕人生呈现出了共同的历史命运。

二、民国北京政府两任参议院议长——王家襄

　　王家襄（1872—1928），字幼山，1872年10月27日（清同治十一年九月二十六日）出生，浙江会稽（今绍兴）人。其父王卧山，字官亮，举人出身，曾经做过广西知县，后署河南怀庆知府，帮助绍兴人余炳焘平定覃怀之乱。王家襄幼年丧母，12岁时随父至任所，由名师授课。未几父病殁，扶柩南归。幼失怙恃的王家襄，由伯叔抚养成人。王家襄少时有志于学，用功甚勤，但屡试不第，以后改习法律。

　　清光绪三十年（1904），王家襄以县丞分发江苏。随即考取官费留学生，东渡日本学警政，入日本警视厅特设警察专科学校学习，学习期间主编了《中国警察讲义录》。光绪三十二年（1906）毕业回国，任浙江全省巡警道参议，绍兴府巡警局总理，浙江警察学堂教习兼提调，省警察总办。

　　光绪三十一年（1905年11月），为反对日本文部省颁布的《取缔清国留日学生规则》，东京8000余名中国留日学生罢课抗议，3000余名留日学生退学回国。为了解决回国后的就学问题，留学生中的姚宏业、孙镜清等四处奔走，筹募经费，定于上海北四川路横滨桥筹建中国公学，后迁至吴淞炮台。首批学生有300余人，来自13个省。开办不久，因经费不足，公学几将解散。为唤起国人对公学的关注，姚宏业愤投黄浦江自尽。民国成立后，中国公学得到孙中山、

黄兴扶持。1915年，梁启超任董事长。1917年停办，1919年又恢复，教育部任命王家襄为校长，王家襄任职以后，积极推动学校的各项改革，加强对外联络，拓展经费来源渠道，学校发展很快，1922年议升为大学。后日军入侵大陆，几经波折，学校日益式微，后由国民党政府教育部勒令停办。

宣统元年（1909年9月），浙江谘议局成立，王家襄当选为议员。其后在谘议局第一次常年会议上，被选为谘议员常驻议员和资政院议员。这时的王家襄是一名参与君主立宪活动的积极分子。

1911年，王家襄应友人吉林民政司韩国钧之招，赴吉林任巡警道。1911年10月，武昌起义爆发，吉林巡警多为满、蒙人，对革命格格不入，王联络官吏，"阳示镇定，阴调护之"[①]。不久，民国成立，南北统一，吉林未经动乱，王家襄颇获赞誉。旋即南归，回浙江任杭县知事。

1912年4月，他被浙江省议会推选为临时参议院议员，赴京就职。

民国初年，政团纷起，分合迭变。王家襄先为民国公会会员，1912年5月，他参加共和党，被选为理事。1913年2月，作为共和党候选人当选为浙江省议会参议员。1913年4月，共和党与统一党、民主党合并为进步党，王家襄任进步党党务部长。1913年年初，袁世凯下令进行国会议员选举，王家襄当选为第一届参议院议员。1913年7月"二次革命"起，张继辞参议院议长职，王家襄当选为参议院议长，并被推为宪法起草委员会委员及理事，参与起草宪法。

在民国初年的政治舞台上，王家襄自居于国民党与北洋派以外，以"独立自主"的中间派人士面目出现。然而王家襄所在的进步党实为袁世凯所用，袁世凯曾以大笔金钱资助进步党，帮助进步党通过分化国民党议员从而在众议院中扭转了劣势，进步党实际成为袁世凯在国会中打击和对抗国民党的御用工具。

"二次革命"后，国民党势颓力衰，袁世凯为所欲为，不等宪法的制定，急于当正式总统，王家襄在国会为之奔走。1913年9月，众议院和参议院先后通过了先举总统、后定宪法案；10月4日，宪法起草委员会公布了匆匆制定的《大总统选举法》。1913年10月6日，国会正式召开总统选举会，王家襄为主席。实际上，这次国会选举完全是在袁世凯党徒唆使的"公民团"包围下演出的一场逼选总统的闹剧。袁世凯命令京师警察厅和拱卫军联合派出军警"保卫"国会。此外，便衣军警千余人，自称"公民团"，将国会团团围住，所有入场的人准进不准出。

根据《总统选举法》规定，候选人必须获得四分之三的绝对多数票才能当

---

① 张寿镛. 王幼山先生传［M］. 上海：风云出版社，1943：8.

选。第一轮投票，袁世凯得 471 票，尚缺 99 票，又进行第二轮投票，结果袁世凯得 497 票，离当选仍差 63 票。时已过午，议员要求回家吃饭，"公民团"把住前后门，并大声叫喊："今天不选出我们中意的大总统，就休想出院！"议员见公民团虽外穿便衣，但军裤、皮靴和短枪赫然可见，知形势严重，遂在第三轮就袁世凯和黎元洪二人决选时，袁以 507 票当选。第二天，国会选举副总统，黎元洪以 610 票当选。

袁世凯当选后，上海、天津等地报纸对选举情况表示不满，袁世凯把持的国务院即通电各省说："此次选举并无军警干涉情事，倘敢捏造蜚言，严惩不贷。"1913 年 10 月 10 日，袁世凯在清宫太和殿就大总统职，王家襄以选举会主席身份向袁世凯授大总统证书，并随后去武昌向黎元洪授副总统证书。

袁世凯当选总统后，独裁专制之心日益暴露。不久，袁世凯即向国会提出增修约法案，试图改变政体，欲变责任内阁制为总统制。当时王家襄及其他进步党议员，正在草订一部既可以维持国会的表面尊严和议员的个人地位，同时也可供袁世凯利用的宪法，已进入到三读会。但袁世凯对这一妥协的宪法草案也不满意，竟派出八名代表强行"列席"宪法会议，直接干涉制宪。在国会最后一点面子亦难以维系的情况下，议员们拒不接待八代表，使袁世凯极为恼怒。10 月 25 日，袁世凯通电指责宪法起草委员会为国民党议员操纵把持，宪法草案侵犯政府特权，取消行政独立，形成国会专制，"势必亡国灭种不止"，号召各省"共抒谠论，于电文到五日内迅速条陈电复"①。于是，各省都督、民政长等群起应和，解散国民党、撤销国民党议员、撤销宪法草案、解散宪法起草委员会之声喧嚣一时。曾为袁效命的王家襄等进步党议员，到这时也不得不为维护所谓的国会尊严，宣称国会议员除名应由国会自行决定，不受外力干涉。

11 月 4 日，袁世凯悍然下令解散国民党，撤销国民党籍之国会议员，派出大批军警彻夜追缴国民党议员之证书、徽章，连跨党者、脱党者亦被追缴，使国会不足法定人数而不能开会，一手扼杀了国会的活动。王家襄等进步党议员震惊之余，以参、众两院名义分别向政府提出质问书，限期答复，袁党置若罔闻。拖延了许多日子，内阁总理熊希龄才函复两院议长王家襄、汤化龙略称："大总统于危急存亡之秋，为拯溺救焚之计，是非心迹，昭然天壤，事关国家治乱，何能执常例以相绳。"② 接着，袁指派专人召集政治会议取代国会职权。

1914 年 1 月 10 日，袁世凯宣布停止两院议员职务，正式宣告解散国会，王

---

① 谷钟秀. 中华民国开国史［M］. 上海：上海泰东图书局，1914：150－152.
② 谷钟秀. 中华民国开国史［M］. 上海：上海泰东图书局，1914：150－152.

家襄等进步党人也被撇在了一边，并着手组织"御用"的约法会议，名为增修约法，实际上是完全废止了《临时约法》，国会彻底被解散。时任参议院秘书长的张嘉璈不由感叹："那时我感觉他（袁世凯）完全是旧思想，而无近代新知识……他只想做大官，掌权，对于现代政治知识，他尚不够充实。"

袁世凯在实现了总统独裁制后，1914 年 5 月设立参政院，自行指定当朝显宦、前清官僚、进步党名流等七十人为参政。鉴于王家襄在议会中的声望，袁亦将王列名于中，并任参政院副议长、制宪委员会委员、总统选举委员会主席。

然而袁世凯所设参政院虽名曰"以备大总统之谘询，审议重要政务"，实为筹备帝制之专设机关。接着，袁世凯又下令参政院代行立法院职权，以便明目张胆地变更国体。在筹安会鼓吹帝制的喧嚣声中，参政院于 9 月 1 日开会，要求变更国体、实行君宪的"请愿书"犹如雪片飞来，各种名目的"公民请愿团"接踵而至。在讨论请愿事件的参政院会议上，王家襄发言表示反对，谓："今日之事，除将一切请愿书却下外，无他办法。"① 王家襄自知如此发言和表态必为袁世凯所不容，次日在友人促使下托故离京，未再参与其后参政院上书拥戴袁世凯称帝的倒行逆施之事。

1916 年 6 月，袁世凯复辟帝制失败，在全国人民的声讨中死去，由黎元洪继任总统。黎元洪为笼络人心，下令裁撤了袁世凯的御用参政院，恢复了约法、国会。8 月 1 日，国会重开，不久宪法起草会议亦续开，王家襄回到北京，仍任参议院议长兼宪法会议议长。

袁世凯的独裁统治被推翻，恢复了共和国体制，直系第一号人物冯国璋当上了代理总统。1916 年 8 月，汤化龙、刘崇佑召集进步党人 90 多人在安庆会馆开会，成立"宪法案研究会"。同日，以王家襄、陈国祥、蓝公武、林长民为首的 180 余人成立"宪法研究同志会"。声称"研究宪法、举其所得以供国会参考"。两个"研究会"在"拥段"问题上达成一致，再加上"先天本一气"（1916 年 9 月 17 日《申报》语），1916 年冬，王家襄与梁启超等共同努力，将两会合并为"宪法研究会"，史称"研究系"，成为国会中第二大党。次年初，王家襄出任河南中福矿务公司督办。1918 年，参加发起"和平期成会"。

1917 年 2 月间，由于德国实施无限制潜艇战政策封锁海上，北京段祺瑞政府抗议无效，提出对德绝交问题。王家襄积极支持段祺瑞对德绝交，并提出议案在参、众两院议员中为段游说，遂获得国会通过。但到进一步对德宣战问题

---

① 李剑农. 戊戌以后三十年中国政治史［M］. 北京：中华书局，1965：193.

上，各派意见分歧甚剧，议员中袒护黎元洪者颇不乏人。5月10日，段之对德宣战案提交国会，同时唆使几个所谓"请愿团"两千余人包围国会，殴辱议员，企图胁迫国会通过。议员愤懑不已，停止会议不予讨论，遂使段祺瑞之国务院与国会间冲突激化，王家襄虽欲竭力斡旋，亦难挽回。时段指使"督军团"出面干预，联名呈请黎元洪改正宪法草案，解散国会；而国会则断然主张内阁改组、迫段去职。23日，黎下令免段职，督军团遂宣告反叛，张勋以调停为名要黎限期解散国会，接着张勋更演出复辟丑剧。王家襄得到黎被迫下解散国会令的消息，便携带参议院印信微服出京，在天津以参议院名义通电声讨。

段祺瑞讨伐张勋成功后，重掌北京政府大权，有意任王家襄为总长，王家襄未予接受，而是力主恢复国会。段祺瑞却不愿尊重约法恢复国会，段乃下令另组参议院，于1918年8月另立第二届国会，世称"安福国会"。安福国会积极活动，欲拉王家襄参与，王拒绝与他们往来。

1920年，段祺瑞在直皖战争中败北，安福国会于是年8月解散，王家襄与吴景濂等人积极筹划恢复旧国会，向直系首领曹锟、吴佩孚等人游说恢复国会之诸多好处，建议恢复法统。

随着直系军事实力大增，其政治野心也逐渐暴露。曹锟、吴佩孚等直系军阀梦想攫取全国最高领导权。吴佩孚企图召开"国民大会"和使用"武力统一"，但均未奏效。1920年8月，吴佩孚又极力鼓吹"法统重光"。国民党、皖系、奉系、西南军阀和"联省自治"派等，都反对吴佩孚的"国民大会"和"武力统一"。在这种情况下，吴佩孚接受王家襄与吴景濂等人的建议，提出了"法统重光"的口号。其内容是，重新召集民国六年的旧国会，请出原来的总统黎元洪，让他再登原位。当然，黎元洪也只是一个过渡的傀儡总统。吴佩孚认为这是一个一箭双雕的计策，既然"法统重光"，广东孙中山的护法军政府就没有存在的理由了，孙中山自然必须退位；既然"法统重光"，黎元洪就得复位，徐世昌就得自动退位了。吴佩孚很是欣赏这个谋略，便坚决实行之。

1920年5月，吴佩孚从天津来到保定，立即召开会议讨论未来局势。旧国会议长吴景濂、王家襄都参加了会议。这个保定会议是贯彻吴佩孚"法统重光"主张的会议。保定会议是直系高层统一思想、统一行动的重要会议。6月1日，以吴景濂、王家襄为首的旧国会议员203名，纷纷攘攘，齐集天津开会。他们有曹锟、吴佩孚等直系军阀为后盾，通电全国继续行使职权，同时宣布徐世昌是非法总统，并恢复黎元洪大总统职。6月11日，黎元洪复出，随即下令恢复旧国会。1922年8月1日，国会开第二次常会，王家襄复出任参议院议长。

此次王家襄复任参议院议长，目睹国家多年政局动荡，王家襄决心一展身手，推进民国的议会宪政。王家襄积极联络同志，主张此次国会应专事制宪，暂时停止行使其他一切职权。他们力陈民国成立已十一年，仍无宪法，前此责任或可诿为外力干涉；王家襄慷慨陈述"此次开会，若不专力制宪，或因政争阻碍制宪通行，则国会咎无旁贷"①。但是，另有一批议员在曹锟唆使下，提议讨论黎元洪复职是否合法，谋做政治买卖另举曹锟为总统。

1922 年 10 月，国会开第三次常会，参议员第一班任满，王家襄依法退议长职，仍当选为参议员。王热心于制宪，想继任议长，但是杨永泰的呼声也很高，重选议长之举竞争激烈。由于双方各有研究系和政学系为后台，势均力敌，各不相下。"初则彼此以不出席相抵制，继则以武力相对待。展开选会，屡次斗哄，均无结果而散。遂有行政委员会之组织代理执行会务。"② 曹锟为了急于登上总统宝座，策动内阁辞职、军警索饷，黎元洪被迫于 1923 年 6 月离职去津，行前将总统印章交王家襄，王不受。国会议员被直系操纵、受贿者越来越多，王家襄不满曹锟贿选乃托故离京出走，不再参与政事。旋即曹锟命杨永泰以五十万元巨赂要王家襄赞助贿选，王拒不受，退居天津。

此后，王家襄不问政事，专任中英合办的福中矿务公司督办，寓居北京，不与当政者相通，仅时与一二知己不时义酒聚会，同心同情，把酒论文。1928年 6 月 16 日，王家襄病逝于北京协和医院。

作为民国北京政府时期的两任参议院议长，王家襄早年留学日本，具有开放视野。他博学多才，极善口辩，登台演讲，议论滔滔，切中时弊，常常语惊满座。在他主持民国初年的议会活动期间，总是极力引进西方议会制度的长处，孜孜以求力图制定一部适合中国长治久安的宪法。然而要在刚刚推翻的具有浓厚的封建专制意识的旧中国建立起西方式的民主议会和宪政制度，其命运是可想而知。尽管如此，王家襄身体力行，积极推进民国的议会政治制度建设，在政局动荡，政治腐败的时期，作为议长，他坚守一个法律人的底线，屡拒军阀的巨款贿赂；作为革命者，他支持正义事业，保护进步人士，曾设法营救被军阀卢永祥设计陷害至死地的徐锡麟之弟徐锡麒。在中国法制近代化的早期，特别是在民国初年的议会政治活动中，为推进近代中国宪政建设，王家襄做出了自己应有贡献。

---

① 李剑农. 戊戌以后三十年中国政治史［M］. 北京：中华书局，1965：351.
② 顾敦鍒. 中国议会史［M］. 苏州木渎心正堂，1931：357.

第十一章 中国近代司法制度的开拓者：
民国大理院中的法律人群体

一、民国北京政府的最高司法机构——大理院

中国自古以来政刑不分、行政兼理狱讼，清末法政大家沈家本曾指出："政刑丛于一人之身，虽兼人之资，常有不及之势，况呼人各有能与不能。长于政教者未必能深通法律，长于治狱者未必为政事之才，一心兼营，转致两无成就。"① 由此，以沈家本为代表的早期法律人积极鼓动司法改革，而"司法独立，为异日宪政之始基"。1906 年 10 月，清朝颁布"仿行预备立宪"诏令，宣布仿照西方国家"三权分立"原则"更定官制"。"追光绪变法，三十二年（1906 年），改刑部为法部，统一司法行政。改大理寺为大理院，配置总检察厅，专司审判。"② 从而使司法和行政分立，一改几千年来司法与行政合一的体制。绵延了数千年的具有中国传统特色的大理寺，因缘际会，变成了西方式专掌审判的大理院，司法独立雏形初具。

民国建立，司法独立成为宪政的重要原则。民国元年三月，民国政府公布《中华民国临时约法》，约法除了在民国三年五月一日至民国五年六月二十九日间（1914 年 5 月—1916 年 6 月）被《中华民国约法》所取代外，直到民国十二年十月十日公布由曹锟主导制定的《中华民国宪法》前，在实际名义上仍被承认，合计长达约十年之久。《临时约法》第六章法院相关事项第五十一条明文规定"法院独立审判，不受上级官厅之干涉"。从宪法层面明文规定了司法独立。在民国四年六月《修正暂行法院编制法》公布前，依大总统令以及参议院的承认，前清的《法院编制法》得以继续援用，在诉讼上采四级三审制，大理院作

---

① 沈家本. 历代刑法考（上）[M]. 北京：商务印书馆，2011：486.
② 中国政法大学法律古籍整理研究所. 中国历代型法志注释·清史稿刑法注释 [M]. 吉林：吉林人民出版社，1994：1057.

为最高的审判机关。由是可知民初的大理院承袭清末的大理院而来。民国四年六月，重刊《法院编制法》公布，其中第五章规定了大理院的组织及其职掌，全国普通法院的组织由中央全国最高审判机关——大理院、高等审判厅（省）、地方审判厅（较大商埠或中心县）和初级审判厅四级，并在大理院和各级地方审判厅中相应平行设置四级检察厅。该法第三十三条规定："大理院为最高审判机关，设院长一人，特任，总理全院事务，监督行政事务。院长有权对于统一解释法令做出必应的处置，但不得指挥审判官所掌理各案件审判。"① 大理院得因事务繁简，酌设民事和刑事各若干庭，分别执行审判案件。各庭设推事若干名，庭长一人，由推事或推丛兼任：庭长监督本庭事务，并决定案件的分配。大理院民刑事处设民事科和刑事科，各设推垂一人，监督本科事务，并决定案件分配。推垂仍兼充某一庭庭长。庭长、推事、推垂等，通称"审判官"。大理院采合议制，审判权以推事五人组织的合议庭执行。合议审判，以庭长为审判长，庭长因事不能出席时，由资深庭员代理。

北京政府采用大陆法系的司法制度，于 1914 年至 1923 年在首都设立平政院，作为专门负责审理行政诉讼和处理官吏违法案件的机关，将行政诉讼与普通的民、刑事诉讼分开。此外，北京政府为适应军事及专制统治的需要，还设立了名目繁多的特别司法机关，包括海陆军内的军事审判机关和边疆地区及特区的特别法院。

民国八年五月二十九日另修正公布《大理院办事章程》（章程以大理院令公布），规定大理院内置书记厅，设书记官长一人，辖总务处、民刑事处。总务处分设文书、卷牍、统计、会计四科，民刑事处分设民事科和刑事科。大理院置编辑处，依照《大理院编辑规则》（该规则于民国七年八月七日以大理院令颁布）的规定，主要任务是编印公报、判例要旨汇览、解释例要旨汇览等；设编辑长一人、编辑主任五人、编辑十四人。

民初的大理院享有最高审判权和统一解释法令的职权。大理院的审判职权包括两方面：终审——不服高等审判厅第二审理的判决而上告的案件，或不服高等审判厅的决定或命令按照法令而抗告的案件。第一审终审——依法属于大理院特别权限的案件。

大理院各庭审理上告案件，如解释法令意见与本庭或他庭的成案有所歧异，由院长依法召开民事科或刑事科或两科的总会决议。民事诉讼案件属于大理院第一审和终审特别权限的，如关系重要，得就当地高等或地方审判厅开大理院

---

① 中华民国司法部. 重刊法院编制法［J］. 法政杂志，1915（9）：7.

法庭审判。审判除由大理院派遣推事外，院长得随时令高等审判厅的推事协同审判，但以两人为限。刑事诉讼案件属于大理院第一审和终审特别权限的，由院长令推事办理预审事务，但得因情形令高等或地方审判厅推事办理。大理院的审判权属最终判决，宣判即告确定，并无上诉途径。国会仅能议决法律，对实际个案不能有所评判；大总统也仅能公布法律，刑事案件仅得依法赦免或减轻大理院判决所科之刑。

大理院的解释，为大理院所表达的抽象法令意见，应生抽象的效力，具有普遍拘束力。请求解释者，以公署及法令所认许之公法人公务员于其职务上，就法令有疑义者为限。就法令无明文之事项请求解答者，不得拒绝解答。请求解释文件及解答，应登载于政府公报公示。民国成立以来，除司法机关外，请求解释者有国务院、陆军部、司法部及中央行政各部、各地方军务及行政长官。

此外，大理院的一切司法行政事务，均由大理院院长自行制定规则，监督施行。民事上告的印纸费，由院长制定则例征收。司法部所颁的行政规则，不适用于大理院，增置及任用推事、任用书记官、叙简荐任职员官等，及推事惩戒等事，均由大理院自行决定后咨送司法部照转呈请大总统办理。概算书自行编定后，咨送司法部编入司法部概算，送由财政部提出于国会。大理院还有组织审判大总统法庭的权力，在大总统有叛逆行为，受国会依法弹劾时，由大理院法官互选九人审问判决。受理选举诉讼上诉之权。

如前述，北京政府统治时期，尽管军阀干政严重，打乱了中国法制现代化的正常进程。但是经过辛亥革命，"民主"与"共和"已深入人心，近代中国已开始构筑起一整套资产阶级民主政治运行的基本框架，并在多方面进行了实践，以清末制宪修律为开端的法制现代化进程并没有中断。这一时期，在法制的形式方面反而得到了进一步的补充和发展。这其中，司法审判机关的制度化和专业化无疑是这一补充和发展的明证。在近代中国的宪政思潮中，司法独立极受重视，被认为是"立宪政治之根本"①。沈家本认为，"泰西各国宪政之萌芽，俱本于司法独立"，而司法独立的根本问题，则在于审判独立。② 由此，以沈家本为代表的一大批法律人，出于法律精英的良知和对法律的忠诚，他们不仅在理论上进行宣传，为建立近代司法制度、倡导司法独立公正而奔走呼号；而且身体力行，积极投身司法活动中，以求把司法独立及正义精神付诸实践。

---

① 梁启超. 饮冰室文集 [M]. 北京：中华书局，1989：105.
② 张晋藩. 中国近代法律思想史略 [M]. 北京：中国社会科学出版社，1984：179.

二、大理院中的法律人及其活动

如前述，作为民国北京政府时期最高审判机关——大理院，其建立的理论基础、组织结构、职能权限、运作方式等方面已具现代司法机构雏形。尤其在推动司法机关的专业化建设方面，成绩卓著。大理院上至院长下至所有推事的选用，都侧重于有法学专业教育背景（或留学西方法科或国内法政学校毕业生）并在社会上素有声望之人。大理院组成人员过硬的专业素养以及良好品行保证了大理院作为司法机构的专业性和公正性。历任大理院院长许世英、章宗祥、董康、江庸、姚震、王宠惠、罗文干、余棨昌等或具有深厚传统文化造诣或具有留学国外学习法政的经历。许世英国子监生员，曾留学日本；章宗祥凛贡生，留学日本，第一高等学校毕业，先后就读东京帝国大学法科和明治大学；董康清末进士，曾留学日本研习法律并曾赴欧美考察；姚震留学日本，早稻田大学法学士；王宠惠是耶鲁大学的法学博士并获得英国大律师资格；罗文干牛津大学法律硕士并获有大律师资格；余棨昌留学日本，东京帝国大学法科毕业。民初，袁世凯大总统曾多次下令，法院不应全部启用受过新式法科教育的人才，亦当启用旧派法家，但在大理院主事的坚持下，大理院法官均为受过专业法科教育具有相当法学素养的专门人才。董康这样论述道："袁世凯大总统屡颁命令，意在法院不应悉用新人，应改用旧派法家，曾向当时司法当局一再表示，惟司法部既未遵从，大理院坚持非毕业于大学专门学校之法学家决不任为推事，历来方针，迄不更改。"①

在民国元年以及民国二年、三年间民刑二庭的推事约十人基本都是有留学经历并且具备法学素养。这三年间，民国大理院的推事有一部分是从晚清大理院的推事转职而来。有资料显示，当时大理院民刑庭各庭长、推事和书记官全部任用饱读西学之新人，非毕业于大学专门学校的法律人，绝不能充当推事。据统计，1919 年大理院民事四庭、刑事二庭，合庭长推事共 28 人，除大多数系在东西各国大学获有法学文凭外，其余亦在本国大学专门学校毕业，无一非法学专业之人。1921 年大理院推事（含院长、各庭长）共 32 人，其中毕业于国立专门法律学校的 11 人，毕业于日本法政学校的 18 人，另 3 人分别毕业于德国柏林大学和美国的法学院。毕业于国内官立专门法律学校的，依照法科教学在校必须修习大清律例、唐明律、现行法制及历代法制沿革、民法、罗马法、民事诉讼法等科目。而毕业于日本法律专业学校的 18 人，大多系由国内已仕人员，

① 大理院. 中华民国大理院革新概论［M］. 编者自刊，1919：1 - 2.

遴派赴国外留学或游学，学成后再回任大理院。在 1925 年 32 人的大理院推事中，21 人系在外国毕业者。从 1912 年 5 月大理院成立到 1927 年 10 月大理院被撤销为止，大理院历任院长和推事共计 79 人，其中 69 人的学历背景已经查清楚。在这 69 人中，留学日本法政学校的 43 人，毕业于美国、英国各大学法律专业的分别是 5 人和 4 人，出身京师新式法政学堂的 9 人，旧式科举出身的仅 4 人。①

大理院的司法人员学识能力远甚于下级法院司法人员，而整个司法系统的组成人员在整个公务系统中又是相对优秀的。就像江庸所称的那样，司法机关"人才整齐，胜于其他机关。自民国元年，改组法院，用人即有一定标准，习非法律毕业者，不界以法官资格，在项城时代（袁世凯主政时期），屡受排挤，几于破坏，卒赖司法当局苦心调护，而幸获保全，迄今仍无变易。虑其资格过宽，又限之以考试；忧其经验太少，又励之以讲习。……法官之学识经验，组织法院之份子，既纯而不驳，学识经验，皆与年俱进"。② 董康也说民国初年"法曹尤构新象""人才一时称盛"。③ 这样的评价虽是行内人士自评，却也反映了民国时期法界中人基于法律职业之关联和对民主共和之认同，逐渐产生形成了法律职业群体的共同意识。

在民国北京政府时期的国家机构中，大理院组成人员的专业素养是比较高的，其廉洁自律、维护司法独立的节操得到社会及各界人士的认可。民国初期的执业律师曹汝霖就曾回忆说："当时法官真是清廉自好，对于讼案，慎重处理，数值后犹携案回家工作；可当得起清、慎、勤三字，各省法官亦蔚为风气，绝不闻有受贿情事；此种风格，直维持到北方政府终结为止。至于大理院推事的风纪问题，至今仍未之有闻。"④ 江庸亦称："贿赂之事，确较少于往时之司谳。"⑤ 董康品论当时的司法人员："其出处自异恒流，历年以贿闻者，较行政法官犹一与百之比例也，当亦与论所公认。"⑥ 与廉洁自律相比，更难能可贵的是当时的大理院院长推事们能够尽己所能维护司法独立。以江苏民政长应德阁

---

① 黄源盛. 民初大理院 1912—1928 [M] //黄源盛. 民初法律变迁与裁判（1912—1928）. 台北：政治大学，2000：306.

② 江庸. 法律评论发刊词 [J]. 法律评论，1923（1）：5 - 6.

③ 董康. 民国十三年司法之回顾 [M] //何勤华，魏琼. 董康法学文集. 北京：中国政法大学出版社，2005：714.

④ 曹汝霖. 曹汝霖一生之回忆 [M]. 台北：传记文学出版社，1970：77.

⑤ 江庸. 法律评论发刊词 [J]. 法律评论，1923（1）：6.

⑥ 董康. 民国十三年司法之回顾 [M] //何勤华，魏琼. 董康法学文集. 北京：中国政法大学出版社，2005：715.

侵占罪为例，袁世凯当国时期，曾以江苏民政长应德闳有侵占罪嫌疑，命司法总长令总检察长向大理院起诉，当时行预审推事职务的是民事第三庭庭长朱学曾。朱学曾在该案中能无视大总统意志，依法进行预审调查，认为证据不足，无以构成侵占罪，决定免诉。袁世凯为此还下令训斥："该推事株守法例，未免拘牵。"① 管中窥豹可见一斑，这些都足以证明当时大理院的推事们能够不畏强权，坚持司法独立。大理院组成人员这些为世人称道的操守及专业素养确保了大理院司法裁判的质量以及司法独立的可行性。

大理院的组成人员皆为当时法界精英，他们主观上试图能为中国法制建设有所作为，客观上又通过他们司法判例的创制推动了民国法制的发展。近代中国，从晚清到民国初年法律人的崛起过程中，大理院的推事以司法造法方式创设判决先例，可以说是"法界的先驱"。辛亥之后，民国肇始，在传统与现代交织，活力与混乱并存，国家和社会在动荡中发展的过渡时代，民国初年的法律制度也深深地打下了过渡时代的鲜明烙印。辛亥革命彻底终结了传统中华法系，举国取法大陆法系，以期实现从传统法律体系向近代法典化大陆法系的转型，如果说清末修律开启了中国法律转型的序幕，那么民国的建立，则将这一台"法律近代化"的大戏正式搬上了历史舞台。

在北京政府统治的十几年中，基本沿用前清新律，未及制定新法典，尤其是民法典一直阙如。虽有明文规定民事案件仍照前清现行律中有关规定办理，但是面对急剧变化的社会关系和大量的民事纠纷，旧有条律显得无能为力。为使民事审判有所依据，大理院确认习惯和法理为正式渊源。但是，何为习惯？何为法理？实践中法官依然感到困难重重，无从下手。为此，地方各级法庭常就各种疑难案件请示大理院，要求给予明确答复。这就迫使大理院不得不寻求解决问题的新方法，大理院的判例应运而生。同时，由于民初沿袭的清末新律基本是照搬西律，存在着严重的盲目性，各种法律"或则仍旧因袭此前的礼治，或则完全承受他国的法律，东抄西袭，缺乏中心思想"②。可以说变革后的法律完全是中西法律观念、原则和规定的大杂烩，或者说，是西方个人本位法律原则和规定与中国家族主义法律原则与规定的混合物。民国创立后，这一矛盾日见尖锐。于是，删改与民主共和制度相悖的法条，就成了大理院任务。在当时立法不足的情况下，大理院由其职掌司法审判地位所决定，开始以判例的形式

① 黄源盛. 民初大理院与裁判［M］. 台北：元照出版有限公司，2011：53.
② 居正. 为什么要重建中华法系［M］//居正文集（下）. 武汉：华中师范大学出版社，1989：490.

来调和法律规定与现实需要之间的矛盾。从客观上看，民初大理院以创制判例的形式来适应司法审判实践的需要，改变了近代中国法制变革单纯模仿大陆成文法系的趋势，构成近代中国法律变革的一重要特征：混合法的样式及混合法的运行机制，适应了近代中国社会利益多元化的需要。

大理院的判例在民国北京政府时期的司法审判中发挥着重要的法源作用，这一现象成为民国时期法学家研究的热点问题之一。民国学者对大理院的判例问题的重视和研究，在很大程度上反映了当时学者对法律时局的关注，民国时期法学研究的一个较大特点便是理论与实务的紧密联系。这种联系不仅表现在具体法律制度研究中时时体现出的中国问题意识，更表现在许多法学家本身就是司法或立法的实践者。民国学者的解释、论说与争辩为当时的法制与社会变革提供了不可或缺的理论支撑，也可为当今中国法学提供了宝贵的素材与经验。

最后，值得一表的是，浙江地区，历来经济发达，文化底蕴深厚，明清时期就盛产"绍兴师爷"。笔者认为有必要从近代新生的职业阶层——"法律人"的视角，通过考察民国法律人在近代中国的空间分布格局及其人文地理背景，从时空两方面开展纵向横向的交叉对比研究，发掘地方文化的传统资源，从区域文化的视角透视近代法律人对近代中国法制现代化的作用与价值。

民国时期大理院推事中浙省籍人士有余棨昌、项廷祯、胡诒谷、朱献文、汪有龄、林行规、郁华、徐维震、徐焕、章宗祥、郭云观、殷汝熊、张孝琳、陈彰寿、冯毓德、钱承誌、钱鸿业等，浙省籍者占整个大理院推事的1/5。其中余棨昌、章宗祥等先后历任大理院院长，而余棨昌在大理院的司法裁判活动中表现尤其突出。

余棨昌，字戟门，光绪八年（1882）生，浙江绍兴人氏。少入京师大学堂学习，光绪二十九年（1903）奉派日本学习法政，毕业于日本帝国大学，曾任清政府度支部候补参事。民国成立后，余棨昌历任法制局参事、大理院推事、司法讲习所所长、修订法律馆顾问、大理院院长、修订法律馆总裁、北京大学法政科学长等职。南京国民政府成立后，余棨昌怠倦政治，以教书为要务，先后在北京大学、朝阳大学等校讲授民法、票据法等课程，是当时著名的法学教授。余棨昌游学日本多年，归国后以法学为业，参与法律修订、担任大理院院长以及从事法学教育等，为中国法制、法学的发展做出了重要贡献，尤其是在民法学领域。余棨昌精研民法，先后出版了《民法亲属编》《民法要论物权》《民法要论亲属》《民法要论总则》等民法学专著，是中国近代民法学的开拓者。余棨昌精研国外学说、参考民事习惯调查报告及法院判决，对诸如法人、典权等重要的民事概念、制度提出了自己的观点，因其资料翔实，被视为权威学说。余棨昌长期任职于大理院，深知判决对研习法律及司法实践的重要性，他与李祖虞、余绍宋等编辑出版了《现行律民事有效部分集解》一书，除收录《现行律民事有效部分》的条文外，还将1913年至1927年的大理院判决例和解释例均列在条文下，分为婚姻、承继、亲属、亲子、家制、财产、钱债、买卖、损害赔偿、礼制10章。1914年，北洋政府决定以《大清民律草案》为蓝本，修订新的民法典。余棨昌等在调查各省民商事习惯的基础上，参照各国立法，起草新的民律草案，余棨昌负责总则编，应时、梁敬錞负责债编，黄右昌负责物权编，高种负责亲属和继承两编，至1925年告成，史称"第二次民草"。除民法上之贡献外，余棨昌应时任司法总长章宗祥之邀担当首任司法讲习所所长，对民国年间之司法官培训教育亦诸多贡献。余棨昌不惜重金聘请一流教员到讲习所任教，并亲赴日本，经与日本外务部、驻华公使馆磋商，聘请板仓松太郎、岩田一郎等日本法学家到司法讲习所教授撰写判决文书及养成司法官必须之知识技能。他还亲自讲授民法。在余棨昌的管理下，司法讲习所为各省培养了大量优秀的司法人才，成绩卓著，不少学员成为民国司法的中坚力量。

项廷祯（1869—1938），字翰臣，号七相，浙江永嘉永强七甲（今属温州市龙湾区沙城镇）人，清末举人，为明代理学名宦项乔后裔。曾一度应清政府御史徐定超召请为幕僚，后历任民国北京政府大理院推事、浙江省议会议员、永嘉县田赋征收处主任、瓯海实业银行董事长等职。项廷祯所处时代，正值政局动荡不安、社会新旧思想交替蜕变时期。项廷祯受改革维新、旧民主主义思想影响，一贯思想活跃，摒弃保守。项廷祯学识广博，睿智过人，任职勤廉，在北京大理院任推事期间，精研法理，熟谙清代及民国时期法制、法律，审理讼事，刚正不阿，世人称颂。项廷祯一生奔走革命，体恤民情，重视创业建设，主张实业兴国。因而辞官回梓里出任浙江省议会议员，议政国事，不遗余力。后开办文林斋印刷厂，推动文化教育事业。又兴盐业，设盐场，建立富海盐廒，组织盐民成立盐社，发展盐产业，使盐民多得益，政府多收税，公、私两有利。晚年担任瓯海实业银行董事长，励精图治。项廷祯素向为人、为政俭朴勤劳、清廉自奉，着眼民情、重视民生，永嘉县人皆敬之，人们或有纷争，项廷祯一言即决。由于德高望重，世居七甲，人皆尊称其为"七相"，不直呼其名。项廷祯重视社会教育。鼓励子弟晚辈必学一技之长，以为经世有用之才。项廷祯严格要求自己的子女品行端方，勤奋务实。旧时亲戚晚辈，常引项廷祯为人处世、道德文章作为教育子女楷模。项廷祯少即聪颖，文思敏捷，援笔成文，书法端均有致，刚劲有力。

胡诒谷，字文甫，1876年生，浙江慈溪人，1890年至1897年在上海圣约翰大学学习，曾任上海南洋公学英文教员，光绪三十二年官费留学美国，后毕业于美国芝加哥大学，历任清邮传部参议厅法制科法律起草员、京师大学堂法科教员、南洋公学教务长、民国北京政府大理院推事兼庭长、上海临时法院上诉院民庭庭长、江苏高等法院民庭庭长。

林行规，字斐成，1884 年生，浙江鄞县人。1896 年，就读于上海南洋公学（交通大学的前身）。南洋公学毕业后，入读京师译学馆（北京大学的前身）。1904 年，考取官费留学，赴英国就读于伦敦大学政治经济学院，获得法学学士学位。伦敦大学毕业后，入读林肯大学法学院，继续深造。1911 年，被授予大英帝国大律师执照，就职于林肯思皇家律师事务所。1912 年，回国，担任南京临时政府总统府法律顾问。曾先后担任中华民国司法部大理院推事、司法部民治司司长、法院编查会编查员、司法部部长、调查治外法权委员会专门委员等职务。1914 年 1 月至 1916 年 2 月，担任国立北京大学法科学长。1918 年，因不满袁世凯称帝和政府的司法舞弊，毅然辞去公职。自设律师事务所，常为平民百姓打官司和提供司法援助，广受社会赞誉。1944 年 6 月，因病逝世。

章宗祥，字仲和，1879 年生，浙江吴兴荻港（今湖州南浔区和孚镇）人。清法科进士，清朝秀才，清光绪二十五年（1899）留学日本，先入日本东京帝国大学法科学习，后获明治大学法学士学位。1903 年回国，清政府赐进士出身。历任清进士馆教习、工商部候补主事、民政部财例局提调、宪政编查馆编制局副局长、北京内城巡警厅丞、法律馆纂修、内阁法制院副使。辛亥革命后，受袁世凯派遣，随唐绍仪参加南北议和谈判。后任袁世凯总统府秘书、法制局局长、北洋政府时期的最高审判机关——中华民国大理院第二任院长（1912 年 7 月—1914 年 2 月）、修订法律馆总裁等职。1916 年 4 月，出任段祺瑞内阁司法总长，6 月接替陆宗舆任驻日特命全权公使，参与多起中日交涉谈判，被认为是卖国亲日分子。1919 年 5 月 4 日在曹汝霖宅被五四运动抗议学生痛打，1919 年 6 月 10 日被免职。1920 年出任中日合办的中华汇业银行总理。1928 年以后长期居住青岛。1942 年 3 月出任被日本控制的"华北政务委员会"咨询委员。日本投降后迁居上海，1962 年 10 月 1 日在上海病故。

徐维震，字旭瀛，1881 年生，卒世不祥，浙江桐乡人。1904 年毕业于上海南洋公学，后赴美留学，先后就读于加利福尼亚大学、芝加哥大学、印第安纳大学。宣统元年（1909），毕业于印第安纳大学，获法学士学位。毕业后，奉清政府邮传部之命归国，任北京参议厅法律参订员；1910 年调任海军部司法官。1911 年殿试一等钦赐法政科举人，任教育部主事。后任邮传部全国铁路总局交涉科科长。辛亥革命后，曾任南京临时政府财政部委员。1912 年任民国北京政府大理院推事。后任上海警备司令部国际公法及外交法律顾问，高等捕获市检厅评事。1919 年 2 月，署理山西高等审判厅厅长（后改称山西高等法院），翌年任院长。1926 年，陪同出席北京法权会议的外国代表视察各地法院及监狱，历时 3 个月。是年，奉命筹备将上海公共租界会审公廨收回，组建上海公共租界临时法院。1927 年 1 月 1 日，被任命为上海公共租界临时法院院长兼上诉院院长，是年 5 月辞去院长职务。在上海任职期间兼任东吴大学法学院教授。翌年任工商部参事。1928 年 12 月，调任司法部参事、湖北省司法官典试委员长。1929 年 11 月，再任上海公共租界临时法院院长。1930 年 3 月，署江苏高等法院第二分院院长。1932 年 2 月，调任司法行政部代理参事，5 月任参事。1933 年 7 月任中央银行专门委员，12 月任中央银行经济研究处事务长，翌年 7 月任中央信托局法律顾问。1935 年 12 月，任江苏高等法院第二分院院长。1941 年 3 月 4 日，徐维震被汪伪特工绑架至汪伪特工总部——极司非而路（今万航渡路）76 号监禁。日军占领租界后，1941 年 12 月，因受汪伪特工挟持徐维震任伪江苏高等法院第二分院院长并兼任伪江苏上海第一特区地方法院院长。1943 年 8 月 1 日，任伪上海高等法院院长，1944 年 3 月离职。其后任伪中央储备银行专门委员至抗战结束。

徐焕，字章夫，生卒年不祥，浙江杭县人。京师大学堂仕学馆毕业。历任四川法政学堂教员、学部司员、广东广西福建视学官、中央教育会会员推事、京师地方审判厅推事、京师高等审判厅推事、总检察厅检察官、民国北京政府大理院推事等职。

殷汝熊，字铸夫，生卒年不祥，浙江平阳人。1910 年日本早稻田大学专门部政治经济科毕业。1916 年任湖南省高等审判厅厅长，1922 年任民国北京政府大理院推事，1927 年任浙江高等法院院长，1929 年任山东高等法院院长。后担任执业律师。

钱承誌，字彦（念）慈，1882 年生，卒年不祥，浙江钱塘县人。杭州求是书院学生，1894 年 4 月留学日本，日本帝国法科大学毕业。历任译书汇编社社员、乙巳科特用进士、清农工商部员外郎、清京师法律学堂教员、清度支部会计司司长、民国北京政府大理院推事，1926 年 8 月被任命为司法官再试典试委员会常任典试委员。

前述走向共和之后的浙省籍法律人，学有专精，分布在大理院以及其他地方司法机关中。由于民国初年的政治环境以及立法程序和立法技术上的困难，统一的法典未能及时颁行，各类零散的法令法规也缺乏统一性，给司法审判带来法律适用上的困难，各级司法审判庭缺乏完备的制定法作为裁判依据。为此大理院进行了大量的判例编纂工作，以大理院的判例来引导各级法院就有限的法律做出尽可能统一的裁判。对于已有的法律大理院也经常做出解释，指导各级法院正确理解运用法律。在当时立法不足的环境下，法律人以司法造法方式，为近代法制改革做出了具体贡献。检视时代变化，法律人在过去的杰出表现，看法律人力量的崛起，以及法律人对司法改革所带来的影响，这其中尤其以浙籍法律人更是头角峥嵘，可为法律人崛起的典型代表。

第十二章　地方宪政运动的嚆矢：浙籍法律人与浙江省宪自治运动

　　民国北京政府时期，作为地方宪政运动的开拓者——浙籍法律人对近代中国法制的推动作用突显在省宪自治运动中。

　　袁世凯称帝复辟失败以后，北洋军阀集团内部争斗不停，各地军阀战乱不已，由于兵祸连年，政局动荡，南北纷争迁延无已、中央权威日益式微，全国政令之统一可望而不可即，民众对稳定和秩序极度渴望。于此情势之下，各省自治浪潮蓬勃发展，联省自治之说一时成为潮流。所谓"联省自治"，按李剑农的解释，包含两方面的意义：第一是容许各省自己制定一种省宪（或名省自治法），依照省宪自组省政府统治本省。第二是由各省选派代表组织联省会议制定宪法，以完成国家的统一。[①] 章炳麟主张由人民自制省宪，人民直选省长。各省事务均由各省负责。外交、荣誉颁发等事项才交由各省联合中央政府处理。[②] 依据上述观点，联省自治运动实际为省宪运动和联省运动的合二为一。

　　1919 年至 1926 年的浙江省宪自治运动，是民初中国联省自治浪潮中的一个重要组成部分。它是在省内外多种因素的推动下而发生的。其兴起与发展同浙人久已萌发的自治浪潮、国内时势的动荡、民族主义的激荡、国会法统的争执等均有很大关系。运动中先后产生了三种不同的省宪：九九省宪、三色宪法、浙江省自治法。省宪的条文体现了当时人们的许多自治理想，尽管这场运动由于参与者动机各异使之自始便存在着严重分歧，省宪自治只是不同政治力量追求不同利益目标的工具，运动最终无果而终，但运动断断续续地进行伴随着各方势力激烈的冲突，亦折射出近代化过程中浙省多重的地方政治权力结构及运作景况。

---

① 李剑农. 最近三十年中国政治史［M］. 上海：上海太平洋书店，1933：466.
② 章炳麟. 联省自治虚置政府议［M］//章太炎全集·太炎文录补编. 上海：上海人民出版社，2017：578.

一、浙江省宪运动的兴起

浙江省宪自治浪潮在 1919 年兴起，其端倪初露在是年 11 月浙江省议员孙宋卿等 18 人的通电中。他们认为"地方自治为立国之始基、为民治之源泉"。"吾国自来国家之重心操自朝廷，今则其重心之所在在于地方。"为了把中央与地方的权力划分清楚，避免政客弄权以致国家陷入危亡之境，亦为了减轻因国家组织形式的无定给地方带来的痛苦，振兴地方社会事业以免各种过激主义的产生，应早日恢复地方自治。次月，浙省议会鉴于上海南北和平会议的一再停顿，乃发通电促和，"期于三个月内，从速开议，解决纠纷。倘仍迁延误国，惟有联合各省，另组国民自决会，以谋解决"。① 此可视为浙人欲寻求政治自决的先声。

1920 年 7 月的直皖战争使全国政治局势发生变化，其影响亦波及浙省。尤其湖南省宣布自治更激发了浙人自治热情，浙人开始讨论省宪问题。是年秋，省内有阮性存在议会中提出浙江省自治法会议组织法草案，省外则有旅沪之褚辅成、王正廷、沈钧儒、蒋智由诸人聚议多时。但结果均无甚成效。

1921 年元旦，北京政府令各省选派代表来京组织地方行政会议，以讨论地方自治。浙江省议会议员陈益轩以该会议为中央借以缓和各省自治潮流之举，与民意相违背，提议加以拒绝，获多名议员之赞同。省议会遂有不派代表之决议，为浙省自治的真正启动迈出了第一步。

直皖战争后，安福归于无形，南方军政府不久亦破裂，北京靳云鹏内阁遂下令南北统一，并筹办新国会选举。卢永祥出于自己利益的需要，竭力反对国会新选，主张缓办选举，以免产生不完全之国会，妨碍统一。而浙江地方自治派也通电支持卢永祥，并推派代表请愿，同时积极筹备制定省宪的运动。由此，实力派与自治派走向了合作，浙省之自治浪潮亦开始向实践方向转化，省宪运动勃然兴起。

1921 年 4 月 22 日，李次九、王廷扬、林文琴、阮性存等人发起省宪期成会，并制定简章，设临时事务所于浙江省教育会。李、王、阮等人皆为第二届省议会议员。5 月 22 日，该会正式开成立大会，与会者包括旅沪浙人等共千余人。该会成立后，即着手讨论制宪程序，并推举代表赴省议会请愿。同时阮性存、胡炳旒二人在议会中再次提出省宪法会议组织法案。31 日，省议会通过该案之修正案，规定由省议会选出起草员 55 人，先用 30 日时间起草省宪，再与

---

① 甄山居士. 浙江制宪史［M］. 杭州：浙江制宪史发行所，1921：1.

各县议会所选一代表共组成制宪会议，以 60 日为会期，最后由宪法会议宣布。由此浙省人士酝酿多时的制宪自治运动付诸实践。

6 月 2 日，省议会选出起草委员 55 人。6 月 16 日，省宪法起草委员会开会，于是浙省人士酝酿多时的制宪自治运动始见诸事实。而旅沪浙人亦于 6 月 19 日成立浙江省宪协进会，以"促进本省制宪，完成地方自治，使浙江省为中华民国组织中一自治省"。其主要成员有李徵五、张心芜、徐建侯、蒋著卿、许一飞、黄献廷、褚辅成、费公侠、邬志豪等人。

6 月 14 日，省议会在闭会词中提出："集权已成弩末，势必济以分权。国宪未奠不基，惟有先制其省宪，顺国人望治之趋势，应世界自治之潮流。"① 闭会词无疑清晰表述了当时中国中央集权政治之现状，以及浙省制宪的背景和动机。

时任浙江省督军的实力人物卢永祥因皖系之失败，感受到直系的威胁，为寻求支撑，卢永祥遂外结"三角同盟"（与张作霖、孙中山联络，结成"反直系三角同盟"）以求实力支援，内则赞助浙江自治以固现有地位之基础。卢永祥于 1921 年 6 月 4 日发表制宪通电（豪电），认为国内政局紊乱的原因主要在于"骛中央集权之虚名"，故应"分权于地方，俾群才各有效用之途，先以省宪定自治之基础，继以国宪保统一之旧观"。卢并提出"由各省区军政长官，选派全权代表，择定适当地点，先筹妥善办法，再付国民公决"。5 日，卢又致电北京政府总统徐世昌（歌电），强调他所提乃"根本补救之策，欲求真正统一，舍此似无良法"。②

卢的通电得到了南方各地方军阀的积极支持和响应，对省宪浪潮在全国范围内的扩散有着极大的催化作用。此前省宪运动主要局限于湖南、四川、江苏等少数几省，并未形成全国一致的舆论，所议亦仅为本省自制其宪。卢永祥则倡议"以省宪定自治之基础，以国宪保统一之旧观"，从中央集权与地方自治角度论及省宪，由此"分权自治"一词亦广为流传。卢电发表后，响应文电络绎不绝，以各省负责军人而论，有陕西陈树藩、湖南赵恒惕、广东陈炯明、湖北王占元、四川刘湘、云南顾品珍、贵州卢焘、任可澄等；以各省省议会而论，有河南、广东、山东等省。另外，如安徽孙发绪、广东浙籍国会议员及北京陆军大学浙籍学生等亦来电赞成。因卢永祥通电而起，并以实际行动表示支持者有安徽、陕西、山东、河南、云南等省，派代表来浙考察者有江苏、福建等省。浙省几成省宪运动的中心，为国人所瞩目；而这股澎湃于全国的省宪浪潮又反

---

① 甄山居士. 浙江制宪史 [M]. 杭州：浙江制宪史发行所，1921：6 - 7.

② 卢永祥通电 [N]. 申报，1921 - 06 - 05（6）.

过来对浙江的省宪运动有极大的推动力。

二、浙江省宪运动的发展

1921 年 6 月 16 日，浙江省宪法起草委员会成立，王正廷为委员长。然后，以王所拟定的宪法大纲八条为基础，委员就各项重要问题展开讨论，讨论结束后，选举阮性存、王正廷、褚辅成、袁荣叟、沈钧儒、周继溁、何建章七人为主稿员，分四组主稿。经四组共同努力，浙江省宪法草案初稿脱稿，由起草委员大会进行讨论。随后省宪法草案及其施行法完成三读通过。7 月 23 日，浙江省宪法会议举行开会式，军界要人卢永祥等人以来宾资格与会。卢并发表演说，略谓现在中国局势南北分裂，统一无期，国宪之成，不知何日。自应各省制宪，立自治之基础，庶可由分裂而进于分治，由分治而合成统一。7 月 27 日，浙江省宪法会议举行第一次正式大会，选举王正廷为议长，褚辅成为副议长。8 月 5 日，会议通过浙江省宪法会议组织法补充条款，补选各法团代表 77 人为宪法会议议员，以解决各法团参加制宪的问题。

1921 年 8 月 12 日，浙江省宪法会议通过浙江省自治宣言，宣言表达出强烈的人民自决的精神和联邦主义的倾向。宣言称："民国之本位在省。中央不能治，则不如近而求之省自治。主权之原动力在人民，统治者不可恃，则不如退而诉之人民自决。此省宪问题所以为今日救亡之急务，亦即将来统一之初基也……省之宪法即为吾浙人行使主权之保证；省之制宪即为吾浙人表现意力之试验。省宪之良否，吾浙人之休戚随之；省宪之成否，吾浙人之荣辱视之……本斯旨，有所宣言，荦荦大端，列举如左，邦人君子幸共鉴之。"①

8 月 13 日起为宪法会议正式会议。各议员就宪法草案进行讨论，共提出修正案 49 起。期间，开正式大会两次。一为议决太平洋会议问题，通电发起国民外交代表会议；一为议决恢复县议会及城乡议会行使职权问题。9 月 7 日，会议一致通过浙江省宪法，随后又通过浙江省宪法施行法。9 月 9 日，两部法令同时宣布，并发出佳电通告全国及本省各县。此即世所称"九九宪法"。"九九"浙江省宪法是民初省宪运动中第一部正式颁布的省宪，比省宪运动先锋湖南省要早 3 个多月。②

9 月 10 日至 22 日，宪法会议议决浙江省宪法附属法 15 种。22 日下午，按

---

① 甄山居士. 浙江制宪史［M］. 浙江制宪史发行所，1921：20 – 22.

② 冯筱才. 理想与利益——浙江省宪自治运动新探［J］. 近代史研究，2001（2）：170 – 194.

宪法施行法规定，选举蔡元培、卢永祥、虞和德、王正廷、朱庆澜、沈金鉴、陈梶、叶焕华、黄郛9人为宪法执行委员会委员，褚辅成、王廷扬、王文庆、阮性存、陈时夏、吕公望、沈钧儒、周继潆、俞炜9人为候补委员。选举完成后，会议举行闭会式。

浙江省宪法会议议程共60日，开大会共45次。议员共207人，分三部分选出：由省议会选出者55人，由各县议会选出者75人，由各法团选出者77人。会议期间，允许各团体代表到会陈述意见，所有意见宪法会议均予以讨论。从形式上看，基本符合民主政治程序。

“九九”宪法是民初省宪运动中第一部正式颁布的省宪。宪法正文一共有总纲18章158条，后又有施行法23条。其重要规定包括：“浙江省为中华民国之一自治省”“省民之权利义务”“省的事权”、省议员的产生、省法院监察院的产生、审计院的权限、县市的设立、宪法的解释、宪法施行日等作了详尽的规定。特别是关于“省的事权”一章，共列举了18项省所享有的议决及执行权的事项，并规定“国家立法事项，其施行法有不适用于本省者得以省法更定其施行之程序，但不得与其本法相抵触”，国家所定法律或对外缔约、国家之军事行动及设备有涉及本省利害者均得先取得本省之同意。强烈表达了地方自治的愿望，突显了省宪自治运动的利益追求。

浙江省宪法公布后，赢得了省内外各阶层、各团体的赞成和支持。省外有江西省议会、江苏省教育会等团体，省内有浙江各法团联合会、全浙教育联合会、宁波总商会等团体均先后表示祝贺。省内各属地方公团亦多有赞成者。但由于时间之短促等原因，该宪法所存在的局限无疑不少，更加上涉及种种利益关系，反对之声音从未间断，而“九九省宪”之实施最终亦因此而中辍。

浙江省宪运动在发起之初，得到省内外浙人多数之赞成，然而一旦到实际操作时，便如同许多新事物一样，出现种种分歧。特别是当涉及各阶层利益分割时，争执更为激烈；再加上这其中又掺进了督军、省长在与中央关系上之态度差异，问题愈趋复杂。

省宪制定过程遭到各法团的反对。宪法会议召集之时，由于起草委员55人全由省议会选出，且初定之制宪委员仅加进各县县议会所选出之75人，而各法团则无缘与会。一时间，省议会包办省宪之说甚嚣尘上。7月5日，省教育会、省农会、杭州总商会、杭县律师公会等法团因无参与制宪权，遂联合发起成立浙江各法团联合会，并重起炉灶，选举了宪法会议组织法起草员20名。在此情形下，宪法会议几陷于僵局之中。省宪期成会乃出面调解，省宪起草会派出代表沈钧儒、陈訏、徐卓群、李杰4人与各法团联合会协商。经讨价还价，最后双方各自退让，宪法会议于8月5日议决组织法补充条款，由各法团选出77人，加入宪法会议；法团联合会之反对亦暂告一段落。

九九省宪公布后也引起了一片反对浪潮。首先是省教育会和杭州总商会表示抵制。杭城各商店在门上张贴出"万难承认"的传单，另外如杭州绸业会馆、织业公会更通电称"政客垄断制宪，群情认为卖浙"。工界则有人揭露9月9日宣布省宪时，有贿买失业工人列席参观的行为。

此外，与北京政府靠得较近之旅京浙人遂亦表示反对。这其中又隐含对政学系领袖褚辅成及旅沪浙籍国会议员之抵触和矛盾，政治意味较浓。宪法公布后旅京浙人汪大燮、钱能训、孙宝琦、王家襄等人亦斥责省宪之公布"实属违反众意，包办武断，无可讳言。是假自治之名，行专制之实"。①

一时间，省内外舆论汹汹，矛头直指制宪会议之领袖。而王正廷、褚辅成等人一面承认此次省宪的漏洞，一面强调在人口未调查清楚前谈所谓"省民总决"实为空论。但他们在垫支了制宪会议所花两万余元的费用后，已没有任何有效资源可供动员以保证省宪的实施。1921年10月，第三届省议会正式开会，多数议员都认为"九九省宪"错漏甚多，又未经全民投票表决，遂议决暂缓实施，仅将其列为省宪法草案之一，以供进一步之审查，于是浙江省宪运动转入低谷。

三、浙江省宪运动的继续与终结

1922年6月，卢永祥宣告浙江自行废督，自己改任浙江善后督办，制定省宪亦列入其废督善后规划。省议会也议决另行设置收受宪草委员会，接受省民提出的宪法草案，以提交议会讨论；并拟定制宪经费，咨省长公署照拨；又选举杜棣华、郑献诗、任凤冈、张韬、蒋玉麟等36人为委员，负责采摘宪法意见；并规定由草案提案人选举审查员组织审查委员会。委员会最后共收到省宪草案101部，该会遂选举杳人伟等110人为审查员，审查长为沈定一，副审查长为韦以黼。11月4日，浙江省宪法审查会开幕，沈定一在开会词中强调，这些宪法草案都是"由我浙江省人民意思中抽出来的丝……审查员的责任，是集合许多民意底丝，织成红、黄、白三种颜色的锦缎"。沈并要求大家认真接受民众的监督②。

宪法审查会将所有宪法草案分为子、丑、寅三类，子类为激进主义，丑类为缓进主义，寅类为保守主义；规定以原有之"九九省宪"为基础，分章加入新收各草案内容，并新加入军政、外交二章；又为便利总决起见，将最后议决

① 甄山居士. 浙江制宪史 [M]. 浙江制宪史发行所，1921：88-89.
② 浙宪审查会开会式 [N]. 申报，1922-11-05（10）.

之宪草分成红、黄、白三色，予以公布。三色宪法较九九宪法更加全面，对民生、教育等人民利益权项给予了更多注意，且将军政纳入省行政之范围。财政方面，明白规定除国税、盐税、烟税、印花税外，其他一切税收均归省财政。省行政方面，红色宪法主采取 11 人委员制，黄色宪法采取半内阁制（省长与省政院相辅），而白色宪法采取省长兼政院院长之制。

按省议会议决修订之制宪组织法，起草、审查、总决为三个时期。宪法审查会于 1923 年 1 月 26 日闭会，预定 8 月 1 日为全民总决之投票日期，9 月 10 日开票。但此次制宪似乎并不得议会以外舆论之同情，一般人皆认为二次制宪之目的在反对九九宪法，它更多的只是第三届省议会一种否认九九宪法的策略，其动机并无多少诚意。而省议会议决之制宪经费到最后仍无人负责，军民两长似乎亦无表示，新任省长张载阳以前任既未公布此项制宪组织法，制宪经费自然为预算外支出，驳回咨文。于是二次制宪又重蹈覆辙，与上次制宪一样，经费困难无疑是影响运动成败的一个重要因素。

议会审查省宪之同时，国宪运动也在兴起。卢永祥与国会议员姚桐豫等人积极提倡先制定国宪于前，包括杭州总商会在内的各法团则响应于后。这一国宪运动实则包容了省宪运动所追求的一些目标，而且省宪自治在中央政府的命令和后来制定的国宪中也得到了表面的承认。所以浙省二次制宪无果而终，既有省议会主观上缺乏诚意的原因，也是客观环境的变化使然。

不过，尽管浙江省宪运动遇到了许多阻滞，但在国内时局演变的作用下，浙省各界此后又数次提出试办自治，以确保地方秩序之平安。如 1922 年 11 月省长更易风波时，各公团便有此项计划，并由蒋玉麟等人在省议会提出浙江省试办自治大纲交付讨论。同时，各法团联合会还预备设立省自治筹备处，以促进自治之实现，但无果而终。到 1923 年 6 月 13 日北京政变后，浙省一方面有人提倡从速公布省宪，以应付时局危机，一方面稳健派仍主张试办自治，以作为一种过渡办法。7 月 2 日，各公团通过自治大纲，预备设立临时议会为临时立法机构，并设省宪筹备处，筹备省宪进行事宜。

1924 年 1 月，浙省议会议决省自治程序法与省自治法会议组织法，咨请省长公布。8 月 1 日，浙省自治法会议宣告成立，该会由每县县议会选出一人，省议会选出 37 人，各法团选出 37 人组成。法团联合会终于获得了与省议会相同的席位，矛盾减少许多，自治法本可顺利产生，然而当时江、浙两省军事当局已在磨刀霍霍，预备一战了。地方绅商及各界念念不忘的所谓制省宪、办自治，均为战争与和平问题所淹没，自治法又是无果而终。

到 1926 年 12 月，孙传芳在国民革命军步步逼近之时，宣称"浙事还之浙人"。浙省议会在夏超等地方实力派的支持下，迅速通过一部浙江省自治法。该自治法共17章，184条；又浙江省自治法施行法共13条。这个时候推行自治，从夏超来说，无疑更多的是脱离孙传芳的策略；而对浙省地方绅商而言，可能是欲借此保持浙省的中立地位，避免遭受直接的损失。但由于孙传芳的反复无常，夏超兵败身死，浙江省的省宪自治运动最终归于沉寂。

一般认为省宪运动是一次失败的政治试验，且失败原因多从军人干政的角度去理解。不可否认拥有武力的军人确实对地方政治的变化有着重要的影响。但从浙江的省宪自治运动来看，情形无疑复杂得多。当时的省级权力并不是被督军一人所垄断，省长、议会以及地方公团、旅外浙人团体等均有所分沾。其间的利益冲突贯穿于整个民初浙省的历史。

省宪运动的发起，有着多种利益集团的不同企求。王正廷、褚辅成等旧国会议员既想以此作为实现其政治理念的工具，同时又有以此来对抗当时的北京政府的企图；第二届省议员欲借省宪的制定以保持权力的继续；而地方绅商则想以省宪作为摆脱国内政治混乱的影响，获得一个较为安定的事业发展空间，并通过新的制度设计得到新的利益。而介入省宪运动中的利益团体之间的关系亦是相当复杂，既有省内公团的分歧，又有旅外浙人之对立（旅沪与旅京）；即使是旅沪浙人，亦不属于一个共同利益体，他们因地域的不同、职业的差异等，各有派别。同样，省内公团与个人也有同样问题，如同属某地省选议员，但第二届与第三届议员之间态度可能因其自身利益的考量而迥异。地位显赫的杭州总商会始终反对九九省宪，而宁波总商会则通电欢迎。各种利益团体的交织和斗争，众多的利益维度和诉求无疑削弱了运动的整合力和持久性，严重影响了运动的实际成效。从浙江省宪运动的实际经过看，其命运多舛，大多便是因为这些不同参与者的利益无法协调而归于失败。

综观20世纪20年代联省自治运动的发展史，尽管只有几个省制定了省宪，"联省"的理想亦始终未见诸实践。但是，作为省宪运动的一个重要的省份——浙江省宪自治运动有其重要的影响和时代意义。浙省议员自1919年即开始酝酿政治自决，至1927年年初自治政府不再存在，运动延续8年之久，其间先后有"九九省宪"和浙江省自治法正式宣布，后又有三色省宪草案问世。它们虽然都未及全部实行，但有些条款和制度后来逐渐反映在省政实践中。这场运动无疑启迪了民众的地方宪政意识，扩大了省民的政治参与热情。一大批浙籍法律人如王正廷、阮性存、褚辅成、沈钧儒等成为这场运动的发起者、推动者、实施者……突显了浙籍法律人在中国法制化现代化过程中的先导作用，省宪自治运动无疑是近代中国地方法治理论与实践的嚆矢。

第十三章 民国北京政府时期的法律教育

北京政府时期，法学教育及其法律人才培养较之清末有了更进一步的发展，尽管受到袁世凯尊孔读经运动的阻碍，但是依然取得了一定的成绩。

一、袁世凯尊孔读经教育政策的实施

民国初期各种政治力量斗争激烈异常，政权更迭频繁。孙中山从大局出发，让位于袁世凯。南京临时政府为了制约袁世凯的权力，采纳了宋教仁等革命党人主张的内阁制度，《中华民国临时约法》中确立了以责任内阁制为根本的国家政治制度。国民党希望通过内阁和国会共同对袁氏的权力加以约束，防范其走向个人独裁的异途。北京临时政府建立至二次革命爆发，以袁世凯为核心的北洋军阀尚不能控制议院和南方，国内政治力量相对均衡，各派势力不能独大。袁世凯也不得不装成拥护民主共和的样子。这种表面上的统一格局，进一步保障了《临时约法》所体现的共和、民主、自由的理念在社会上广泛传播，深入人心。没有专制皇帝的新时代，使中国社会政治上出现了前所未有的相对自由的新气象。

然而，民主体制的脆弱性无法抵御独夫民贼的权力欲望，"刺杀宋教仁""国会解散事件"最终导致《袁记约法》取代了《临时约法》，法制建设陷入困顿。为讨好外国势力助其成就帝制美梦，袁氏更加变本加厉，签订了丧权辱国的"二十一条"，以图为登基称帝扫平道路。自此共和化为泡影，封建余毒死灰复燃。袁世凯死后，北洋集团群龙无首，各自为战。各路军阀派系纷纷登上历史舞台，群魔乱舞，战事不宁，"城头变换大王旗"，形成了军阀割据的混乱局面。北洋政府政制体制混乱不堪，国民政府历经"府院之争""张勋复辟"，国家政权处于风雨飘摇的状态，民主共和徒具其表。

在上述社会政治背景下的文化教育领域，袁世凯为"恢复人民服从专制之心理"，掀起了一股封建复古逆流，恢复"尊孔读经"。1912 年 9 月，袁氏北京政府发布了《尊崇伦常书》，宣称："中华立国，以孝悌忠信礼义为人道之经。"① 通令全国人民，恪循礼法、共济时艰。同时，教育部电告各省都督、民政长官，定孔子生日为"圣节"，通令各学校恢复祀孔典礼。1913 年 6 月，袁世凯的北京政府发布了《通令尊崇孔圣文》，宣称只有"宗仰时圣"才能正人心、立民极，"以期国命于无结，巩共和于不敝"。在 1913 年自我炮制的《宪法草案》中规定，"国民教育以孔子之道为修身之大本"，为其在学校恢复和推行尊孔读经的做法提供宪法上的依据。1914 年 6 月，教育部令"各书坊、各学校教员等编撰修身及国文教科书，采取经训务以孔子之言为旨归"。1914 年 12 月，教育部发布了关于《整理教育方案草案》，认为民初的教育改革弊病很多，为了适应"政治之改革，不可不随以教育之革新"。其实，这里所谓的"政治改革"，不过是复辟帝制而已，"教育革新"不过是"崇经尊孔"罢了。他在《特定教育纲要》特殊强调，"中小学校均加读经一科，按照经书及学校程度分别讲读，由教育部编入课程"，并明确规定中小学读经的必读目录。这样，一度被取消的读经科又恢复起来。与清末教育无甚区别了。在尊孔的旗帜下，1915 年年初，袁氏北京政府相继公布了《颁定教育要旨》与《特定教育纲要》，进一步否定了国民教育的宗旨，宣扬"尊孔读经"，重新恢复儒学的正统地位。在《颁定教育要旨》中，袁世凯推翻民国的教育宗旨，以大总统名义，重行颁定教旨，强调"以道德教育为经，以实利教育、尚武教育为纬，以道德、尚武教育为体，以实利教育为用"，正式明令把国民教育宗旨归纳为"爱国、尚武、崇实、法孔孟、重自治、戒贪争、戒躁进"七项。要求各学校均应崇奉古圣贤以为师法，宜尊孔以端其基，尚孟以致其用，这实际上是清末教育宗旨的翻版，袁世凯政府及其教育界守旧力量的种种逆行，激起了国内民众的普遍反对。

　　袁世凯执政时期教育领域出现的这场倒退，加上此后出现的军阀混战、政治纷争，使民初教育事业的发展受到严重影响。袁世凯为其复辟帝制的需要，废除了南京临时政府所颁布的一切民主、进步的政策、法令，恢复君主专制制度、封建文化和伦理道德。在教育领域里泛起一股尊孔读经的复古逆流，这股复古主义逆流不仅表现在教育宗旨、学校课程和专业设置上，还表现在学制方面，使得教育领域里出现了暂时的复辟倒退。其根本目的就是向青年灌输封建思想，适应袁世凯的复辟活动，对民国时期法学教育及其人才培养产生了深刻的消极影响。民国法学人才培养在于培育青年学生资产阶级民主思想和西方国

---

① 袁大总统书牍汇编［M］//陈学恂. 中国近代教育大事记. 上海：上海教育出版社，1981：231.

家的法学观与法学理论，袁世凯的尊孔复古运动使民国时期教育理念发生根本转变，造成青年学生的思想束缚与混乱，阻碍青年学生接受西方法学理念和法学教育，不利于法学教育事业发展。

二、北京政府时期法学教育的状况及问题

北京政府时期，正是袁世凯统治及北洋军阀混战时期，社会政治的动荡不安给民国教育行政管理、学校管理科学化、民主化发展带来极大的冲击，这从三十人次的教育部部长一职频繁更迭就可见一斑。随着袁世凯复辟失败以及新文化运动的影响，民国时期法学教育及其人才培养在艰难曲折中仍然也有了一定的发展，北京政府也对法学教育及人才培养给予了一定程度的支持。

从时代发展来看，民国初建，共和肇始，社会政治、经济、法律一切都在改革建设中，教育也不例外。1912 年 10 月，教育部颁布《大学令》，明令"大学以教授高深学术、养成硕学闳材、应国家需要为宗旨"，并对学科及其门类的设置作了原则规定。具体而言，取消经学科，大学分为文、理、法、商、医、农、工七科。其中法科又分为法律学、政治学和经济学三门。大学分为七科标志着中国传统的"四部之学"知识系统在形式上完成了向近代学术分科性质的"七科之学"知识系统的转变。① 1912 年 11 月，《法政专门学校规程》出台，其首条即明文规定："法政专门学校，以养成法政专门人才为宗旨。"1913 年年初，又公布了《大学规程》和《私立大学规程》。② 其中《大学规程》第九条规定，法律学的科目包括宪法、行政法、刑法、民法、商法、破产法、刑事诉讼法、民事诉讼法、国际公法国际私法、罗马法、法制史、法理学，经济学、英吉利法、德意志法、法兰西法（选一种）、比较法制史、刑事政策、国法学、财政学。在上述教育改制的浪潮下，加之新民国初创，国家由专制而共和，由君政而宪政，由官治而民治，需要大批具有法学专门知识的人才进入国家的立法、执法和司法部门中，由此法政教育兴盛一时，出现了公立法学教育与私立法学教育并存，大学法科教育与专门法政学校教育共发展，法科教育异军突起，法政学校风靡一时，形成举国学习法政、倡言法律的局面③。据统计，从 1912

---

① 左玉河. 从四部之学七科之学——学术分科与近代中国知识系统之创建［M］. 上海：上海书店出版社，2004：197 - 199.

② 三项规程均收于《中国近代教育史料汇编（民国卷）》（7），全国图书馆文献缩微复制中心，2006 年印刷，第 317—387 页。

③ 汤松能等. 探索的轨迹——中国法学教育发展史略［M］. 北京：法律出版社，1995：241.

年到 1925 年，全国有记载设立的法政专门学校共有 418 所，而各类专门学校共计 1143 所，法政专门学校占当时各类专门学校总数的 37%。法政学校的在校生人数，一直占到全国专门学校在校生总人数的 50% 以上，仅 1915 年设立的公立和私立法政专门学校总数达 42 所①。中国近代法学教育成就之标杆——"北朝阳，南东吴"，即是在此情形下，先后分别创设于京、沪两地。其中，所谓"北朝阳"的朝阳大学法科，更是以盛产司法官闻名，赢得无朝（阳）不成（法）院，无朝（阳）不开（法）庭之美誉。

在沿海省份浙江，1911 年年底，浙籍人士余绍宋、阮性存、许壬等留日法科学生，在杭州筹备设官立法政学堂，校址在杭州马坡巷，以湖南人邓仲期为监督。聘余绍宋任教务主任，阮性存、许壬为教员。不久三人又共同发起创设浙江私立法政学堂，校址在杭州刀茅巷，自建新式校舍。阮性存任校长，许壬任教务主任，余绍宋任教员，聘陈叔通任监督。据学者余子安先生收录的一本《私立浙江法政专门学校同学录》记载，教员除阮性存、许壬两先生外，教师中还有陈敬第、沈钧儒、邵长光、陈允、范耀雯、刘耀东、经家龄、曾煸、凌士钧等人，该同学录所收浙江法政专业学校曾任和在职教师共 115 人，收录学生 1500 余人。一所初创的法政专科学校竟有近两千人的规模，民国初期地方法政教育的兴盛亦可由此管窥一斑。

然而，民初法政教育的勃兴却也是法政教育规范失序的开始，法政专门学校的普遍兴起大有泛滥之势。据统计，1916 年 8 月至 1917 年 7 月，全国共有专门学校 65 所，其中有法政科的专门学校高达 32 所，占专门学校总数的49.2%②。法政学校一科独秀潜在折射出的社会现实是，由于法政学子入仕做官具有相对的优势，众多学子受官本位传统观念的浸淫，出于功利考虑，竞相投身其中。对此，黄炎培深有感触地说："光复以来，教育事业，凡百废弛，而独有一日千里，足令人矍然惊者，厥唯法政专门教育。尝静验之，戚邻友朋，驰书为子弟觅学校，觅何校？则法政学校也；旧尝授业之生徒，求为介绍入学校，入何校？则法政学校也；报章募生徒之广告，则十七八法政学校也；行政机关呈请立案之公文，则十七八法政学校也。"③ 黄炎培的这番话生动地描绘了民初法学教育遍地开花、盛况空前的局面。

---

① 韩秀桃. 司法独立与近代中国［M］. 北京：清华大学出版社，2003：315.

② 1916 年 8 月—1917 年 7 月全国专门学校统计表［M］//朱有献. 中国近代学制史料第 3
辑上. 上海：华东师范大学出版社，1990：818.

③ 黄炎培. 教育前途危险之现象［J］. 东方杂志，1913，9（12）：130－134.

时任北京大学校长蔡元培也不无忧虑地指出:"外人每指摘本校之腐败,以求学于此者,皆有做官发财思想,故毕业预科者,多入法科,人文科者甚少,入理科者尤少,盖以法科为干禄之终南捷径也。"① 民初北京政府鉴于"改革以来,举国法政学子,不务他业,仍趋重仕宦一途,至于自治事业,咸以为艰苦,不肯担任"的现状,制定出"法政教育亟应偏重造就自治人才,而并严其入宦之途"的整顿方针,并严令"各省旧有之专门法政学校,暂勿扩充班次。京师现设之法政专门学校,一仍其旧"。②

早在 1913 年 11 月,教育部就发布《通咨各省私立法政专门学校酌量停办或改为讲习科》,该通咨列举了私立法政专门学校的种种乱象,明文下令:"所有省外私立法政专门学校,非属繁盛商埠、经费充裕、办理合法、不滋流弊者,应请贵民政长酌量情形,饬令停办或改为法政讲习所可也。"1914 年 9 月,教育部又发布《咨行各省声明本部对于法政教育方针》,该文进一步明确了教育部对于法政教育的方针:"……本部对于公私法政专门学校向取二义:一监督从严,一待遇平等。就第一义言之,民国之所以需政法常识与时势之所要求者,端在有善良之学风、优美之知识,足以出为世用。与其博宽之大名而近于泛滥,不若留良汰莠,勿失法政教育之精神。"③ 上述法令对于整治民初法政教育乱象起了一定的作用。

1916 年 6 月,袁世凯复辟帝制失败以后,在教育界先进知识分子的强烈要求和呼吁下,教育总长范源镰表示要"切实实行民国元年所发表的教育方针"。7 月 12 日,范源镰提出,《教育纲要》所定多与教育原理不合,应以明文禁止。9 月 7 日,教育部咨文全国各省区,命令撤销《教育纲要》,1917 年 5 月,宪法审议会否决了"定孔教为国教"的提案,并撤销了 1913 年宪法草案中的"国民教育,以孔子之道为修身大本"的条文,至此,以恢复尊孔读经为基本特征的教育复古运动才算正式结束。

1917 年以后,新文化运动思想解放的洗礼和民主科学精神的感召以及留美学生的学成归国和西方学制及教育思想的深入介绍,激起了新一轮教育改革的浪潮。为调整国家高等学校学科设置中的严重失衡现象,1917 年教育部颁布了《修正大学令》,其中关于大学设立的分科条件是比较重要的修订,"设二科以上

---

① 就任北京大学校长之演说 [M]//蔡元培选集.北京:中华书局,1959:23.
② 袁世凯.特定教育纲要 [M]//舒新城.中国近代教育史资料(上册).北京:人民教育出版社,1981:263.
③ 中国近代教育史资料汇编(高等教育) [M].上海:上海教育出版社,2007:486 - 488.

者，得称为大学；其设一科者，称为某科大学"，突破原有的文理二科并设或文科兼法商二科等始得设立大学的限制，开始允许设一科者也可称为某科大学。

1919 年 4 月，《教育宗旨研究案》获得通过，提出"吾国以共和政体应世界潮流，当采英法美三国之长，以养成健全人格，发展共和精神为宗旨"。1922 年 11 月 1 日，教育部公布了《学校系统改革令》，即所谓 1922 年"新学制"，亦称"壬戌学制"。首列七项标准，即应适社会进化之需要；发挥平民教育精神；注意国民经济力；谋个性之发展；注意生活教育；多留各地方伸缩余地；使教育易于普及，充分体现出民主气息与科学精神。同时，该学制规定在学校设数科或一科均可，其单设一科者，称为某科大学，如法科大学之类。关于大学的学制年限，特别规定法科大学及医科大学修业年限至少 5 年，较过去又提高了一年；另外"新学制"还取消了大学预科制度，并规定大学采用选科制。通过这些法令，限制开设新的法政学校，严格招生制度，规定招生比例，强化监督管理，关闭不合格的私立法政学校。这些虽然不能遏制法律教育虚盛的局面，但促使其专业结构渐趋合理，人才培养趋向规范化。可以说，中华民国学制在 1922 年新学制颁行时即已基本定型，对此后法律教育及其人才培养影响深远。

1924 年 2 月 23 日，北京政府教育部公布的《国立大学校条例》，重申了《大学令》和《修正大学令》中的教育宗旨以及"新学制"有关大学分科的规定，仍保留了国立大学各科系及大学院教授会的地位及其在课程设置和指导教学方面的自主权。实际上，《国立大学校条例》可以说是 1912 年至 1927 年大学教育制度的总结性立法文件，为民国时期法学人才培养提供政策支持、思想指导与发展规划。

同时，北京政府时期教育部加强对法政专门学校的管理和控制，提升法政专门学校的办学标准、办学质量。截至 1926 年，根据有关资料统计，全国公立、私立的法政专门学校已剩下 25 所，其中国立 2 所，公立 16 所，私立 7 所。它们是国立北京政法大学、江苏政法大学、公立外交部俄文法政专门学校、安徽公立法政专门学校、河南公立法政专门学校、湖北公立法政专门学校、广东公立法政专门学校、江西公立法政专门学校、甘肃公立法政专门学校、山西公立法政专门学校、浙江公立法政专门学校、山东公立法政专门学校、福建公立法政专门学校、吉林公立法政专门学校、黑龙江公立法政专门学校、湖南公立法政专门学校、四川公立法政专门学校、广西公立法政专门学校、私立江西预章法政专门学校、湖南群治法政专门学校、湖南达材法政专门学校、江西法政专门学校、湖北法政专门学校、四川志成法政专门学校。在北京政府时期，也不断新建法政专门学校，著名的有 1913 在北京年开办的朝阳大学、1915 年创办的东吴大学法学院、1919 年创办的燕京大学。这些大学及法政专门学校，为民国时期法学教育及法律人才的培养提供了重要的条件，推动中国法学进一步发展和完善。

综合来看，北京政府时期，虽然军阀混战、社会动荡，但是教育事业依然在困难中前行，特别是袁世凯死后，伴随着民主、共和、法制呼声的高涨，教育宗旨的修正、教育政策的革新，法科学校的严格管理与新办，法学教育体制、课程设置及修业年限等的明确与完善，都代表着民国北京政府时期法学教育的发展，以及法学人才培养的不断进步，为中国法学的发展也做出了重要贡献。尽管袁世凯尊孔读经的逆流一定程度上阻碍了教育的发展，但总体来说，民国北京政府时期的法学教育伴随着近代中国法制现代化的步伐在曲折中蜿蜒前行。这其中，一大批法律家，作为"近代法学教育的奠基者"，积极投身法律教育，充当高校法学教师，构成民国北京政府时期法律教育的主要师资源泉，促进了法律教育的发展，推动了近代中国法制现代化的进程。以朝阳大学为例，汪有龄、余棨昌、江庸，居正、张知本，夏勤众多饱学法律、矢志法治建设的法律精英既身体力行、开拓法制，又言传身教、弘扬法理，他们都是朝阳大学专职或兼职的法学教授。其他如曾任司法行政部次长石志泉，曾任总检察厅检察官翁敬棠，曾任大理院庭长陈瑾昆、何基鸿、李怀亮，曾任司法部司长林志钧、刘远驹等都受聘担任学校法学教授。在其他高校中担任过地方高院庭长推事的教授更是不胜枚举。这些教授们以培养掌握近代法律知识的人才为主旨，传播大陆法系自由心证、罪刑法定等思想，以其深厚的法学理论功底及其得天独厚的实践优势，极大增加了近代中国法律教育的学术底蕴和理论水平，其所培养的新式法科毕业生学术功底深厚，职业训练严谨，在民国政法舞台上扮演着不同角色，直接推进了近代中国的法制建设。

三、北京政府时期法学教育的作用及其影响

北京政府时期的法学教育是与社会变革、社会进步联系在一起的，对于自清末兴起至民国仍在延续的法制现代化起着促进作用，这是它的积极方面，这主要体现在以下方面。

第一，推动了法律知识的普及和传播，并培养了大批新型法律人才。民国建立伊始，孙中山就明确指出："现值政体改更，过渡时代，须国民群策群力，

以图振兴。振兴之基础，全在于国民知识之发达。"① 这一时期普遍兴起的法政专门学校虽有急于求成的功利色彩和量多质不高的问题，但也有部分法政学校办得卓有成效，造就了一大批懂得近代法律知识的人才，如前述朝阳大学。北京政府时期的法学教育从内容和体制上看都是骤然勃兴的清末法学教育的延续和扩大。民国北京政府时期是旧教育的崩溃和新教育的生长期，伴随着西方法文化在中国的传播，又因为西方政法制度的公共特点为民权之伸张，中国民众逐渐认识并认同西方政治法律制度，但是在专制统治时代民权思想的传播自然受到严格的控制。但民权的知识，却由法学教育中政法讲义与新闻报刊传入中国。民主、共和等民权思想之宣传亦因而易为民众承受，成为辛亥革命之有力思想武器，"所以法政教育积极方面最大的影响，第一是西洋文化之吸收，第二是中华民国之建立。"② 在教育领域民初壬子—癸丑学制，原以癸卯学制为蓝本，民初新式法学教育继承和发展了对西方法文化传播的传统。法政专门学校的普遍设立，在一定程度上促进了当时社会的法制化进程，对中国社会法律知识的普及产生了积极的影响。尤其在法政人才培养方面，为民国中后期乃至新中国成立培养了大批优秀的政法人才。以朝阳大学、东吴大学为例，这些法政学校培养出来的法科学生在步入社会以后多数成为民国司法机构中的主力军，当时有"朝阳出法官、东吴出律师"的说法。"无朝不成院，无朝不开庭"成了对朝阳大学毕业生遍布全国的真实写照，在1929年的海牙会议上，朝阳大学得到了各国代表"中国最优法校"的赞誉。其他优秀人才如李景禧、陈守一、贾潜、谢韬、关怀、孙国华等，或是著名法学家，或是名动一时的大法官，他们为新中国法学理论体系的建构及司法机制的运转进行了不懈努力，做出了杰出贡献。

第二，推动了西方法律制度的移植，促进了民国法制建设。清末，仿效日本学制订立的癸卯学制，在法律形式上基本体现了中国传统教育向现代教育的转型。民初法学教育进一步深化了从清末开始的法学教育改革，批判和改造了它的消极因素，继承和发展了它的合理成分，充实和发展了清末法学教育的内容和体系。在西法东渐的大背景下，西洋法学对民初法学教育产生了深刻影响。由于"民国仅继承了大清帝国为数有限的法律文献，而又无法读懂西洋法律书籍，这便很自然地转而求诸日本人大多以汉字写成的西洋法律著作……以北京

---

① 孙中山全集：第2卷［M］．北京：中华书局，1981：424.
② 舒新城．近代中国教育思想史［M］．北京：中华书局，1929：111－112.

法政专门学校为例……学校所用教材的70%是从日本翻译过来的"①。由此，民国时期对西方法律制度的引进和移植借由法学教育这一文化工程的开展而得以实现。同时，一大批饱学法律知识的法学家们在"传道、解惑、授业"之时，亦积极投身时代的法制建设。民国时期这种法学教育部门人员与国家法制实践部门人员的双向交流沟通，打破了法学教育与法律实践部门之间的藩篱，有效缓解了法学教育与法律实践脱节的问题，直接推进了近代中国的法制建设。

第三，法学教育的发展进一步推动了教育立法，促进了近代中国教育法制现代化。北京政府时期在承袭清末有关新式法学教育的众多法律法规的同时，拓宽了对西方法学教育制度的引介，推动了教育立法，陆续制定并颁布了涉及教育行政、学校教育、留学教育等方面的一批教育法令法规。1912 年 10 月，教育部颁布《大学令》，大学分文、理、法、商、医、农、工七科。1913 年 1 月，在教育部公布《大学规程》，将法科又细分为政治学、法律学、经济学三门，并详细拟定了各学科的学习科目。自此，大学学科门类有了比较完整明确的划分。针对私立法校办学质量的低劣，1913 年 11 月，教育部专门颁发了《通咨各省私立法政专门学校酌量停办或改办讲习所》。1917 年教育部颁布了《修正大学令》。1922 年 11 月，教育部公布了《学校系统改革令》，特别规定法科大学及医科大学修业年限至少 5 年。1924 年 2 月 23 日，北京政府教育部公布《国立大学校条例》。通过上述立法，进一步调控法学教育的规模，整顿了法学教育秩序，提升了法学教育的质量，适应了社会生活及其主体的利益需要，初步建立起了资本主义性质的教育法律体系。尽管其中一些法规带有旧的封建色彩，但毕竟对民初资本主义教育起到了确立、规范和积极推进的作用，为民国教育法制现代化奠定了基础。

从总体上说，北京政府时期法学教育的勃兴及其教育立法活动的开展，是近代中国社会变迁中教育转型的必然，是西方教育立法影响的结果，体现了近代资本主义教育的基本精神，顺应了世界教育发展大趋势和教育法制现代化的基本走向，推动了近代中国教育法制现代化的发展。但是，民国北京政府时期法学教育的发展也出现了偏差，存在着种种弊端，对近代中国法制现代化的发展产生了一定的阻滞作用和消极影响，这主要表现在以下方面。

首先，法政专门学校超常规建立，导致法政毕业生相对过剩、学生越来越多，但是质量下降，其他专业的学生数急剧下降，造成教育的结构性失衡。民

---

① 刘伯穆. 二十世纪初期中国的法律教育［J］. 王健注译. 南京大学法律评论, 1999
(1)：23.

初法政专门学校数量居于专门学校首位，大约占专门学校的一半，其结果是法政专门学校过度兴旺，法政毕业生相对过剩。郭沫若回忆说，辛亥年间"法政学校的设立风行一时，在成都一个省城里，竟有了四五十座私立法政学校出现"①。据统计，1912 年全国专科学校学生共计 39633 人，而法政科学生为30808 人，占 77.7%；1914 年全国专科学校学生共计 31346 人，法政科学生为23007 人，占 73.3%；到 1920 年，法政学校学生占全国专科学校学生之总比例，仍达 62% 以上②。民初法学教育的畸形繁荣，使此时教育内部结构比例严重失调，造成法政学生相对过剩而其他门类毕业生相对紧缺。民初法学教育发展在规模失控的同时，其教育质量也难以保证。民初不少法政专门学校，尤其是一些设在地方的私立法政专门学校并不具备基本的办学条件，它们的创办多由利益驱动。"借学渔利者，方利用之以诈取人财。有名无实之法校，先后纷至。"③私立法政专门学校泛滥的程度已相当严重，其教学质量自然毫无保证，结果使法政人才培养陷入名不副实的尴尬境地，无法适应时代和社会的需求。

其次，民初法学教育模仿有余而创新不足，严重脱离中国国情，致使仕途拥滞，并在一定程度上加剧了政治的腐败。由于清末民初勃兴的新式法学教育的样板是西方法学教育，在中国没有先例可循，因而在创办新式法学教育的过程中只好照搬照抄西方法学教育模式。以民初学制为例，壬子—癸卯学制效仿德国，壬戌学制则承袭美国。人们满以为新式法学教育制度引进后，就能造就满足社会转型所需要的法制人才，但历史的发展却告诉人们，外来的教育不能整体照搬到中国来，必须斟酌中国国情，做出适当的选择。民初在引进西方教育制度并建立新式教育后，其实际状况是："凡所以除旧也，而旧之弊无一而不承受，而良者悉去矣；凡所以布新也，新之利未尝见，而新之弊乃千孔百疮，至今日而图穷匕见。"④ 民初刻意追求的新教育精神，受到了科举陋习的侵蚀。就民初新式法学教育而言，其宗旨在于"造就官治与自治两项人才"，但此时学生受"学而优则仕"的引导，"以政法为官之利器，法校为官所产生，腥膻趋附，薰莸并进"，汲汲乎力图"以一纸文凭，为升官发财"铺路⑤。因而民初"专门法政教育，纯一官吏之养成所也……萃而为官吏则见多，分而任地方自治

---

① 郭沫若. 学生时代 ［M］. 北京：人民文学出版社，1982：7 - 8.
② 教育部编. 第一次中国教育年鉴：丙编 ［M］. 上海：上海开明书店，1934：145 - 146.
③ 竞明. 法政学校今昔观 ［J］. 教育周报，1914（51）：22.
④ 蒋百里. 今日之教育状态与人格 ［M］// 谭徐锋. 蒋百里全集 第 1 卷 政论. 北京：北京工业大学出版社，2015：148 - 149.
⑤ 竞明. 法政学校今昔观 ［J］. 教育周报，1914（51）：22.

之事则异常少见也"①，使得地方自治人才缺乏，地方自治事业难以推进。为克服青年学生热衷仕途之弊端，民初规定对于法政专门学校的毕业生"不得与以预高等文官考试及充当律师之资格"。欲以此堵住法政学子进入仕途的通道，但收获甚微。据梁启超估计，民国初年全国"日费精神以谋得官者，恐不下数百万人"②，其中法政专门学校的学生就是求官大军中的主力之一。

最后，受当时的社会风气和政治观念所影响，法政教育渗透了强烈的功利性和目的性。资产阶级的目的性在于，在推翻了封建统治后，急需一批具有民主共识的官员和在西方的思想中寻找法制建设的根据。而法政学子的目的性更加有针对性，尤其在民国初建时期，法政学子入仕做官具有先天的优势，所以有一大批的学子出于功利性的目的投身其中，为求得一官半职以遂心愿，法政专门学校的学生四处奔走，钻营请托。1914年，北京举办知事考试期间，学习"政治法律者流咸集于各馆，长班颇为利市，考员亦复打起精神到处探询何人可得试官"。③ 大批法政学生跻身仕途，腐蚀败坏了社会政治，"凡得官者，长官延揽百而一二，奔竞自荐计而八九，人怀侥幸，流品猥芜"。④ 法制建设过程中的腐败之风泛滥成灾。

综上，北京政府时期法学教育在促进中国法制现代化的历程中发挥了一定积极作用，但是，袁世凯掀起尊孔读经的复古逆流，法政学校的畸形繁荣，导致在发展过程中又出现了种种问题，一定程度上阻碍了近代中国法制现代化的步伐。

---

① 舒新城．中国近代教育史资料（上册）［M］．北京：人民教育出版社，1961：241.
② 梁启超．作官与谋生［J］．大中华，1915（3）：23－32.
③ 都门年景之点缀［N］．申报，1914－01－09.
④ 政府大政方针宣言［J］．庸言，1913（21）：127－146.

第十四章　汪有龄与近代中国法制现代化

汪有龄，1879 年生，卒世年月不详，浙江杭县（今余杭）人，字子健，清附生。1897 年，先赴日本学习近代蚕业新技术，后去日本法政大学学习法律。回国后，曾充任清政府湖北农务局译员、京师法律学堂教席、修订法律馆纂修、清政府商部商业杂志编辑。民国成立后，1912 年任南京临时政府法制局参事，8 月任北京政府司法部次长，法律编查会副会长。1913 年被选为参议员。1914 年任参政院参政。1918 年 8 月任安福国会参议员，大理院推事。1919 年南北议和时，奉派为北方代表。1920 年任《公言报》社长。1912 年至 1930 年任北京朝阳大学校长。1925 年被推为宪法起草委员会委员。1931 年后到上海主要从事律师行业。汪有龄主要著作有《大清违警律论》，与章宗祥、董康等合著《修正刑法草案理由书》。译介日本法学文选多部，有《日本议会史》《日本立宪史谭》以及《国立宪史论》等，口译日本法学专家松冈义正在京师法律学堂讲述的《民事诉讼法》（由安徽籍人士熊元襄整理成书），涉足领域广泛，尤其在推进近代中国的法学教育中，不辞劳苦，立下不世之功。

负笈东瀛游学，自仞专门学问

1897 年年底，浙江杭州知府林启直接向日本派送留学生汪有龄、嵇侃等学习近代蚕业新技术。汪有龄、嵇侃是国内最早官费派遣，也是 1897 年唯一的官费留日学生，开我国近代留学日本之先河，他们的赴日预示着国内大举派生留日时代即将到来。

汪有龄、嵇侃两人赴日后，因不谙东洋语未能与日人接洽，且每见日本报纸，虽"眼痒难熬"，但又看不懂，深以为憾。于是两人先师从日本友人山本学习语言，随山本学习日语三四个月，据山本所言，二人均"语学大进，可刮目"，至三月中旬已是"操语甚熟"。① 这虽是山本赞语，但也从一侧面反映出汪、嵇两人的学习刻苦情况。

汪有龄随山本学习日文，并进日本琦玉县玉町竞进社蚕业讲习所学习蚕业，汪有龄明白自己此次留学的直接使命是考究蚕务，他在用功蚕业技术的同时，对时事政治也表现出了强烈的兴趣。当他听说当时朝鲜往各国游历者竟有千余人之多，到日本者有300余人（后言30余人），认为倘他们学成而回，我中国会成为朝鲜之"砧上肉、釜上鱼"，从而力言中国必须派生游学、派员游历。他甚至还深刻地认识到了人才的重要性。还与汪康年商讨国内形势，认为今日"大局日非，伏莽将起，我辈愿为大局效力，必须联络人才，以厚其势"。他还将当时的国人分成三类："极昧者，若明若昧者和有明而夹以傲气而杂以私念者。"这些都反映出他关心时务，谋及大局的性格。

光绪二十四年（1898），汪患近视不宜蚕务学习。林启从汪有龄在日本的日记中看出了他强烈的使命感和爱国心，觉得其"语多悲愤，足见有心时局"，并甚感敬佩。而且"廖中丞（浙江巡抚廖寿丰）读后也极其推许"。廖还通过林启委托汪调查日本武备学堂章程、学习年限、费用等情况，以资浙江省选派学生赴东习武备参考。

1898年夏，杭州林太守致函监督孙淦，奉浙江巡抚廖寿丰之命，准许汪有龄改途学习法律。至此，汪有龄得以继续留在日本，而且还可以改学自己感兴趣的专业。之后汪有龄怀着不为祖国蒙羞，不使亲友失望的信念刻苦学习，终积劳成疾，被迫回国静养。

被准许改途后，汪有龄于6月进入了高楠顺次郎创办的专为从速教成中国学生的学校——日华学堂。同时入该校的还有浙江省从求是书院选派的陆世芬等4名文科学生。汪在日华学堂的学习，可谓刻苦，其所学课程除语言外，其他如算学、理化、史地等大多均前所未学，为不"贻中国羞、负爱我者期望"，表示只有加倍努力，余无捷径。他还常常思考学问与经济的关系，认为"有经济者未必长于学问，有学问者未必长于办事"，因此，为图中学振兴，"年壮者当练出办事才干，年幼者当自伈专门学问，交相为助"，充分体现出他刻苦学习，勤于思考，心系时局的性格和特点。

由于过度用功，加之本身体质并不强健，自光绪二十四年（1898）入春以来，汪的身体状况渐感不佳。据医生称，其病若不注意保养，恐成痨症。此时，汪边服药，边坚持学习。至8月，病情加重，医生称不仅脑神经十分衰弱，且

---

① 上海图书馆编. 汪康年师友书札（4）[M]. 上海：上海古籍出版社，1989：3300.

患慢性胃病，非药物所能治，乃劝其回国静养。汪有龄无奈于光绪二十五年（1899）八月下旬搭船回国。回国后，汪有龄任职于沈家本领衔的修订法律馆，开始了其法律职业的生涯。

创办法学刊会，传播法律思想

早在戊戌变法期间，中国就出现了法学学术团体，如梁启超、唐才常、毕永年、施文燊、辜天等人在湖南长沙组建的"法律学会"和"公法学会"等，但第一个全国性且活动较频繁的法学学术团体，仍首推北京法学会。

1910 年 11 月，在京师法律学堂和修订法律馆任职的汪有龄、江庸、汪乐园、陈鲤庭等联络北京的立法、司法界人士成立中国第一个全国性的法学会——北京法学会。

关于北京法学会的最初发起人，沈家本在《法学会杂志序》中这样写道：法学会会事"属汪君子健（汪有龄）总其成。子健热心毅力，订章程，筹经费，规模略具，力图进行，乃议设法政研究所及编辑杂志以其先导"。[①]

汪有龄既是北京法学会的热心创办人，也是负责人。北京法学会最终成立于宣统二年（1910）十一月。因深知光有良法，还不能达成良法之治，立善法而天下之人共守之，法治才能圆满，而法律的遵守需要社会人人都有法律素养，为推动先进法律思想的传播，沈家本虽然已年逾古稀，仍欣然出任北京法学会首任会长。

北京法学会成立后，主要开展了两项活动：一是在财政学堂设立短期法政研究所，邀请在修订法律馆协助修律的日本法学博士冈田朝太郎和志田钾太郎为研究所义务讲授法学原理；二是创办了法学会刊物《法学会杂志》。在财政学堂设立的法政研究所，虽名曰"研究所"，实为短期的法学讲习班，至 1911 年夏，即因酷暑而中止。《法学会杂志》创刊于宣统三年五月十五日（1911 年 6 月 11 日），由崇文门外兴隆街北官园益森公司印刷。杨荫杭（杨绛的父亲）著发刊词。栏目不定期地设有论说、社会政策、刑事政策、各国法制史或外国法制、监狱协会报告、中国法制、法制解释、丛谈、译丛、判决录及专件等。杂志总发行设在西城大酱房胡同广兴里汪（有龄）宅，由琉璃厂第一存正书局发售，每月发行一期，至八月十五日刊出第五期后中辍（第三期为闰六月发行），

---

① 沈家本. 法学会杂志序［J］. 法学会杂志, 1913（1）：1-2.

不足三月。北京法学会以法学界同人为主体，法学研究所以法学普及为活动宗旨，《法学会杂志》以对中外法律的研究为内容，从而形成了一个比较完整的法律人团体。

1911 年 10 月，武昌起义爆发，清朝随之覆灭。1912 年 1 月 1 日，孙中山就任民国临时大总统，汪有龄受命任南京民国临时政府法制局参事，江庸也南下参与南北议和谈判，北京法学会无形解体。同年 4 月 1 日，孙中山宣布解除临时大总统后，汪有龄等回北京竭力主张法治，一面恢复法学会，团结法学界人士，一面筹建朝阳大学，培养法学人才。

民国元年（1912）八月，南北政事稍安，汪有龄、章宗祥等承沈家本之托，约集同志，继续筹议会务进行方法，公举刘崇佑、王宠惠、许世英、施恩、章宗祥、曹汝霖、汪有龄、江庸、余启昌、汪曦芝、姚震、陆宗舆为学会维持员，任修订会章、筹划会务之责。是年十月二十日，重开大会于北京化石桥专门学校，并开始筹议《法学会杂志》复刊事宜。

民国二年（1913）二月十五日，复刊后的《法学会杂志》第 1 卷第 1 号问世，沈家本欣然为之撰写的《法学会杂志序》一文冠于卷首，这就是后来收入沈氏《寄簃文存》的名篇《法学会杂志序》的初本。沈家本在序中写道：

> 余老病侵寻，入春以后，键户静养，不复与政界相周旋。子健（汪有龄）惜斯会之已成而中辍也，复与章仲和君，重加整顿，并乞政府资助千金，斯会乃复成立。一时知名诸公，无不莅止，冠裳跄济，盛于曩时。余虽以老病，不获亲至会所，一聆伟论，而窃喜已废之复举也，因述其缘起，题于杂志卷端。自后吾中国法学昌明，政治之改革，人民之治安，胥赖于是，必不让东西各国竞诩文明也。实馨香祝之。七十三叟沈家本。

复刊后的《法学会杂志》仍按月出刊。至 1914 年年底再次停办，其间共计发行 2 卷 18 号。7 年后，即民国十年（1921）七月一日，由法学会编辑部编辑的《法学会杂志》复刊，并至 1923 年 1 月停刊，其间共出版 10 期（双月发行一期）。

清末，随着国人留学日本增多，留日学生开始编印专门的法政连续出版物，这标志着近代中国法律期刊的正式出现。这些期刊在介绍和传播西洋流行的政治法律思想学说方面起到了重要作用。《法学会杂志》因为深受沈家本修律以来京师法学研究之风的影响，成为其中最有影响、最引人注目的一种。

北京法学会的成立在法律界影响颇大，创刊于宣统三年二月（1911 年 3 月）的《法政杂志》曾经这样叙述道："前年北京司法、立法及法学各界沈家本君辈，于京中成立法学会，促进法制与法学之进步。……一发行法学杂志，由深通中西法学之会员担任纂述。每期择最重要之问题，求学理上实例上之解决，引起国民法学研究之兴味。一设立法政学校，分设法制经济各科，设立专门大学，各级延聘中外教员，养成专门人才。"① 这里讲到的"设立法政学校"，即事后由汪有龄、江庸、黄群、蹇念益等人联络北京法学会同人集资创办的朝阳大学。

创立朝阳大学，培养法政人才

民国初年，国政更新，中国法律人才奇缺，尽快培养中国的法律人才是当务之急。谁来担当培养这些人才的工作呢？当然只能是专门的法学教育研究机构。1949 年以前，中国最著名的法科院校莫过于北京朝阳大学和上海东吴大学法学院，法学界素有"北朝阳、南东吴"的说法。北朝阳即指北京的朝阳大学，不仅在 1928 年至 1947 年期间全国法律政治等专业毕业生中朝大毕业生所占的比例最大，而且每次国家司法官考试被录取的朝大毕业生几乎占 1/3。由于朝阳大学毕业生从事司法工作的遍及全国各地，因此，有无朝（阳）不成（法）院，无朝（阳）不开（法）庭之说。20 世纪 20 年代世界法学会海牙会议期间，各国代表肯定朝阳大学为中国最优秀之法律学校。朝阳大学距今已有近百年的历史，是一所以教学和研究法学为重心的私立大学。它是民国元年（1912）由汪有龄倡导并会同江庸、黄群等北京法学会同人在北京集资创办的国内第一所专门研究和教授法律的大学。

朝阳大学（原名民国大学）的起源最早可以追溯到清末在北京成立的法学会组织，从某种意义上可说是修律大臣沈家本等设馆修律，培植法律人才，开创法学研究风气的一个结果。在北京法学会的章程里规定，法学会应办之事第一件就是"设立大学或法政专门教育"。法学会成员汪有龄、江庸等人为落实办学计划奔走各方，黄群、蹇念益两人赞助此事，法学会会员亦捐资赞助，于是成立了这所以研究法学为重心的大学，共推汪有龄为首任校长。大学原以旧翰林院衙门为旧址，后来改拨朝阳区海运仓故址为校址。朝阳大学主要设法律、政治、经济等科，于 1913 年 8 月开始招生，9 月朝阳大学正式开学。1914 年 5 月，朝阳大学经教育部认可备案。1923 年 6 月，汪有龄、江庸等创办《法律评

① 北京法学会的发展［J］. 法政杂志，1911，2（4）.

论》作为朝阳大学的校刊，该刊物成为民国时期最著名的法律期刊之一，也是中国历史最悠久的法学期刊。汪有龄任朝阳大学校长期间，筚路蓝缕，艰苦创业，在开创近代法学教育方面，朝阳大学办学颇具特色，多次受到教育和司法当局的嘉奖，蜚声中外。1916 年教育部颁发特别奖状。1918 年司法部授予"法学模范"称号；1927 年世界法学会特邀朝阳大学为会员，在海牙会议上肯定朝阳大学为"中国最优秀之法律学校"。1929 年，南京政府教育部依照《大学组织法》对全国的公私立大学进行整顿，朝阳大学改名为朝阳学院，其时因校长汪有龄滞留上海，乃敦请江庸应付局面。1930 年 12 月部令准以朝阳学院名义立案，江庸任院长。1936 年，国民党教育政策限制社会科学招生，学校因此受到影响，不过国民政府教育部仍然特别放宽了朝阳学院录取法科学生的比例。江庸辞职南下后，居正成为校董事长，张知本被聘为院长，夏勤任副院长。抗战期间，朝阳学院随政府辗转迁徙，先后到过湖北沙市、四川成都。1940 年江庸复任院长。1941 年聘任孙晓楼为院长，学校由成都迁至重庆。抗战胜利后，迁回北平。1949 年由人民政府接管，在原址建立了中国政法大学。次年 2 月，中国政法大学与华北大学、华北人民革命大学合并成立中国人民大学。

从事律师职业，匡扶社会正义

作为法律人，汪有龄的律师生涯，成绩斐然，声名远播。

民国初期，汪有龄就是北京、天津一带最有名的大律师。其律师业务十分兴隆，委托他办理的多是大案、要案。汪有龄作风正派，严以律己，注重职业道德。凡他经办的案子，他总是详细了解案情后，自己能辩到什么程度就直接告诉当事人，处处替当事人着想，从不乱收钱财。

当时发生了一案——"张震芳复辟祸首案"。张震芳是袁世凯的表弟，当初袁世凯妄想称帝时，张震芳就是极力鼓吹者，未几袁死一年后，张勋又搞清帝复辟，张震芳又是大力摇旗呐喊，还做了几天复辟清政府的度支部尚书。但好景不长，段祺瑞马厂誓师，张勋的辫子军一败涂地，作为祸首的张震芳等人亦被抓获。张震芳平时的人缘极差，其他被抓的人没几天就都有高官贵戚作保被保出，唯有这张震芳无人愿意作保，最后只能被交到天津地方法院审理。天津地方法院公事公办，张震芳家属请求保释，法院当局驳回不准。张家无奈只好打官司。张震芳是复辟祸首，直接关系到他的生死，这案子自是非同小可。张家经打听、咨询，就想请汪有龄为张震芳辩护。就当时的情况看，复辟祸首一大堆，可其他人都没事，只有张震芳是身陷囹圄，当局认为，这张震芳千夫所指，办了这张震芳，就等于办了全部祸首，这案子必为全国公众所关注。为了满足社会的疾恶情绪，张震芳的罪绝不应轻判。起初，汪有龄觉得替复辟祸首辩护，定遭世人唾骂，所以汪有龄就百般找借口推托不接张家这案子。但张家托出许多汪张两家的朋友来做说客，经不住张家纠缠，汪有龄提出了一笔高额律师费，且辩护只能辩到不判张震芳死刑。张家接受，给了汪有龄十万元。法庭上，汪有龄滔滔雄辩，一审下来复辟祸首张震芳不仅未判死刑，而且仅被判了十年徒刑。但张家并不满足，决定上诉。汪有龄觉得，未判死刑，辩护责任已尽，不愿再为其辩护！张家却执意再请江有龄，江有龄道："那得再付律师费！"张家至此也豁出去了，让汪有龄说一个数目，并且马上送钱过来。汪有龄诚恳地对张家人道："我实话告诉你们，这案子要想改判无罪是根本不可能的事，上诉就算不被驳回，最多也不过减个二三年。判十年和判七八年，区别并不大，不如放弃上诉，表示悔罪，等事情冷一冷，托一个强有力的人出来请求特赦，这不过就是一年半载的牢狱之灾。如果一上诉，将来请求特赦的文章就不好做了！"张家人听罢就去牢里转告了张震芳，张亦觉有理，就让家人去找北洋皖系军阀实力人物倪嗣冲。

　　1931 年后，汪有龄来到上海，仍主要从事律师行业。20 世纪 30 年代，上海西摩路（今陕西北路）660 弄 30 号就是大律师汪有龄的住宅。该宅前经常车马盈门，冠盖相属，凡上海滩军政首脑与帮会头面人物，无不与汪氏深相结拜，过往频繁，其声势之煊赫，虽达官富贾也自愧不如。在上海滩，汪有龄因出面为"七君子"做义务辩护，并曾主动提出为中共早期创始人之一的陈独秀案担任辩护律师，成为名噪一时的大律师。

　　1936 年 5 月，沈钧儒、邹韬奋等著名人士响应中国共产党建立抗日民族统一战线的号召，在上海发起成立全国各界救国联合会，要求国民党停止内战，释放政治犯，并与中共谈判，建立统一的抗日政权等。对此，国民党竟以"危害民国"的罪名，于 11 月 22 日逮捕了沈钧儒、邹韬奋等七位救国会的领导人，国民党江苏省高等法院以"危害民国"的罪名，两次对沈钧儒等人进行审判，这就是轰动一时的"七君子事件"。身为上海律师公会会长的沈钧儒针锋相对，聘请 21 位著名律师出庭辩护，汪有龄义愤填膺，积极主动请缨参加律师辩护团。这样庞大的律师阵容在旧中国可谓空前绝后，由于罗织的罪状"莫须有"，不值一驳，法庭成了"反审判"，成了被告人宣传抗日救国的正义讲坛。随即全国各界掀起了声势浩大的营救声援运动，国民党政府被迫于 1937 年 7 月 31 日将七人释放。

回顾汪有龄一生，在自晚清至民国的政治、法律等社会活动中，以一个法律人的身份担当中国法治现代化建设的角色，终身职事法律，为近代中国法制现代化做出了自己的贡献。

在推进民国法学教育方面，汪有龄作为朝阳大学的开创者和领导者，自创建伊始，逐步推进学校稳健发展。尤其是民国北京政府时期，在学校管理、人才培养、师材延聘等均得到社会认可。探寻朝阳大学之所以在极短时间内成为中国著名法科大学并赢得世界同行的称道，一个十分重要的原因是其开创的教学管理模式以及由此产生的良好教学效果。朝阳大学效法的是大陆法系国家（尤其是日本）的教育模式。这一模式为西法东渐搭建了桥梁，树立了典范，促进了中国法律由传统向现代的转型，为近代中国法律类型的形成奠定了基础，不仅使当时的社会及学生受益，也作为一笔重要的精神财富，为后世中国法学教育所继承，并在今天中国的法学教育中留下余泽。目前朝阳大学留下的大量图书资料几经辗转，留存在中国人民大学，成为研究民国时期法学教育和法学理论的珍贵史料，启迪今天的法学教育和法学研究。

近代中国，面临"三千年未有之大变局"，国运危难之时，近代法律精英，以西方法律及其制度为模板，试图构建起中国的法律制度和法律知识体系。在这一学习和模仿的过程中，由于日本法律移植的成功，以及中国和日本的地理、文化传统和文字符号等的亲缘关系，于是学习和借鉴日本法律知识成为这一模仿过程的主旋律。尽管这一模仿过程中出现法律与中国社会发展水平相脱节等不尽如人意的情况，但近代中国的法律知识体系得以层累起来。汪有龄作为最早从国内正式派往日本的官费留学生，在法律学习和移植中基于其"关心时务，谋及大局的性格"和"愿为大局效力"的理想刻苦学习法政知识，归国后在清末法律修订及民国法制建设中都发挥了重要作用。

1923 年，梁启超先生总结了之前"五十年中国进化"的概况，提出了从器物到制度，再到文化这个中国"模仿西方"的著名三阶段论。梁氏这一论断，从一个侧面反映了国人在"睁眼看世界"、学习西方现代文明过程中认识逐渐深化的事实。汪有龄自身在学习现代文明过程中由器物转向制度正是近代中国社会三阶段论变迁过程的折射。汪有龄作为官派留学生去日本最初是学蚕业新技术，后经浙江巡抚同意改途学习法律。探索汪氏这一变化的心路历程，以及归国后诸种行为的心理动机，必将深化对清末民初法制建设的认识；另一方面，汪氏后期对儒教复兴运动的积极参与，也将引发今人重新审视过去所持有的中国传统文化与现代文明截然对立的观点，重新思考传统文化的价值和意义，并对其进行创造性的转化，实现传统文化的循环再生。

第十五章　法律人的诗词书画人生
——浙籍法律人金绍城、余绍宋简评

　　中华文化源远流长，博大精深，尤其诗词书画艺术，在长期的历史发展中成为世界上独树一帜的民族艺术，它伴随着语言学、文字学、图形学、符号学等渗透到了中华文化的一切领域之中，具有鲜明的特色和深厚的传统，这与我国的社会发展、民族欣赏习惯，以及传统的学术思想有着密切关系。中国诗词书画与"文房四宝"即笔墨纸砚，作为一种文化，给予中华民族以极其高尚的精神享受。在中国文化史上，诗、书、印、款识与画相结合为一种独特的艺术类型，笔精墨妙直抒胸臆，丹青妙手恣意挥洒。诗词书画在满足人们视觉享受的同时，更能启人智蕊，怡人心神。众多的诗词书画作品在传递诗词书画家深厚艺术造诣的同时，也表达了艺术家对时代和社会的关注，是社会风貌和时代精神的书写。中国诗词书画艺术一直是中国劳动人民在劳动中对现实的表达以及对美好生活的追求和向往，同时也散发着中国独特的艺术魅力。作为中国劳动人民在劳动中的智慧结晶，中国诗词书画艺术以其独特的审美文化，铸就了光辉灿烂的中华文化文明史，到如今依然拥有广泛的群众基础，保持着旺盛的生命力。与诗词书画艺术一样，中国也好，西方也罢，法律和法学亦总是人间之声，心灵之咏，作为一种理想和理性的规则展现，法律成为人们料理世俗生活、处理矛盾纠纷而渴望和积极追求的天下之公器。在期盼和营建人类美好而惬意的生活方面，法律与诗词书画艺术具有了相同的功能。

　　自古以来，两浙大地人文积淀深厚，先贤圣哲，人才辈出，经久不息，涌现出了王羲之、王充、陆游、陈亮、叶适、王阳明、黄宗羲、龚自珍、鲁迅等众多历史文化名人，他们为文化的传承，更为文化的创新，竭尽了他们的才智，取得了伟大的成果。在众多历史文化名人的业绩、成就、精神背后都有着同样深厚的文化渊源。他们的思想观念、精神品格、文化价值呈现为共同的区域人文印记，深刻影响着当代浙江人的价值观念、行为取向和精神风貌，为当代浙江精神注入了深层次的文化因子。从人文意蕴看，民国时期的浙籍法律人首先在法学研究上有精湛的造诣，具有深厚的法学理论素养，同时又身受两浙地域文化的熏陶。在江浙这块丰饶的文化土地上，孕育了他们渊博深厚的文化底蕴，他们的活动领域不囿限政法领域，在哲学、宗教、文化、艺术等领域，都有他们的卓著表现和斐然成就，展现出近代浙籍法律人学识广博、才华横溢的风采。

民国北京政府时期，政权更替频繁，但军阀统治的实质从未改变。本来这一时期，中国社会辗转折腾，民国初创，百废待兴，国家求贤若渴。当此之际，亦正是一大批或从清末法政教育摇篮里成长起来的或是沐浴欧风美雨学成归国的法律人大展宏图建功立业之时。诚如吴经熊所言，"中国不但将步入一个法律的'文艺复兴'——它将改变这个世界上最古老的民族；而且在实现这一蓝图的过程中，我应当发挥孟德斯鸠式的作用"①。然而，正如西方法谚所云："枪炮作响法无声"，在各路军阀以军事实力为后盾不断转手把持中央政府的民国初年，自然是乱世何言法制，烽火连天之下只能是秀才遇到兵。此起彼伏的枪炮声无情击碎了这些饱含诗情画意的法律人的梦想。在传统与现实、东方与西方、个人与社会、理性与经验、法律与伦理等多重矛盾与压力的错综纠缠中，一些法律人深感国家政局动荡不安、政体弊端积重难返，尽管他们也曾矢志法律事业，其业绩和成就亦蜚声政法（学）界，但终究深蕴实践理性与实用智慧的法律，对于这些心灵敏感多愁、诗人气息浓郁、不脱江南文人士子生活情趣和习性的知识分子，注重现实的法律实难堪他们的理想和信仰之寄托。劫后余生自觉"法律不足以慰藉心灵"②，其世俗生活层面的法律专业兴趣随即迁转，法律家与诗词书画艺术家之间的角色由此而转换，他们或遁入空门、皈依宗教或寄情山水、致力于诗词书画艺术研究，吴经熊、金绍城、余绍宋等即为此类，他们似乎是更具江浙区域人文印记的另类"法律人"，他们的诗词书画人生，透显了近代中国法律、法学的人文品格及其在中国语境下的特殊呈现，构成了近代法律人与近代中国法制现代化演进及其互动过程中的一道独特风景。

---

① 湘潭大学法学院编. 湘江法律评论 [M]. 长沙：湖南人民出版社，1998：207.
② 许章润. 法学家的智慧 [M]. 北京：清华大学出版社，2004：87.

一、力挫英国领事　捍卫国民权益——金绍城

金绍城又名金城，字拱北（又作巩伯），号北楼，又号藕湖，祖籍浙江吴兴（今湖州）南浔，1878 年出生于湖州南浔的一个书香门第。金家是南浔最早的富户，远在太平天国洪杨起义达到江南之前已经富极一时。至洪杨时期，金家人员四散，家产荡尽。直到洪杨失败之后，回南浔故居，掘窖得钱四百钱，于是东山再起。从祖父金桐到父亲金沁园，金家几代艰苦创业，通过经营生丝，开设"金承德"丝经行，营业大振，资财雄厚。后合股开设典当，经营房地产，当地人称其为"小金山"，成为南浔"八牛"之一。金绍城父亲金焘，字沁园，是清同治十年（1871）秀才，增贡生，缙云县训导。金绍城系金焘的长子，他承父业经营蚕丝，在上海设金嘉记丝行，家产扩大后，购进刘桐（清乾嘉间南浔著名藏书家）故居加以扩建，在东大街德懋弄东首，前临东大街，后达栲栳湾，与庞家大住宅遥相并列，立堂名"承德"。

1902 年，24 岁的金绍城作为晚清时期官派的留学生之一赴欧留学，入英国铿司大学专攻法学，光绪末毕业归国，途经美法诸国考察法律和美术。回国后，因为既通晓法律，又精通英文，被朝廷派到江苏省上海道。清光绪三十年（1904），由上海道袁海观保荐，出任上海中西会审公堂会审官（苏、淞、太道会审公、襄谳委员）。

力挫英国领事

租界的出现是中国近代史上耻辱的一页。1840 年鸦片战争，清政府战败，于 1842 年与英国签订不平等的《南京条约》，根据当时有关不平等条约，英、美、意、日、德、法、奥等国可以在中国他们认为需要的地方租用地皮，供这些西方列强建造房屋、修筑马路、开辟码头，中国政府无权干涉。同时还规定，在租界内发生的刑事案件或民事纠纷，如涉及外商或外籍居民的利益的，领事有最终裁决权，这就是租界内所谓的"领事法庭"。如果系中国公民之间的案件或者中国公民触犯法律的刑事案件，其管辖权属租界的巡捕房，审判权则由会审公廨，但在开庭时除了中国的主审官外，必须由领事馆指派外籍陪审员到庭参审。金绍城就是当时公共租界会审公廨的主审官之一。在这种丧权辱国的大框架下，中国的主审官往往屈从于外籍的陪审员，或者干脆依照外籍陪审员的意图胡乱判决。在这种制度的约束下，即便中国公民受了冤枉或错判，也是申诉无门，只能忍辱含垢。

清光绪三十一年（1905）秋，英国巡捕又凭空制造出了一起"黎黄氏拐卖

人口案"。黎黄氏的丈夫是四川省宜宾县县丞,黎黄氏原籍为广东,作为随官眷属与丈夫客居四川。不料丈夫身患急病,英年早逝。于是,黎黄氏收拾好行囊,带了2个儿子,4个女儿,和3个女仆,共计10人,从四川乘船,沿长江东下,来到上海,准备再转乘上海招商局的轮船回故乡广州。这本是极其平常的回归之旅,却遭到英国巡捕的无端刁难。英国巡捕格林斯上船检查,来到黎黄氏一家所在舱中,见全是老弱妇幼,企图敲诈勒索,但遭到黎黄氏的严词拒绝。格林斯恼羞成怒,就诬指黎黄氏拐卖人口,当场拘捕了黎黄氏一家,将她们解押到了英国巡捕房。一星期后,黎黄氏一家被押送中西会审公堂。

中西会审公堂是外国人在中国犯法,或者中国人在外国人的租界"犯法"的公审之处。在那时,只有中国人被送入这中西会审公堂,从没有外国人站在中西会审公堂的被告位子上的。这个会审公堂形式上还算是我国政府在租界内设立的司法机构,但实质上是领事裁判权对我国法权损害的进一步扩大。随着外国领事一步紧一步越权,对于纯属华人刑事案件,也强行要陪审擅断。拘票须由领事签字,并由捕房派捕"协提",甚至我国政府任免的会审官员,领事也往往横加干涉。我国历任会审官员大多畏葸退缩,仰承领事鼻息,法权一步步地丧失。到光绪末叶,这个会审公堂几乎成为一个外国法院了。

当时的上海道台袁树勋派出两名官员担任此案主审,一个是关炯之,另一个就是金绍城。英国领事馆派出了副领事德西门担任陪审。开庭的那一天,德西门故伎重演,要求担任堂长的法国人宣判黎黄氏贩卖人口罪。但金、关两人认为证据不足,无法定罪。后金绍城多方调查,一方面,他派人骑快马前往四川宜宾县调取证人证据;另一方面,写了《黎黄氏被英国巡捕无理逮捕》一文,送上海各大报社发表,把英国巡捕、领事企图敲诈黎黄氏的事实公之于众。经中西双方会同调查,黎黄氏确非贩卖人口。金绍城以案情既已大白,要求英领释放黎黄氏,但是公堂上德西门继续无理取闹,并指使巡捕殴辱金绍城,撕碎其衣服,大闹会审公堂。这引起了广大旁听者的强烈公愤。消息传出,轰动全市,华人相继罢市响应,以示抗议。广大市民在领事馆前聚集示威也有数日不散,各国也对英国施加压力。最后迫于压力,上海公共租界当局只得将黎黄氏无罪开释,并将德西门调离上海。上海各大报刊都载文:《金绍城力挫英国领事》,赞扬金绍城为维护中国人的利益做出了贡献。自此以后,金绍城在上海市民中已成为一个正义的代表,名声也由此而大震。

但不久,英国政府为挽回他们失败的面子,迫使清政府下令免去了金绍城中西会审公堂审官之职。后清政府吏部发委任状,调金绍城到北京大理院任推事。

宣统三年（1911 年），金绍城作为中国代表，参加美洲万国监狱改良会议，并赴欧美考察监狱及其狱政制度。同年，辛亥革命爆发，革命极大地鼓舞了金绍城。金绍城认为旧体制已经结束，新政业已开始，他怀着一腔美好的愿望回到国内，又开始涉足政界，积极参与新生民国的政治、法制建设，先后担任过国民政府内务部佥事、众议院议员、国务院秘书、蒙藏院参事等职务。但其后，由于袁世凯倒行逆施称帝复辟，北京政府军阀干政腐朽黑暗，各地军阀战乱不止涂炭生灵。金绍城痛感国家政体不安、官场腐败痼疾难除，萌生去意，于是递上辞呈。虽经多方挽留，但其去意甚坚，终于离开政坛，从此，金绍城寄情于山水，致力于书画艺术的研究和创作。

精研书画艺术

金绍城成长的年代，处于鸦片战争后的洋务运动时期，是中西文化激烈碰撞时期，金绍城的早期教育阶段，"中学""西学"已趋于对称，但"中体西用"仍是主流，故偏于"传统"的观念较为盛行。尽管金绍城赴欧留学专攻法学，回国后前期也一直主要从事与法律相关的政府工作。但他一直对中国画有着强烈的爱好。金绍城自幼聪慧过人，少年时即嗜好丹青。为达师古而创新之目的，金绍城除了游历山水外，与社会名流交往日多。他从一些达官贵人、王公大臣处观摩古人作品，受益良多，这是他的学术和艺术得以长足进步的基础。

金绍城竭力推崇传统，致力于传统中国画的发展与演进。也许是他政府要员身份之故，并又得大总统徐世昌的鼎力支持，他创办了他乐于从事的"中国画学研究会"，网罗京城中国画名家，共同探讨中国画创作，奖掖后学，影响极大，有民初北京画坛"领袖"之称。在绘画方面金绍城有相当造诣，山水、花鸟无一不能。其画作常被乡绅士人所收藏，被誉为"动笔即深得古人旨趣，山水花鸟，无一不能"的天才。2004 年 11 月 20 日，在北京瀚海拍卖会上，金绍城的一幅《江南春》最终以 99 万元成交，而在 2005 年 11 月 7 日的一场拍卖中，金绍城的一幅《仿李营丘雪图》以 143 万元的价格拍出。除了绘画外，金绍城还研究书法和篆刻，考证古代词章之学，并根据自己的心得，撰有《画学浅议》《北楼论画》和《藕庐诗草》等著作。

金绍城自己进行书画艺术创作，同时，还积极从事书画艺术的宣传、教育和对外交流工作。从 1918 年起，金绍城在北京着手中国画学研究会的创办，并提出"精研古法，博采新知，先求根本之稳固，然后发展其本能"的创作主张。1920 年，金绍城在北京首创"中国画学研究会"，继创"湖社画会"。据陈宝琛《金绍城墓志铭》说："时盛京内库及热河行宫所藏，就武英殿陈列，餍众观赏，中多世所稀见名迹。金日携笔砚坐卧其侧，临摹殆遍。民国九年（1920），创立中国画学研究会于故都，入会者二百余人，凡经指授，无不卓然成家。日本诸画室均来华造访，并乞画焉，遂有中日绘画联合展览会之设。"在金绍城的广泛发动和悉心指导下，中国画学研究会蓬勃发展。对于那些初涉画坛的新秀，金绍城都给予极大的关心和指导。为奖掖后辈，金绍城还自己出资让一些学生去名山大川写生。这些弟子有不少成了画坛大家。金绍城又号藕湖，为了不忘师恩，这些弟子都有一个带"湖"字的别号，当时饮誉北京的有惠柘湖、刘饮湖、李枕湖、陈梅湖、张湛湖、赵明湖、李五湖、李晴湖、陈升湖、陈东湖，有"十大湖"之美誉。

中国画学研究会成立以后，影响日渐扩大，声名远播，也得到了日本画界的高度评价。他们纷纷前来北京，与金绍城切磋技艺。金绍城鉴于中日书画本同根源，为加强中日间文化交流，金绍城提出了中日举办联合画展的建议，得到了日本方面的积极响应。初步议定，中日画展每两年举办一次，轮流在中国和日本举办。这对促进两国间的文化交流无疑是一项富有成效的举措。民国十一年（1922），应日本画家之邀，金绍城偕著名画家陈师曾（1876—1923）赴日参加中日绘画联合展览会，先后在东京、大阪等地举办绘画展览，受到日本艺术界的热烈欢迎。时任大总统徐世昌，以"文治总统"自命，对金绍城的研究会和对日交流活动深表赞赏，并以"提倡国粹，奖掖后进"条幅相赠。

金绍城从政期间，尽管公务繁忙，但他依旧不忘弘扬国粹。当时清帝虽已逊位，但仍居住在内宫。金绍城提议在宫内辟一场地，开设古物陈列所，获批准后，他又维修场馆，在宫中选择了部分展品，向社会上发出征集号召，得到各界的响应。他从这些送展的文物中仔细遴选，终于使展览如期举行。为使外宾能读懂这些文物，他首先提出在陈列品的说明中用中、英文表述，深受观众的赞赏。

继这次文物陈列后，金绍城又着手筹建中华博物馆。这一构想，由于花费巨大，当时政府财政困难而未予支持。金绍城遂约定中外名士，在北京组织了一个中华博物院董事会，以筹措资金和文物的功能事项。正当筹备工作顺利进行之时，发生了袁世凯复辟称帝的闹剧，一时政局动荡，战火四起，中外董事认为时机尚不成熟，纷纷退出，使他苦心经营数年的筹备工作被迫中止。经历此事，金绍城便不再过问政事，潜心于美术的创作。他的书画创作和研究的成绩深为逊位皇帝爱新觉罗·溥仪所赏识，溥仪亲书"模山范水"匾一方以相赠，在美术界传为一时佳话。

金绍城曾自书长联一副，以表明自己不懈追求艺术的心志。这副对联是：

"沧海日、赤城霞、峨眉雪、巫峡云、洞庭月、彭蠡烟、潇湘雨、广陵涛、庐山瀑布合宇宙奇观绘吾斋壁，少陵诗、摩诘画、左传文、马迁史、薛涛笺、右军帖、南华经、相如赋、屈子离骚收古今绝艺置我山窗。"金绍城不仅是艺术大家，而且还是鉴赏大师，其过手作品，都能一一辨其真伪，足见其功底之深厚。

1926 年 8 月，中日书画第四届联展在日本举行，结束后金绍城在归途中突患伤寒病，回上海后医治无效，于 1926 年 9 月 6 日逝世，终年 49 岁。才华横溢的金绍城，英年早逝，噩耗传出，各界人士莫不同声哀悼。一年以后，由周肇祥、齐白石等人组织发起的"东方绘画协会中国本部"在北京成立，为纪念这位对书画界有杰出贡献的先辈，东方绘画协会改名"湖社"，并经与会人士一致推荐，金绍城为湖社的首任会长，以表达对他的缅怀和追念。1927 年 11 月 15 日，《湖社日刊》正式出版，扉页上印有金绍城的遗像，而在首页上则有一篇《金绍城先生事略》的文章。到 1936 年 3 月 1 日，在《湖社月刊》第 100 期上，也专门刊发了金绍城的遗像。

金绍城病逝后，其弟子和嗣子开藩等搜集其遗墨刊于《湖社月刊》。传世作品有《山花幽禽图》及《墨梅》通景屏，均图录于《湖社月刊》。金绍城的早期作品，原收藏于南浔金氏故居。抗战时期，敌伪军徐冲部曾在此设团部并侵入内室，将作品取出，作为花纸散发，致作品散佚无余，可叹艺术珍品，灰飞烟去。

二、亭亭寒柯①——法律人余绍宋的书画人生

余绍宋，字越园，早年曾用樾园、粤采、觉庵、觉道人、映碧主人等别名，中年后更号寒柯。清光绪九年十月初六（1883 年 11 月 5 日），余绍宋诞生于浙江省衢州（今衢州市）化龙巷一个世代读书的家庭里。

书香世家

余氏家族并没有什么显赫的功名，但都是读书人，而且家族许多人有著作和书画作品传世，县志里亦多有记载。余绍宋之曾祖父余恩（字镜波）、祖父余福溥皆善书画，都有作品传世。余绍宋之父余庆椿（1865—1895），字延秋，福溥次子，善书法，楷书尤精。龙游凤梧书院自太平天国后，无山长，学风甚敝。知县邹寿祺乃聘其为凤梧书院山长，一时从学者颇众。但不久，年仅 31 岁的父亲英年早逝。母亲褚氏，字雪宦，清同治元年（1862）生，1956 年 3 月卒，享

---

① 余子安. 亭亭寒柯——余绍宋传［M］. 杭州：浙江人民出版社，2006.

年95岁。祖籍山东，父振相公仕广东为知县。褚氏生长广东，操粤语，也通衢州方言，知书识字。余绍宋秉家世孝风，又少年丧父，赖母亲辛苦抚养成人，故侍母至孝。

余绍宋自幼生长在书香之家，家庭的教育与熏陶，对他的一生无疑有着十分重要的积极影响。余绍宋自幼聪颖，博闻强记，读书善思考。5岁开始识字，7岁入家塾读书。在诸叔侄兄弟中余绍宋学习表现优秀，深得曾祖父镜波公喜欢。余绍宋11岁时镜波公去世，归葬龙游。他随祖父和父亲送灵柩至龙游，第一次踏上故乡的土地。

余绍宋13岁那年，父亲延秋公掌教龙游凤梧书院，他随父到了龙游，在书院就读。不久，他的祖父、父亲相继去世，父亲临终前嘱咐他师从王耀周先生学习。王耀周先生讳敬五，字耀周，清故廪生，祖籍汴人。王耀周先生不但精于儒学，博通文史，其道德学问都堪称衢州第一人。余绍宋在其手稿《清故廪生王耀周师先生墓志铭》中，盛赞其师"能积学立行，不求人知，不取容于当世，吾乡舍先生外，殆无人焉"。余绍宋跟这位有思想又精国学的老师学习了七年，七年中发生了一系列重大历史事件。如"戊戌变法"，义和团运动，而他生活的地区又爆发了诛官杀教的"衢州教案"。这些无疑在少年余绍宋的心里种下了民族、民主思想的萌芽，对他后来参加民主运动，反对清朝统治，起到了潜移默化的作用。

光绪二十九年（1903），余绍宋21岁，正值清政府废除科举制度，龙游县设立了学堂，讲求新学。于是他拜别了王耀周师，赴龙游任教。任教期间，开始留心地方文献。平时涉猎群书，而对史学尤为心喜，后来得读章学诚所著《文史通义》，对方志学有了进一步的认识。在学堂教书之余，又努力读书，遇有涉及龙游的情事，都一一记录下来，经久稿及盈寸。在与《康熙龙游县志》相互考校时，发现康熙志舛误甚多，不久成《旧志订讹》一篇。这是他初次同本县旧县志接触。

青年时期的余绍宋不甘于长期从事教书事业，半年后他离开学校，游历于衢州、江山、上海之间。与一些有革命思想的人有所接触。所以他不但倡导天足会，还动员他的妹妹等参加天足会，提倡解放妇女，倡导民主。

光绪三十一年（1905）夏秋之交，余绍宋拜别了母亲和家庭，踏上了赴日留学的旅途。余绍宋到日本东京之后，先入日本东京高等日语学堂学习日语，次年取得了日语的卒业证书。他原本想学铁道专业，希望以实业救国，后来却进了东京法政大学。日本自明治维新之后发展迅速，当时赴日的中国青年，有许多人选择了法政专业，试图以改革体制来挽救中国。与余绍宋同时在日本学习法律，后来又有较多来往的中国留学生有阮性存、郁华等浙籍人士。

宣统二年秋，余绍宋从日本学成归来，到了北京。清政府授以法律科举人的称号，时称"洋举人"，并授外务部主事。余绍宋有一位表叔梁鼎芬，学问很好，在京做官。经他推荐，余绍宋赴京做了几个月的小京官。

1911年武昌起义爆发，余绍宋遂离开北京，先到了上海，不久回到了故地衢州。1911年年底，余绍宋来到了杭州。当时阮性存、许壬等同学都在杭州。这时浙江正筹备设官立法政学堂，校址在杭州马坡巷，以湖南人邓仲期为监督。聘余绍宋任教务主任，阮性存、许壬为教员，阮性存讲授刑法，许壬讲授民法。不久三人又共同发起创设浙江私立法政学堂，校址在杭州刀茅巷，自建新式校舍。阮性存任校长，许壬任教务主任，余任教员。据余子安先生收藏的《私立浙江法政专门学校同学录》［民国三年（1914）的第三次续订本］记载，该同学录所收浙江法政专业学校曾任和在职教师共115人，收录学生1500余人。虽是初创学校，但规模之大也可想见。

京师为官

在杭州，余绍宋先后在官立浙江法政专门学校和私立浙江法政专门学校任教，总共才一年多的时间。民国元年（1912），余绍宋再次应邀赴京，次年开始了宦游生涯，加上宣统二年的外务部主事，先后在京为官16年，其间所任职务从佥事、参事到两次出任司法部次长。直至1927年辞官赴天津，1928年秋返回浙江，结束了他的宦游生涯。

关于余绍宋在京担任的职务，在《龙游高阶余氏家谱》和林宰平所撰《龙游余君墓志铭》中都有详细记载。

民国二年（1913）充众议院秘书，代理秘书长，旋任命为司法部佥事兼署参事。

民国三年（1914）任命为司法部参事兼高等文官甄别委员会委员、高等文官惩戒委员会委员、司法官甄拔委员会委员，又被聘为北京国立法政专门学校讲师。

民国四年（1915）兼任北京国立法政专门学校校长。

民国六年（1917）兼对德参战委员会委员及处理敌国人民财产委员会参议。

民国七年（1918）兼《司法列规》及《司法公报》编纂主任。

民国八年（1919）兼司法官再试典试委员会委员、甄拔律师委员会委员。

民国九年（1920）代理司法次长。

民国十年（1921）迁司法次长，兼任司法官再试典试委员会委员长、司法部普通文官惩戒委员会委员长，代理部务。

民国十一年（1922）被任修订法律馆总纂，辞未就，改为顾问。又被推举为《龙游县志》总纂。

民国十二年（1923）被聘为外交部中俄会议参议。

民国十三年（1924）被聘为国立法政大学教授；又被聘为国立美术专门学校校长，辞未就；又被聘为国务院顾问。

民国十四年（1925）被聘为善后会议法制专门委员，特聘为国宪起草委员会委员，调查法权筹备委员会主席、参议。

民国十五年（1926）三月再任司法次长。

民国十六年（1927）被聘为司法储才馆学长，兼国立美术专门学校教授、国立师范大学讲师、法权讨论会顾问。

十余年间，累晋二等大绶嘉禾章、二等大绶宝光嘉禾章、二等文虎章。

民国十六年（1927）被广东省政府聘为广东通志局总纂、司法讲习所所长，辞未就。

在北京的 16 年间，余绍宋除了担任政府的职务外，还在许多学校兼职，业余则从事学术著作和书画创作。《龙游县志》42 卷、《中国画学源流之概观》《画法要录》初编、《梁节庵先生遗诗》《梁节庵先生遗诗续编》等就是在北京任职期间完成的。书画方面《杨椒山先生狱中手植榆树歌》《梁格庄会葬图》《牛者十事图册》等也都是在北京完成的。

余绍宋在北洋政府时期重要的政法活动是两任司法次长和积极筹办司法储才馆。民国十年（1921）三月七日，北洋政府任命余绍宋为司法次长。此前因原次长张云博于民国九年十月至十年二月多次告假，由余代理次长职务；至张辞职，余绍宋正式接任该职，直至民国十年十二月二十九日余绍宋辞去次长职，为期一年许。余绍宋是位办事认真、秉公执法的人。正如林志钧先生所说的："居官不随俗俯仰，勤而慎，案无留牍，而措施裕如。"在他任职的一年之中，在他的权力范围内，下过许多命令和通令，至今看来还是有进步意义的。余绍宋在任司法次长近一年之中，去除了不少弊端。余绍宋任司法次长期内发生了好几起军阀干涉司法事件。先是时任黑龙江督军兼省长吴俊升干涉司法，甚至无理擅自撤换该地方检察长王泳；不久法官杨玉林无端被奉军司令部捕去不释；就在同一个月内，余绍宋在日记中还有这样一段记载："老张（指张作霖）又来电干涉东省法院，竟将法院判定之案提去自审。种种不合法之举动，令人难堪。依我主张，非痛驳不可。"自鸦片战争中国签订第一个不平等条约以来，中国的许多权利落到了外国列强手中。他们在中国许多大城市都设立了租界。民国成立以来虽经多方努力，争取收回中国应有的权利，但直至 1921 年，就司法权而言，外国人在中国之领事裁判权及会审权仍未能全部收回。在余绍宋任司法次长期内，内阁会议还讨论收回法权事宜，最后决定让步限度如下："外国人与外国人诉讼，第一审许用外国人为推事，第二审只许外国律师出庭，第三审只许用外国顾问；中国人与外国人诉讼，只许用外国律师出庭。"余绍宋也参加了会议，并提出："观审问题，以此事争持多年未能解决，若予通融，余实不敢负此重责，故征众意耳。"①

1921 年 12 月，在日本支持下，奉系首领张作霖入京，迫使靳云鹏内阁辞职，24 日组成以梁士诒为总理的亲日内阁。新内阁决定王宠惠为司法总长，余绍宋决定辞去司法次长职。

1922 年 1 月 19 日，被政府任修订法律馆总纂，辞未就，改为顾问。又接受留日同学翁敬棠的委托，兼授北京国立法政学校课。除任修订法律馆顾问之外，余绍宋还接受了《司法公报》《司法例规》两项的编辑工作。因这两件事原来就是他一手办理的，不忍很快交给他人去办。

1926 年 3 月 16 日，经时任司法总长卢信提议，余绍宋再次被任命为司法次长。此时段祺瑞任执政，贾德耀任国务总理。此次任期只有一个月零一天，其间连续发生了"三一八惨案""金佛朗案"等数起重大事件，因司法总、次长均反对政府在这些事件中的做法，未按临时执政段祺瑞意愿办事，而同时被免职。

1927 年元月司法储才馆成立，司法储才馆之设立实为培植法律人才之举，按梁启超先生说法，"本馆为收回法权预备"②。1926 年 12 月 31 日，梁启超访余绍宋，坚约余出任司法储才馆学长，态度极诚挚，余绍宋应允。后由于时局动荡，梁启超身体欠佳，余绍宋萌生辞官南归故里之意，加之当局对储才馆的不支持，1927 年 7 月，梁、余二人正式决定辞职。

书画人生

段祺瑞"临时执政"时期一个月的司法次长任职给余绍宋留下了难忘的人生经历。段祺瑞政府在"三一八惨案"中的暴行以及变相承诺"金佛朗案"的丑行，令余绍宋对官场政治心灰意冷。1927 年后，他辞去北洋政府内的一切职务，以后再也不肯出任任何官职，而潜心学问，以书画自娱自足，远离了腐败

---

① 余绍宋. 余绍宋日记第一册［M］. 北京：中华书局，2012：196.
② 梁启超年谱长编［M］. 上海：上海人民出版社，1983：1113.

黑暗的官场争斗。

早在民国四年（1915），余绍宋就约司法部同仁喜好书画者十余人，集社于他在北京的寓所骡马市大街西砖胡同，切磋书画，谈艺论文，不涉时事。起初不定期，后来定期举行，基本上是一周一会，并轮流做主席。因画社所在地骡马市大街西砖胡同位于宣武门南，名之为宣南画社，画社活动历时十余年。其历时之久、参加人数之多，在许多民间自发松散型的学术团体中是较少见的。

余绍宋自 1927 年 7 月 7 日来到天津，至 1928 年 7 月离开天津。在津共一年的时间里，他完成了《书画书录解题》近三分之二的初稿，还多次赴京看望朋友，参加画会，并曾赴衢州、龙游省亲。他对人生有限时间的利用，堪称后世楷模。

1922 年，龙游县设立志局，余绍宋任总纂，余绍宋翻阅了大量史籍，尤其是民国前的方志（其中自己购买的各县方志有三五百种）。三年间，一部 120 万字的宏著，由一人编写、撰辑、校对，可谓历尽艰辛。1924 年，《龙游县志》由北京京城印书局刊印出版，这部《龙游县志》体例新颖，资料翔实，结构严谨，为当时学术界所关注，也博得了梁启超的高度赞赏。梁启超在为该志作序时认为"其长有十"。梁启超甚至呼吁"其毋使《龙游县志》为我国方志学中独传之作也"。

《画法要录》是余绍宋在京时的重要著作之一。余著《画法要录》包含了整理并汲取中国绘画艺术优秀传统的良苦用心。在当时各种画风和流派并存的中国，仍有很大一部分人主张继承传统，在发扬传统的基础上进行创新。余绍宋当是其中的重要人物之一。这些人主要活动在北京，在近现代绘画史上，有人把他们称为新传统派。《画法要录》的出版，对科学研究中国传统的绘画方法有开辟之功，由于用力甚巨，立言精审，其地位正如教科书，对中国画理论的整理和研究起到了重大的推动作用。该书于 1926 年由上海中华书局出版。

余绍宋书法在少年时就名扬乡里。在北京虽然公务繁忙，但他每日清晨必起，先是写字或读书，然后才进早餐，一直到晚年这一习惯都没有改变。他在书法领域中涉猎的范围很广，篆、隶、真、行、草各种书体都有，按时代来讲，先秦、两汉、南北朝、隋唐历代碑刻都曾认真临写。南归后，则以临写二王、褚、赵的法帖为多，但仍不忘临写历代碑刻，他的书法遒劲而不失秀丽，雄浑而不失飘逸。他将章草流畅迅捷的书写方法糅合到朴拙雄浑的魏碑书体和典雅端庄的唐碑书体之中，形成了自己柔中有刚的书法风格。至今金华北山、衢州烂柯山、龙游灵鹫岩和杭州石屋洞、烟霞洞等处，都有余绍宋这一时期书写的摩崖石刻。

余绍宋书法名播京华，代表作有《杨椒山先生狱中手植榆树歌》《京师第二监狱碑记》等，其成就得到大家的认可。向以书法闻名的康有为眼界很高，但对余绍宋的书法却推崇备至。"康长素（康有为）盛称余书法之美，谓为北方第一人云。"①

绘画方面，余绍宋自1915年起开始学画，1928年离开北京，其间所作之画主要有《梁格庄会葬图》《万壑苍松图》（1922），《牛者十事图册》（1925），《仿清湘老人山水册》（1926）等。

民国初，余绍宋在北京即倡立宣南画社。宣南画社初创时是他绘画艺术的入门和提高阶段，为他后来成为北京画坛的著名书画家奠定了基础。来杭定居后，1928年，余绍宋发起成立了东皋雅集，以便聚集杭城书画高手，切磋书画艺术，交流经验。其活动持续十年，集会四百多次，当时的杭州城，西有西泠印社，东有东皋雅集，一个以研究篆刻为宗旨，一个以研究书画为主，成为杭州艺苑的两朵奇葩。

余绍宋辞去一切职务，自京津来杭定居后，一直过着十分闲适的生活，既无官场的烦恼，亦无公牍劳累，以书画自给自娱，在杭期间（1928—1937），余绍宋完成了《书画书录解题》《画法要录》二编的撰写工作，完成了《重修龙游高阶余氏家谱》的修订，主编了《东南日报》特种副刊《金石书画》，也参与了《续修四库全书总目提要》的撰写工作。当然大多数时间仍然是临池作书、伏案作画，创作了大量高水平的书画作品。笔精墨妙之间，一如其担任民国司法次长运用理性编织生活之法律规则一样，水墨丹青描绘出惬意人生。

---

① 余绍宋：《春晖堂日记》，1926年10月29日。

下篇 03

南京国民政府时期法律人群体的壮大
与近代中国法制现代化的发展

第十六章　南京国民政府时期法律人群体的基本谱系

1928 年 4 月至 9 月，以蒋介石、冯玉祥、阎锡山、李宗仁四派联合组成的南京国民政府北伐军宣布讨伐奉系军阀张作霖。北伐途中，日本帝国主义在东北制造了皇姑屯事件，炸死了张作霖。1928 年 12 月，东北保安总司令张学良通电全国宣布：从即日起遵守三民主义，服从南京国民政府。从此北洋军阀覆灭，国民党政府在名义上实现了全国统一。

由于抗日战争爆发，南京国民政府时期大致可分前后两个时期。

前一个时期（1927—1937），既是上一个混乱时代的延续，它的政府软弱、腐败无能；也是中国在 1949 年之前的一百多年现代化历史中最具备实现现代化条件的时期。南京国民政府制定了一个庞大的现代化计划，力图建立一个城乡一体化经济社会结构，以党治、党治文化来重建新的政治、社会整合机制。由于南京国民政府没能通过有效的社会、政治、经济的变革来建立起一套富有活力的民主、自由的政治、经济、文化结构，因此，政府雄心勃勃的现代化计划最终趋于流产而失败。从法制建设来看，这十年是国民党"法统"创立时期。这个时期，立法侧重于各种法典的完成，以建立所谓三民主义的新法律体系，同时还颁布了一系列单行法规，基本建立起六法体系。这一时期的立法集中了不少政法界精英和法学专家，这是民国法制史上规模最大的一次立法活动。

后一个时期（1937—1949），由于日本帝国主义的入侵，中华民族面临生死存亡之境，中华民族与日本帝国主义的矛盾上升为社会的主要矛盾。这一时期可以说是近代中国社会环境最为动荡不安，多重矛盾交织时期：中华民族与日本帝国主义的矛盾，传统与近代的矛盾，中央与地方（军阀）的矛盾，党派之间的矛盾……从法治进程看，1937 年 7 月至 1949 年 10 月，这十二年是国民党"法统"从发展、完善到最终崩溃的时期。其显著的标志是省、市、县参议会组织，参议员选举条例完成；为适应战时需要，侧重于非常时期的立法工作，颁布了大量有关抗战需要的法令、规章等；修正各部门的组织法及修正完成各项法典；制定《中华民国宪法》并正式颁布实施；伴随着国民党政权的土崩瓦解，南京国民政府的《六法全书》彻底崩溃。

总的来说，南京国民政府在 1927 年 4 月建立后，颁布了一系列法规。它不仅包括许多成文法、单行条例，而且包括了大量的判例和解释例，至 1949 年形成了一套比较完备的法律制度体系。国民党法学家习惯上将国民党的法规分成宪法、民商法、刑法、诉讼法、行政法、法院组织法六类，仿照日本等国，将其汇编在一起，称为《六法全书》，亦称《六法大全》，构成了国民党政府法律制度的基本框架。同时，南京国民政府司法院，最高法院继续援用北京政府大理院的判例、解释例，并于实践中大量增补。司法院从 1929 年 2 月 16 日至 1948 年 6 月 23 日，仅解释例就达 4097 号。上述判例、解释例是制定法的重要补充。

动荡的时代给法律人提供了展示个人能力、追求、抱负、魅力的大舞台，他们扮演着各种社会角色。也正是在这艰难险恶的环境中，民国法律人队伍进一步发展、壮大，在立法、执法、司法等各方面都表现出他们卓越的才干。

南京国民政府时期是一个精英云集、群星璀璨的时代，从晚清到民国北京政府再到南京国民政府时期，法律人群体历数十载勤力耕耘，昌明法治，法学精神，历久弥坚。按照法律家们的学历背景、主要经历、社会活动和学术成就，尤其是各自的关注点的不同，大体可以将南京国民政府时期的法律人划分为三类。

（1）注重学术研究的法学家，代表性人物主要有法理学研究的吴经熊等人，宪法学研究的张君劢、王世杰、钱端升、陈茹玄、阮毅成等人，中国法制史学研究的程树德、徐道邻、杨鸿烈、陈顾远、朱方、瞿同祖等人，国际法学研究的周鲠生、倪正燠、郭云观、梅汝璈（梅汝璈还走向了国际，代表中国参加了 1946 年的"远东国际军事法庭"，并以首席审判官的身份主持了对日本战犯的审判）等人，民法学研究的史尚宽、梅仲协、胡长清等人，刑法学研究的郗朝俊、陈瑾昆、蔡枢衡、郁华等人……这一时期，中国法学在国际上已有了一定声誉。台湾学者曾建元曾评价吴经熊是"近代中国第一位世界级的法理学家，也是中华民国法制的重要擘划者"。

张君劢（1887—1969），原名嘉森，字士林，号立斋，江苏宝山人。1906 年，公派赴日本留学，入早稻田大学经济科，尤对法律和政治学科感兴趣，由于早稻田大学多采用英文教材，因此，张君劢接触了诸多英文政治和法学典籍。1910 年，张君劢获政治学学士学位毕业回国，参加梁启超阵营的政治活动，由于激烈攻击袁世凯听任外蒙古分裂的罪行，为避袁世凯的迫害，1913 年张君劢取道俄国赴德入柏林大学攻读政治学博士学位。从 20 年代起，张君劢矢志要使中国成为一个民主宪政国家，希望制定出一部最好的宪法。1922 年，张君劢受国是会议"国宪草拟委员会"的委托草拟《国是会议宪法草案》。1946 年 1 月 10 日，政治协商会议（旧政协）召开，张君劢提出了以五权宪法之名行英美宪政之实的宪法方案。张君劢批评"五五宪草"的国民大会制度是间接民权，不是直接民权。他主张直接起用公民的选举、罢免、创制、复决四大权利代替国大；以立法院为最高立法机关；行政院为最高行政机关，对立法院负责，而不对总统负责；限制总统权力，使之成为虚位元首。这一议案获得通过，张君劢赢得"中华民国宪法之父"美名。主要著作有《中华民国民主宪法十讲》《民族复兴之学术基础》《中西印哲学文集》《新儒家哲学发展史》等。

王世杰（1891—1981），字雪艇，湖北崇阳人，曾留学英国伦敦大学和法国巴黎大学，获巴黎大学法学博士学位；1920 年起，先后担任北京大学法律系主任、宪法学教授、武汉大学校长、南京国民政府法制局长、教育部长、外交部长、总统府秘书长等职，创办《现代评论》杂志，其主要著作有《比较宪法》（与钱端升合著）、《代议政治》等。

钱端升（1900—1990），上海市人，1919 年毕业于清华大学，后留学美国，1923 年获哈佛大学哲学博士学位；此后历任清华大学、中央大学、西南联大和北京大学教授，钱端升是一位杰出的爱国民主知识分子，抗日战争时期，赴英、美、法等国宣传抗战。他曾撰文抨击蒋介石独裁统治，支持青年学生的爱国民主运动。钱端升毕生从事法学、政治学研究，并积极参与政治，在一系列重大问题上提出自己的看法。主要著作有《法国的政治组织》（1930）、《德国的政府》（1934）、《法国的政府》（1934）、《比较宪法》（合著）（1938）、《民国政治史》（1939）、《战后世界之改造》（1943）、《中国政府与政治》（1950 年，美国哈佛大学出版，英文版）等。

周鲠生（1889—1971），湖南长沙人，1906 年留学日本学习法政，辛亥革命爆发后加入中国同盟会，1913 年先后留学英国和法国，获法国巴黎大学法学博士学位。1921 年回国后专门从事国际法、外交史和教育出版工作。历任上海商务印书馆法制经济部主任，北京大学、东南大学和武汉大学政治系教授，1936 年任武汉大学教务长，1939 年赴美担任联合国中国代表团顾问，1945 年回国后担任武汉大学校长。中华人民共和国成立后，任外交部顾问等职其主要著作有《国际法大纲》《不平等条约十讲》《近代欧洲外交史》和《国际法》等。

史尚宽（1898—1970），字旦生，安徽桐城人，早年受传统的私塾教育，后赴日本留学，入东京帝国大学法律系，获法学学士学位。1923 年赴德国柏林大学研究法律，两年后前往法国巴黎大学研究法律、政治、经济。1927 年回国，历任中山大学、中央大学、政治大学民法教授、国民政府立法院立法委员、宪法起草委员会委员、法制委员会会长、考试院秘书长兼法规委员会委员长。1929 年作为南京国民政府"民法起草五人小组"之成员参与民法典的起草和审核工作，以后又参与其他许多重要法典的起草。独立编纂了《民法全书》六册卷：《民法总论》《债法总论》《债法各论》《物权法论》《亲属法论》《继承法论》。史尚宽不拘泥于中国传统法律思想，也不照搬照抄西方的法律思想与条文，而是根据当时中国国情灵活地、适时地编写《六法全书》。《六法全书》，衡情度法，穷世界普遍遵行之法理，通中国国情民俗之传统，成六巨册之鸿篇巨著。《六法全书》的完成，标志着中国式的民法理论完整体系的建立，是后来之民法学者学习与研究民法理论时必读之权威学术著作。史尚宽由此被誉为"中国民法第一人"。

胡长清（1900—1988），字次威，四川万县人，1923 年毕业于朝阳大学专门部法律科，后留学日本明治大学高等专科专攻刑法；1927 年毕业回国后，先后任教于朝阳大学、中央大学、中央政治学校大学部、燕京大学，讲授民法和刑法；1928 年到 1932 年兼任著名的《法律评论》的编辑；1933 年以后步入仕途，先后任浙江兰溪自治实验县县长、湖南和四川民政厅长、国民党内政部次长；1949 年转入华北革命大学学习。中华人民共和国成立后，加入中国国民党革命委员会，后担任上海市对台工作委员会副主任、上海市人民政府参事。其代表作是《中国民法总论》。

梅仲协（1900—1971），字祖芳，浙江永嘉人，曾留学法国，专攻法律，获巴黎大学法学硕士。留学期间，其研究领域涉及整个欧洲近代法律思想，尤其对法、德、瑞士民法用力研究，学问精深。1933 年后长期担任中央政治学校大学邵法律系首席民法教授和法律系主任。1949 年以后，历任台湾大学法学院民法教授、法律研究所所长、司法部司法官训练所民法教授、中兴大学教授等职。其代表作是《民法要义》。

郗朝俊（1882—1965），字立丞，号励勤。华阴县（今陕西省华阴市）南洛村人。1905 年郗朝俊被选送日本留学，宣统三年（1911）先后从日本政法大学、日本中央大学毕业，获法学学士学位。留日期间，郗朝俊受孙中山思想影响加入同盟会，并主办《关陇》杂志，宣扬革命。民国初年任西北大学创设会委员，并兼任西北大学农科学长。民国五年（1916），郗朝俊任督军府咨议兼公立法政专科学校教员。1922 年任陕西省政府参事，赴各省考察地方自治，被推为西安红十字会会长。1925 年任陕西省教育厅厅长。1927 年任陕西省高等法院院长。1928 年调往南京任中央法官惩戒委员会科长，兼女子法政讲习教员。1929 年任最高立法院法官训练所教授。1930 年任立法院立法委员。后参与起草1935 年《刑法》。1936 年调任湖北省高等法院院长。1946 年调任陕西省高等法院院长。1948 年调任司法院大法官，但未到任。主要著作有《法学通论》《刑律原理》《刑法原理》《民法要义物权编》等。

蔡枢衡（1904—1983），江西永修人，曾受私塾教育，后入新式学堂，中学毕业后留学日本，先后就读于中央大学法学部、东京帝国大学法学院，专攻刑法学。回国后，从 1935 年开始执教于北京大学法律系，先后任讲师、副教授和教授。抗战期间，任西南联大法学教授；1948 年任江西南昌中正大学法律系教授兼主任；中华人民共和国成立后，继续在北京大学任教，直到 1952 年。此后该任政务院法制委员会、法制局专门委员。1956 年任全国人大办公厅法律室顾问，其代表作有《中国法律之批判》《中国法理自觉的发展》和《刑法学》。

（2）侧重司法实践的法律家，代表性人物主要有江庸、燕树棠、黄右昌、王用宾、谢冠生、洪文澜、林彬等。1947 年 1 月，南京国民政府制定了《中华民国宪法》，根据宪法，国民政府于 1947 年 12 月 25 日公布了新的《司法院组织法》，为司法院增设"大法官会议"机构。1948 年 7 月，经总统提名，17 人为第一届司法院大法官候选人，监察院投票选出了 12 名大法官，分别是江庸、燕树棠、黄右昌、郗朝俊、张式彝、李伯申、胡伯岳、洪文澜、张于浔、林彬、刘克儁、沈家彝。

燕树棠（1891—1984），字召亭，河北定县人。1914 年毕业于天津北洋大学法律系，获法学学士学位。1915 年官费赴美国留学，先后在哥伦比亚大学、哈佛大学、耶鲁大学攻读法律学，获耶鲁大学法学博士学位。1921 年回国，应北京大学校长蔡元培之聘请，任法律系教授兼系主任，同时兼授清华大学法律课程。后任南京国民政府法制局编审。1928 年 9 月至 1931 年 6 月、1937 年 8 月至1938 年 12 月、1947 年 9 月至 1984 年，3 次任国立武汉大学法学院教授。其间，3 次兼任法律系主任。此外还兼任武汉大学训育委员会、出版委员会主席，以及《社会科学季刊》编委。主讲民法总则、外国法、国际私法、民法亲属继承法等课程。1935 年任北京大学法律系主任，后任西南联大法律系主任。1938 年 2 月，当选国民政府监察委员。1948 年 7 月，当选国民政府司法院大法官。此外还兼任联合国教科文组织中国委员会第一届委员、中华民国法学会编辑委员等职；曾参与起草"六法全书"，主撰"亲属法"。中华人民共和国成立后，任武汉大学法律系教授，后在武汉大学法律系编译室、武汉大学图书馆工作；曾被选为湖北省政协委员、中国对外文化协会武汉分会理事、中国政治学会理事。2006

年，清华大学出版社将燕树棠先生散佚于民国时期各期刊的文章依题材分为论文、评论、书评三个部分，以《公道、自由与法》为书名汇编成册出版。

黄右昌（1885—1970），字黼馨，号渌江子，湖南醴陵人。1902年入湖南时务学堂，因成绩优异，被选送留学日本岩仓铁道学校，后转入法政大学。23岁归国，参加留学生戊申部试，一举夺魁。后任湖南法政学校教授、校长及省议会会长等职。27岁教授民法、罗马法课程，任北京大学法律系教授兼系主任，同时兼任清华大学、法政大学、朝阳大学、中国大学、民国大学和天津法商学院教授。执教大学法律学科十八年，有"黄罗马"之称。1930年起，历任南京国民政府立法委员、大法官等职，欲以言行学问兴邦。1948年鉴于国民党政府分崩离析，大势已去，便回湘任湖南大学法律系教授。1949年8月，他参加了程潜、陈明仁和平起义宣言的签名。主要著作有《罗马法与现代》《海法与空法》《法律之革命》《民法要义》等。

王用宾（1881—1944），字理成，号太蕤，别号鹤村，室名半隐园，山西临猗人。清光绪二十五年（1899）以院考府首而小有文名。后入猗氏县学，补为廪膳生员。清光绪二十六年（1900），县府保送考入太原府学堂，不久又转入山西大学堂。1904年以官费送留学日本，先入日本盐仓铁道专科学校，后转入法政大学攻法律。1905年参加孙中山创立的同盟会，成为首批会员之一，并被推举为同盟会山西支部长。民国成立后，历任山西省临时议会议长、参议会议员、国民党山西支部筹备处处长、河南省代理省长、国民党北平政治分会秘书长、国民政府立法院立法委员、立法院法制和财政委员会委员长、考试院考选委员会委员长、中央公务员惩戒委员会委员长、司法行政部部长等多项司法官职。有遗著《中国历代法制史》（与邵修文合著）、《辛亥革命前后山西起义纪实》《半隐园侨蜀诗草》《半隐园词草》等。

洪文澜（1891—1971），字赋林，浙江富阳东梓乡洪家塘（今东图乡）人。自幼勤学，成绩优异，先在富阳县立高等小学学习，后进入浙江法政学校学习，毕业时名列榜首。1914年，洪文澜参加高等法官考试，以第三名录取，被任为江西九江地方审判厅推事。任内办案认真，廉洁奉公。30岁时，由京师高等审判厅推事擢升大理院推事。1929年任最高法院推事，并参与"判例"整编工作。1935年，以司法行政部民事司司长之职派赴日本考察司法。回国后，复任最高法院推事，并兼任中央大学、中央政治学校、法官训练所教授，主讲《民事诉讼法》《民法债编》等课程。抗日战争爆发后，随国民政府西迁重庆，任最高法院民庭庭长，兼司法院首席参事、中央公务员惩戒委员会委员、司法院法权研究委员会委员、讨论战后法规特种委员会委员兼召集人。抗战胜利后，于

1948 年经总统提名选任为第一届司法院大法官，兼任北平朝阳大学、上海法学院、上海政法学院、东吴大学教授。中华人民共和国成立前，拒绝随国民党政府南迁广州之请，寓居上海，中华人民共和国成立后，洪文澜继续在上述诸高等院校任教，兼任上海法学会常务理事、《华东法学杂志》副主编、中国国民党革命委员会上海虹口区委主任委员、虹口区人大代表和政协委员等职。1971 年病逝于上海。主要著作有《民事诉讼法讲义》《民法债编通则释义》等。

林彬（1893—1958），字佛性，浙江乐清人。毕业于国立北京大学法律系，历任地方法院检察官、推事，高等法院庭长、推事及最高法院审判官等职，曾先后主办曹锟贿选总统案和段祺瑞政府高级官员杀伤请愿学生案，守正不阿，不畏权势。1927 年，任国民政府法制局编审。次年冬，立法院成立后，任第一至第四届立法委员，并兼任法制委员会委员长，参与起草《中华民国宪法草案》《中华民国宪法草案说明书》《标准法》《国籍法》《民事诉讼法》《刑事诉讼法》《户籍法》《土地法》《强制执行法》《破产法》《公证法》和各种机关组织法、各种人民团体组织法以及《初审立法原则草案》等数百种法，其间还先后应聘任北京大学、政法大学、中央大学等校法律系教授。1937 年春，因患口疽返家乡疗养。七七事变起，病体未康复，即返回南京，后随国民政府入四川。1942 年 4 月任考试院法规委员会委员。1945 年任国民党第六届中央监察委员。抗战胜利后，1946 年当选国民代表大会代表。1948 年当选行宪国民大会代表，同年 7 月被选任司法院大法官。1949 年春去台湾，历任"司法行政部部长"、台湾大学教授、"总统府国策顾问"等。1958 年逝世。主要著作有《民法总则》《民法物权》《民法亲属继承》《刑法各论》《民法概论》《民刑法概要》等。

（3）着重政务活动的法律人，代表性人物主要有胡汉民、居正、孙科、张知本、沈钧儒、陈叔通等。

居正（1876—1951），原名之骏，字觉生，号梅川，湖北省广济县（今武穴市）人，1905 年就读日本法政大学预备部，加入中国同盟会。参与组织共进会，是辛亥革命武昌起义指挥者之一，辛亥革命元勋。1912 年南京临时国民政府成立后，任内政部次长，1913 年 1 月，当选为国会参议院议员。参与《中华民国临时约法》的制定工作。1931 年 12 月至 1932 年 1 月任国民政府司法院副院长、（代理）院长。1932 年 1 月至 1935 年 7 月任国民政府最高法院院长。1932 年 5 月至 1948 年 7 月任国民政府司法院院长，任该职时间长达 17 年。1932 年 5 月至 1933 年 1 月任国民政府中央公务员惩戒委员会委员长。著有《辛亥亲历记》《梅川日记》《三年来之最高法院》《司法工作之理论与实践》《战争与司法》《为什么要重建中国法系》《辛亥礼记》等，另有遗著《居觉生先生全集》。

张知本（1881—1976），字怀九，湖北江陵人。1895 年考入武昌两湖书院，毕业后留学日本法政大学。1905 年加入同盟会，武昌起义后，被推举为湖北军政府司法部长，1913 年被选为第一届国会参议员，1917 年随孙中山南下进行护法战争。1923 年任教于上海法政大学。此后历任国民党中央执行委员、湖北省主席、立法委员兼宪法起草委员会副主任、行政法院院长、司法行政部长等职。其代表作有《宪法要论》《社会法律学》等。

上述众多国民政府时期的法律人作为一个特殊的社会群体，有着共同的特征：他们基本上都有海外求学的经历，并且是在深受国学教育的基础上的西方政治法律教育背景，作为中西法文化交相碰撞融合而产生的法律精英群体，面对民国建立以来，一方面是国家内部军权政治造成的社会持续动荡，另一方面是列强欺凌日紧的严酷国际形势。动荡复杂的历史机遇，也给法律精英们提供了展示他们才干的空间和舞台。在近代国家体制转型的大背景下，法律人以政务活动家、学者、司法实务者等不同身份穷其毕生所学投身到近代中国法制现代化的洪流之中。国家治理、政府建构、法治建设，乃至一般的地方治理，都会看到民国法律人忙碌的身影。他们立足国学，运用西方学说与观念，力求使中国法律与世界体系接轨。他们通过法律创制、法律解释，改变了中华法系的传统格局，构建起新中华法系。他们既身体力行践行法治，又言传身教弘扬法理，积极开展法律教育和学术研究，开阔了国人的视野，拓展了法律研究的范围。然而，在国民党一党专制独裁的统治下，法律精英群体这一切的努力，尽管在法律条文和法律制度建构上取得了一定成效，但它永远只能停留在纸面的文本上，形似而神非。伴随着社会主义新中国的建立，体系完备的纸上法律——《六法全书》也随同国民党政权在中国大陆的垮台而灰飞烟灭。

第十七章 南京国民政府时期法律人群体 对近代中国法制现代化的推动

南京国民政府时期的法律人群体是民国时期非常活跃的一个职业团体。他们既处于中国与世界的交流非常开放的时期，也是站在由传统人治下的中国向近代法治型的中国转折的历史分界点上。如此的历史机遇，使得他们以自身敦实的国学功底，自觉运用西方的学说、观点以研究中国当下的法律问题。这样，取西方的概念体系和学说名词，与固有的社会资料和实践材料相互参证，把西方规范化的学术研究范式嫁接到中国传统的理论思维之上，形成了西方化、世界性和开放性的学术背景，大大开阔了当时学者的研究视野，使他们能够在几乎是一片空白的中国近代法制的大地上任意驰骋。①

在中国法律由传统向近代转型这一特殊时期，南京国民政府时期的法律人以自己的法律知识背景和游学西方的经历，成为近代法律知识的传播者、民国法律的制定者、解释者和批判者，以及近代法律教育的奠基者和近代法学学科的构建者，对中国法制近代化产生了深刻的影响。

一、传播西方法律知识，推动近代中国法治观念的更新与进步

南京国民政府时期的法律人作为近代法律知识的传播者和中西法律制度的整合者，不仅为近代的中国法律发展提供丰富的资源，而且也为中国法律的近代化从理论上扫清了障碍。作为法学知识的传播者，南京国民政府时期的法律人进一步将世界范围内先进的法制建设经验介绍到中国，这不仅使得中国法从世界范围内得到滋养，而且这种介绍也等于是向当政者和其他立法者提供了更加广泛的可供选择的法制发展方案。这一时期的法律人的对近代法律知识的传播主要通过以下途径。一是翻译西方的法律书籍和法典，二是出版自己的专著和法律普及方面的书籍，三是编辑法律杂志。在民国时期一般国民对法律的需

① 韩秀桃. 民国时期法律家群体的历史影响［J］. 榆林学院学报，2004（2）：19.

求尚处于一个十分短缺的时期，饱学近代法律知识的法律家此时所承担的正是一种法律布道者的角色。

翻译西方的法学著作和法律文本一直是近代以来的中国人认识外国先进法律制度和法学知识的主要途径。1904 年 5 月，沈家本改刑部律例馆为修订法律馆，建立了近代法律改革的组织机构。同时，大量招聘留学海外的法政人才，翻译西方各国的法律，尽可能地了解掌握更多的西方法律状况，完成了修订法律的前期准备工作。修订法律馆主要翻译和研究东西各国法律，并整理中国法律旧籍。经此介绍到中国的东西诸国法律和法律学论著，涉及之广、数量之大，前所未有，使得比较各国体例，去芜存菁，转而应用于改造中国旧律和创立新法成为可能。

早在清末兴起的法政教育，因办外交的实际需要，法学科目仅限于国际法（当时普遍称其为"万国公法"）。围绕"万国公法"教学之需，一大批西方的法学著作被译介到中国。开始较系统地从学理的角度来研习近代西方的法学知识，近代意义上的法学也正依此而逐渐地萌芽。民国已降，这一趋势随着大量法学留学生的归来而日渐重要。民国时期的法律家群体，以自身的海外法学留学背景，在翻译西方法学著作和法律文本的过程中起到了媒介中西方的作用。这一时期著名的译著主要有英国戴雪原著、梅仲协（1900—1971，浙江永嘉人，法国巴黎大学法科毕业，被称为"中国民法三杰之一"）翻译的《英宪精义》。在移译西方法学的同时，法律家们积极著书立说，宣传法律思想。翻开民国时期的法学刊物，几乎每一期都有有关当时法律的解释性著作、法学讲义、译著、专著以及有关司法官考试的参考书等法律书籍的宣传广告。根据《民国图书总目》法律篇的统计，民国时期出版的各种法律书籍总数近千种。

民国时期的法律杂志主要有 1928 年创办的《法律丛刊》、1931 年创办的《现代法学》和《政治经济与法律》、1932 年创办的《法学特刊》、1935 年创办的《法学论丛》和《法学杂志》、1936 年创办的《中华民国法学会会报》、1948 年创办的《新法学》等。这其中，汪有龄（浙江杭县今余杭人）等创办的《法学会杂志》，汪有龄、江庸等创办的《法律评论》（朝阳大学的校刊），均是民国时期最著名的法律期刊之一，也是中国历史最悠久的法学期刊。这些法学刊物撰诸当时社会问题，精阐法理，详细介绍世界各国法制新思想，对推动整个社会的法学思想的蓬勃发展起到了巨大作用。正如《法律评论》的创办人给刊物所定的基调，那就是"以灌输法律新思想为己任"。此外，阮毅成（浙江余姚县人，毕业于法国巴黎大学）创办了抗战时期影响较大的《时代公论》杂志。

二、投身法治实践，建构近代中国法制体系

（一）民国法律制度的擘画者

自沈家本开始，法律人薪火相传，一直致力于中国近代法律的创制、改造、革新。其间历经北京政府，至南京国民政府，随着《中华民国刑法》《中华民国民法》《中华民国刑事诉讼法》《中华民国民事诉讼法》及相关行政法规的制定，南京国民政府时期法律创制活动趋于高潮。

南京国民政府在立法过程中，兼采世界各国优秀的法制经验，又发扬中国优秀的传统民风。胡汉民、杨兆龙等作为中国法学家的垂范，更是亲身演绎了中国人对中国法的自觉思考和制定具有中国性格的法。法律的现代化过程，不再是西方的绝对支配过程，而是中国法律传统与现实结合的过程。庞德曾将法律建设比作社会工程，法学家就好比是社会工程师，其任务就是根据现有的一切资源出最适合的工程（法律）。任何人都不如中国人对自己的民族环境认识真切，国人制定具有中国性格的法律，符合中国人民的认知逻辑，法律才能得到良好的贯彻和实践。因而，蒋介石对胡汉民在政法制度上所起的关键作用评价为"控制立法院"①。在法律创制方面，胡汉民充分发挥其留学日本学习法科的专业特长，力图把立法院建设成真正的民主国家的议会机关，而不是简单的"橡皮图章"来装饰门面。胡汉民连续担任两届国民党政府的立法院院长，在任期内他参与主持了16部法典的创制，为《六法全书》体系奠定了基础。作为立法院院长胡汉民构建了立法院的基本运作框架，厘清和规整了现存的法律法规，并制定了很多新的法律规章，国民党南京政府的法律体系已初现雏形。

1932年6月，吴经熊草拟了《吴经熊氏宪法草案初稿试拟稿》，该稿成为国民党制宪的蓝本。1933年，南京国民政府成立了宪法起草委员会，立法院长孙科为委员长，吴经熊、张知本为副委员长，以楼桐孙、史尚宽、黄右昌等37人为委员。1934年3月，立法院正式发表《中华民国宪法草案初稿》，又组成了吴经熊、史尚宽、马寅初等36人为审查委员。1936年5月5日，国民政府正式公布《中华民国宪法草案》，即"五五宪草"。但因抗日战争爆发，制宪国民大会未能如期举行，该宪法草案搁置。1945年抗日战争胜利后，国民政府依据《国民政府建国大纲》着手推进宪政的实施。1946年1月，重庆召开政治协商会议，通过政府改组案、和平建纲领案、军事问题案、国民大会案、协定五五宪草

---

① 上海华东日报，1931年3月9日。

的修改原则 12 项，并决定组织宪草审议委员会。张君劢主持起草了《中华民国宪法草案》，保留"三民主义"与"五权宪法"的形式，落实民有民治民享之民主共和国，以及联合内阁制之民主宪政等精神。1947 年 12 月 25 日《中华民国宪法》颁布施行。中华民国结束训政时期，正式进入宪政时代。王世杰在任法制局局长期间，延揽北京大学、朝阳大学的法学家，积极制定民刑实体法及程序法。至此，国民政府"六法"体系基本确立。

就文本而言，《六法全书》融会了东西两大法律文化精神，标志着中国法律制度层面的近代化基本完成。六法体系的构建，凝聚了胡汉民、杨兆龙、张知本、史尚宽、黄右昌、吴经熊、张君劢等一大批法学精英的心血，他们的最大功绩在于用公开民主、罪刑法定、无罪推断、同罪同罚、礼法分离、保障私权等全新的立法原则，取代了传统法系中存续已久的法自君出、有罪推定、同罪异罚、实体程序混同、礼法合一、德刑不分、无视私权保障等原则，为中国法治步入"良法之治"的轨道创造了条件。法律人在民国时期的立法工作中凭借着自身的知识优势和先进的法学观念为民国法制体系的最终确立做出了历史性的贡献。

（二）民国法律制度的解释者

近代中国法律的创制工作走的是一条与传统中国法制完全不同的道路。民国时期民主共和政体的确立，法律创制工作不断加快。南京国民政府的前十年，围绕着《六法全书》的制定进行了大量的法律创制活动，并最终形成了体系庞大、内容复杂的近代法律体系。此时，深受西方近代法律知识熏陶的法律人，以自己的法律知识，对那些对于一般民众来说尚属陌生的法律制度进行知识解读和学理说明。民国时期的法律人对法律的解释主要是根据当时的立法时代背景而有所侧重。在 1929 年和 1931 年民法制定期间，民法学家梅仲协在撰写其代表作《民法要义》时，就认为由于现行民法即 1929 年《中华民国民法》是博采世界各国民法之精华编纂而成，但由于时间仓促，许多内容尚不能被时人所理解，因此，自己参考各国的先进民法理论和民法判例对其进行详细的解说，这既是帮助人们对民法的认识，也有助于今后民法的修正。"现行民法，采德国立法例者，十之六七；瑞士立法例者，十之三四；而法、日、苏联之成规，亦尝撷取一二，集现代各国民法之精英，而弃其糟粕，诚巨制也。唯以当时起草，时间局促，其未能斟酌甚善之处，亦颇不鲜。著者特参考德、瑞、法、日、苏联诸国民法判例暨学者之著述，益以己见，略加补正。异日修订法典，或亦少有所助益欤。"① 正是基于上述的想法，梅仲协在撰写《民法要义》时，要求自己行文务求简洁，举例务必明确。对于民法的每一个条文或每一个法律问题，必须举出例证，反复阐述，以求理论与实际相贯通，这样可以使得初学民法的也能够清晰地理解民法的道理。实际上，《民法要义》由于资料丰富、体例严明、用语准确，一直被人们视为民法教科书的经典。

南京国民政府时期，1934 年《中华民国宪法草案》公布后，吴经熊在《东方杂志》1935 年第 33 卷第 13 号公开发表长篇说明文章《中华民国宪法草案的特色》，对《中华民国宪法草案》进行理论诠释："从前欧美的人，他们争自由，是以个人为出发点。我们现在争自由，是以团体为出发点。我们所争的自由，是国家的、民族的自由。中国现在的情形，和欧美人民争自由的时候，大不相同。当时欧美的人民，喘息于封建制度或专制主义之下，和我们现在的情形不同。欧美人民的大问题，是怎样救自己。我们今天的大问题，是怎样救国家、救民族。我们的国家，我们的民族，早就陷于被压迫蹂躏之下。眼前的情形，较前更坏。我们要救国家，救民族，则不得不要求个人极力牺牲他所有的自由，以求团体的自由。因为这个缘故，我们的'宪法草案'不得不采法律限制主义，于规定权利各条，加上'非依法律不得限制'的各条。"吴经熊认为："我们从'宪法草案'第三章'国民大会'看来，便知道我们的'宪草'的第一个特色，为政权于治权之划分。……据此，人民不必有管理政务之能力，而可以享有直接管理国家政治之实权。这是分开'权'与'能'的结果。也就是我们总理高出于卢梭和罗摩的地方。"对于法律家们围绕宪法所作的解释，萨孟武认为宪法是国家的根本大法，既要有崇高的理想，又要照顾到现实国情，学者的解释就起到了沟通理想与现实的作用，意义十分重要。

（三）民国法律制度的批判者

民国时期是一个法律思想高度解放、学说观点千姿百态的时期，法律家由于政治背景上的不同、留学经历上的差异，往往对同一部法律会出现不同的意见。实际上，也只有法律家才能按照学术分工深入地了解法律现状和存在的问题，他们对法律存在的缺陷的认识也是独一无二的。通过争鸣与批判，法律家为法律制度的改革提供了系统的补救方案。对于一个良好的法律制度来说，批判作为一种自我纠正的机制是十分必要的，批判是创造法律和推动法律前进的必不可少的前提，也是使法律日臻完善的基础。通过批判将完善立法技术，摒

---

① 梅仲协. 民法要义［M］. 北京：中国政法大学出版社，1998（序）.

弃制定法中与现实社会的公共理念、目标和价值相违背的成分。当相应的法律条文显然不适应于时代精神而失却公正时，法律家可以通过学理批判而劝导立法者和当政者修改或废止该条文。法律家们的批判，其作用至少体现在两个方面：一是法律家的批判往往是法律修正的强大动力，这一动力推动法律不断地得到修正完善，并最终促进法律的发展。二是法律家在批判的过程中，旁征博引，精阐法理，有助于法律的宣传，并增强民众对法律的理解。应当说，长时期的法学探索、争鸣，尽管未能就每一个法律问题都能达成一致意见，但却为立法奠定了最基本的目标和价值。民国时期，立法上的每一次进步和发展都是与法律家们的探索和争鸣息息相关的。针对民国时期立法过程中不顾国情、民俗的情况，阮毅成批评："现行法律，多半继受他国，其得之于本国固有民情风俗者，甚少甚少。然'法律不外乎人情'，法律与人情不符，自难得人民的信仰。"阮毅成认为，司法制度弊端也由此产生："中国自有独立的司法制度，不过三十年，而这三十年中竟日日在风雨飘摇之下。法律与国民感情不和，是人民不信仰法院的致命伤；政府不信任法院，是法院无法可以调和法律与人民感情的致命伤；法院畏葸钝惰，不敢与政府抗，以顾全人民利益，是法院得不到人民信仰的致命伤。"①

雷震（1897—1979），浙江长兴人，日本东京帝国大学法科毕业，曾任中央大学法学院教授，他曾强烈批评，中国不能走向法治国家，根本原因就是政府不守宪法，他说："今日中国不守法者，为首就是政府。法律之不能确立威信者，责任亦在政府。原来'王子犯法，庶民同罪'，惟中国只许州官放火，不许百姓点灯，谁都知道今日贪官污吏充府盈廷。"最后，雷震大声疾呼："法治不立，政府之罪。要造就法治国家，不在制定法律，而在实行法律，要走上法治道路，不靠编订法典，而要靠奉公守法。"②

法律人以自己的知识阅历，最有可能发现已经制定的成文法中所存在的与现实社会不一致的地方，并通过著述和媒体将这一问题表达出来。正是这一批判，法律家将自己对已经颁布的法典的修正意见清楚地提出，并拟定一系列在理论上已经得到充分验证的补救方案，以此作为立法者、当政者作进一步立法时的参考。正是基于这一优势，民国时期一些重要的法律在制定过程中，首先

---

① 阮毅成. 怎样调节法律与国民情感［M］//何勤华，李秀清. 民国法学论文精粹：第一卷. 北京：法律出版社，2003：335.
② 雷震. 法治国家的真谛［M］//何勤华，李秀清. 民国法学论文精粹：第一卷. 北京：法律出版社，2003：380.

都通过媒体进行公布，发动法律家和其他社会公众对这一问题的关注，并进行充分的研讨，以期制定出最完备的法律。

三、开展法学研究，推动近代法学学科体系的形成

民国时期的法律人处于中国与世界交流的一个非常开放的时期，很多人研究法律问题大都有开阔的胸怀和世界性的眼光。因此，肇始于清末修律的西方化的法学近代化运动，到民国时期，学者已经走出清末那种盲目崇拜西方法律思想和政治制度的误区，并开始自觉而有鉴别地接受西方的学说和观点，同时结合中国的传统文化基础来进行相关的学术研究。也就是说，法律学者取西方的概念体系和学说名词，与中国固有的材料相互参证，把西方规范化的学术研究方法嫁接到中国传统法制丰富的资源之上。正是这种西方化、开放性和世界性的学术背景，大大开阔了这一代法律家的学术视野，其研究涉及现代法学体系中的各个专门学科，其研究成果亦具有划时代的意义。

以中国法律史学科的建立为例。20世纪初中国法律史学的产生是中国传统刑名之术——律学的近代化和西方学术分科中国化的结果。自西汉中期"罢黜百家、独尊儒术"以来，封建正统统治思想逐渐成为中国传统立法的指导思想。其对传统法制的影响，主要表现在引礼入法、礼法结合和司法上的"春秋决狱"，以及以儒家思想为指导的传统律学——以经解律、引经注律的兴起。魏晋以降，随着法律儒家化的进程，律学得到长足的发展。直至晚清，传统律学发展到了顶峰。鸦片战争之后，西学渐入，对中国传统法制以及以其为基础的传统律学提出了挑战，这是近代法政教育兴起的历史契机。在这一转型的过程中，传统律学在引入西方学术分科的基础上，通过法律移植，嫁接成具有近代意义的所谓"七科之学"之法科。1902年，晚清政府公布的《大学堂章程》将《中国古今刑律考》和《中国历代法制考》列入法科学生的必修课。同年，近代大思想家梁启超在《论中国成文法编制之沿革得失》一文中首次运用了"中国法制史"这一学科概念。这标志着近代意义上的中国法律史学的诞生。在20世纪上半叶，中国法律史学渐次摆脱了传统的律学研究模式，并在研究方法、研究视角等方面进行了开创性的尝试，在一大批法律史学大家的勤奋努力下，中国法律史学的学科价值得以确立、学科研究对象大体圈定、学科研究方法呈现多元化的发展趋势、学科体系基本构建完成，从而使得中国法律史学成为中国近代法学体系中最早作为一门独立的学科面目出现的基础学科，大学法学院、系普遍开设了法制史课程。

据统计，在民国时期国内学者共发表的法制史著作三十八种，论文一百四

十余篇。这其中浙籍法学大家沈家本无疑功勋卓著。另一浙籍法学家丁元普（1888—1957年，祖籍浙江萧山，日本早稻田大学法科毕业，1933年9月任复旦大学中国法制史教授）也出版专著《中国法制史》。民国时期研究中华法系的十余位学者中，以丁元普、程树德、陈顾远最具有代表性。丁元普最早提出"复兴中华法系的精神"的口号，他在1931年发表的《中华法系成立之经过及其将来》的论文中，运用西方法哲学的原理研究中华法系问题，并且通过与罗马法的比较论证了中华法系之精神，他说："要之，吾中华法系传统之精神，固由于礼刑一致之观念，而其进展之途径，实由宗法而扩大为国法（观刑律服制图及婚姻户役诸篇可见），而我国之刑法，独臻发达，与罗马式之法典，注重于民法，各有其历史与环境之关系，正不足为诟病也。"这些论著的共同特点，就是开始突破中国传统律学的研究框框，并以西方的相关的学科理论和思想方法，对中国古代法制进行重新的梳理，并最终构建完成了中国法律史学的学科体系。

晚清以降，法学各科简陋初创，到南京国民政府时期大规模的立法，国家亦日趋法治，法学研究日趋昌盛，渐入辉彩之境。众多民国法律人追求民主，爱国爱学，自强不息，甘于清贫，献身学术，勤奋创作，在法学各个领域推出了众多成果，创造了诸多学术奇迹，推动了民国法学学科体系的最终形成。如宪法学家、英士大学教授、《时代公论》主编阮毅成，终生勤于耕耘，一生出版各类论著四十多种，论文一百多篇。被誉为"中国民法三杰"之一的浙江永嘉人梅仲协，毕业于法国巴黎大学，曾任中央政治学校、重庆东吴大学（抗战期间）等教授，梅仲协先生勤力笔耕，著作等身，主要有《民法要义》《公司法概论》《国际私法新论》《中国票据法释义》《法学绪论》《六法解释判例汇编》《法律词典》《宪法精义》（译著）以及论文近百篇等。

四、民国法学教育的推进者

法制的近代化，首先是法律人才的近代化，而法律人才的近代化关键在法律教育。因为法制近代化不仅是法律制度的近代化，还必须要有一批掌握新的近代法律知识的法律人。民国肇建，修改旧律，颁行新法，按照西方三权分立的法治模式，着手建立各级新式司法体制，国家对法律人才的需求更加迫切。

南京国民政府时期，尽管实行国民党一党专政制度，但国家形式上的统一为学校教育的发展提供了相对稳定的环境，同时政府当局也重视教育。在国民政府提交的宪法草案中，规定了国家应普及并提高一般人民之文化水准，实行教育机会均等，保障学术与思想之自由，致力科学与艺术之发展；国家保护教育科学技术文化工作者之生活，及其工作条件等规定。在法学教育改革上，一方面南京国民政府改变了以往偏重实用科学的政策，将社会科学加以并重，从财政上加大对教育的支持。1947 年 2 月 12 日，国民政府第十次修正并公布了《教育部组织法》，保障教育的执行。教育部在学校设置、教学管理等方面都进行了较为具体的安排①。在这样的政治背景下，法学教学也有了相对充足的资源，各地学校纷纷崛起。一大批优秀的法学家也积极参与到法学教育理论研究和具体实践中，促进了民国法律教育的发展，使法学教育迎来了一片繁荣景象。

在政府的主导之下，南京国民政府时期的法学院校得到快速的发展，法律教育以"通才教育"为办学原则，法学的招生人数也大幅提升。法学教育机构分为设法科的大学和专门的法政学校，在教育层次上分为预科、本科和法学研究院，分别培养不同层次的法学人才。另外，南京国民政府期间，私立大学和教会大学也获得较快发展。如私立大学中最为著名的朝阳大学，在南京国民政府时期，也增加了不少生源，培养了许多优秀的法官、律师和法律教师。教会大学中最为著名的当属东吴大学了，东吴大学是唯一一所独立设置的法学院。东吴大学在师资上以美国法学家为主，以美国法学院为教学蓝本，采用判例教学，注重比较法的训练。教育是国家发展的人才培养基地，无教育不发展。南京国民政府时期能认识到学校教育的重要性，积极地鼓励、支持和发展学校教育，为法学教育的快速发展提供了条件。

教育模式上，南京国民政府时期的法学教育结合了英美法系和大陆法系，最终形成了偏向大陆法系的教学传统，在学生职业规划上也不做严格区分。法律职业教育方面，司法人员和行政人员一起在法学院学习，接受相同的法律训练，需要更高专业训练的则增设一些更多专业课加以提高，以保证法律适用中使行政和司法能达成共识，减少分歧，相互合作，提高工作效率。通过上述改革，法学教育获得推进，各法学院积极开展教学，培养了很多具有法律理念、立志投入法律界的法律人才，以满足民国法制建设的需要。

著名刑法学家蔡枢衡先生曾撰文对民国以来近三十年中国法律近代化成果与传统旧律做过比较：

> 站在和中国旧律对比的观点看，三十年来近代化的中国法律之特色是：一、法律和道德分离；二、法文规定概括而抽象，刑法规定尤其显著；三、司法行政分立；四、法律和命令分立；五、成文法律优越于命令、风俗及习惯，刑法且排斥命令、风俗及习惯的规范性；六、法律的成立必须经过

---

① 中央教育科学研究所.中国现代教育大事记［M］.北京：北京教育科学出版社，1988：590.

一定的立法手续；七、废止体刑和流刑，以自由刑为中心；八、法律之前万人平等；九、在法律范围内各人有绝对自由；十、自由和权利的限制须以法律为根据，自由不得抛弃；十一、法律体裁复杂，内容丰富。这些特点，虽不假思索也可断定大半都是民主政治、法治思想、自由主义、个人主义的必然产物。①

　　蔡枢衡先生概括的这 11 个特色，基本涵盖了中国法律近代转型的成果。从中国法制近代化的角度看，这 11 个方面的转变，肇始于清末修律，中经辛亥开国法制创立再到南京国民政府时期大规模立法运动的开展，展示了近代中国法制现代化演进的基本过程及其概貌。

---

① 蔡枢衡. 中国法理自觉的发展 ［M］. 北京：清华大学出版社，2005：78.

第十八章　吴经熊法哲学思想与
《中华民国宪法》（1936 年）

吴经熊，一名经雄，字德生，浙江省宁波鄞县（今鄞州区）人。1916 年，考入上海的沪江大学。不久，转学入天津的北洋大学（今天津大学）法律科预科。次年，转学入读上海东吴大学法科。

1920 年于东吴大学法科毕业后，远赴美国留学，就读美国密歇根大学法学院，并于第二年获美国密歇根大学法学院法学博士学位。随后，吴经熊受资助开始游学于欧洲。1923 年，吴经熊应邀回到美国，在哈佛大学进行比较法哲学的研究。

1924 年，吴经熊回国后出任东吴大学法科教授。1927 年，出任上海特区法院法官，并兼任东吴大学法学院院长。1928 年，出任南京国民政府立法院的立法委员。1929 年，出任上海特区法院院长。

1929 年，受邀请出国前往美国哈佛大学和西北大学讲学。1930 年回国。1933 年，出任立法院宪法草案起草委员会副委员长，任上公布有《中华民国宪法第一草案》，被称作《吴氏宪草》。1935 年，吴经熊创办了《天下月刊》。

1937 年，吴经熊皈依天主教。1940 年，吴经熊和妻子儿女移居意大利罗马，并同时出任中华民国派驻梵蒂冈教廷之公使。1949 年，受聘出任美国夏威夷大学中国哲学之客座教授。1950 年，出任美国新泽西州西顿哈尔大学法学教授。

1966 年，移居台湾，出任中国文化学院教授。1986 年 2 月 6 日，逝世于台湾，享年 87 岁。

吴经熊一生著作颇多，主要有《法律哲学研究》《哲学与文化》《法学论文集》《法律之艺术》《正义之源泉》《法律哲学》《唐诗四季》等。

早年的吴经熊，作为东吴大学法学院的院长，他为中国近代培养了一大批著名的法学家，如著名法律教育家孙晓楼、法理学与法史学家丘汉平、刑法学家杨兆龙等；他出版了民国时期中国唯一的一本以法律哲学命名的专著——

《法律哲学研究》（上海法学编译社 1933 年）；他开创了中国的比较法学科，或者说他是该学科的创始人之一，民国时期中国所发表的比较法律哲学方面的论文，主要都是他和他的学生丘汉平写的。此外，东吴大学法学院本身的英文名字就是"比较法律学院"。"当法律不足以慰藉心灵"① 时，晚年的吴经熊皈依宗教，为宗教做出了自己的贡献。他的自传《超越东西方》就是描述他的宗教人生，这也是中国近代法科知识分子的另一种人生体验。

吴经熊的法律哲学思想可以分为前期和后期两个部分。

前期的吴经熊，因为受到美国社会法学和唯实主义的影响，一心致力于中国现代化法治的建设，虽然对于天主教的信仰已经使其对自然法产生了最初的兴趣，但却无暇顾及法律哲学的思考。

这一时期的吴经熊法律哲学思想，主要是建立在美国霍姆斯的实用主义法学以及德国施塔姆勒的新康德主义法学的基础之上。对于中国法律文化的批判和对法治建设的投入，是吴经熊早期法律哲学思想的另一内容。另外，吴经熊对于三民主义立法也怀有积极肯定的态度，他在《法学三度论》中曾提出："离开三民主义，便不能立法，这是根本的要点。"由此可知，此时的吴经熊已俨然成为国民政府所倚重的法律学者，而随后受到国民政府网罗，进入司法行政部也恰恰证明了这一点。

如果说前期的吴经熊关心的是实证的法律科学，那么后期的吴经熊则可以说是在追求超越文化界限的自然法哲学。实证法会受到时、空、事实的三度影响，而当现实不再受到三度的限制，即是自然法。对于天主教虔诚的信仰，以及受到中国儒家文化的影响，吴经熊的自然法思想也就是他的道德理想，法律与道德的界限在自然法里已经变得模糊甚至消失。

后期的吴经熊所关心的法律问题，已不再是实证法律科学，他全身心地投入法律哲学的研究中。吴经熊以托马斯·阿奎那（Thomas Aquinas）的自然法思想为引导，把经院哲学中阿奎那的自然法律哲学与我国先秦儒家的伦理思想相互结合，用自己的行动证明自然法的普遍性，逐步形成了其自成一脉的自然法哲学。

1. 在自然法中透视远景的重要性

吴经熊认为，自然法的观念之所以成为现代法律哲学上最具争论的主题之一，原因在于过去的几个世纪中，大多数的法学家忽略了"永恒法"和它"神性创造者"。即便是自然法的倡导者，也往往忽视了其本体建立的基础，而以其

---

① 许章润 . 法学家的智慧［M］. 北京：清华大学出版社，2004：75.

各自感受的人性特质作为立论的依据。于是乎，每一立论者，都根据自身感受的人性特质建立起各自的自然法哲学。这些自然法学论者中不乏法学界的知名学者，诸如格劳秀斯、霍布斯、普芬道夫等人，但他们对于自然法的观点，始终停留在了一元论的偏见上，基于这样一个不稳定的基础，他们的观点实有片面理论的嫌疑。

在吴经熊看来，《中庸》一书中"天命之谓性，率性之谓道，修道之谓教"这几句话，可以作为中国道德哲学的起点。他认为儒家的"道"具有伦理的含义，又有使其存在的基础，这使得儒家的人文主义不至于成为一个毫无本源的人文主义。这一观点与阿奎那学说的立场十分接近。阿奎那认为，自然法是人类理性对于永恒法的参与；而实证法则包含对于自然法根本不变的原则以及当它们被应用于永远变迁的生活现况时所做的各种不同的权宜措施。实证法是人类整体文化的一部分，是由人类的创造力所产生的对于人类天性的发展与充实。

总而言之，离开了本体论的立场来看人性，只不过能提供心理学上的有效规范而已。

2. 自然法是一座沟通永恒法和实证法的桥梁

吴经熊认为，虽然永恒法、自然法和实证法三者是不同的，可是三者之间，却构成了具有一贯性的连续体。他将这个连续体形象地比喻为一棵树，永恒法是埋在地下的树根，自然法是主干，而实证法的各种不同制度则是枝叶。对于这样的一棵树，吴经熊认为其生长在什么地方对其并没有影响，而拥有适宜其生长的气候及土质才是关键。

在吴经熊看来，自然法虽然是源自永恒法，但是它绝不能与永恒法等同地拿来讨论，否则将犯下 17、18 世纪所有自然法学派的错误。他认为，自然法有一稳固不变的核心，即它的最根本原则——为善避恶。而一切比较具体的规律，在消极方面，如"己所不欲，勿施于人"；在积极方面，如"己之所欲，亦施于人"和"己欲立而立人，己欲达而达人"，皆可以作为上述核心原则的直接结论。这些结论与上述的核心原则可以说几乎有同样的效力。

至于自然法相对于永恒法和实证法的地位，吴经熊首肯了这三者的一贯性，认为："自然法如一座桥梁，其一端架设于人定法的这一边，而另一端则根植于永恒法的彼岸，若从人定法这边看自然法，自然法可变的一面，清晰可辨；然而若从永恒法的彼岸看自然法，则自然法不变的一面亦甚了然。以前抱独断论的自然法学者，似乎只看到自然法植根于永恒法的彼岸，认为自然法的整体是具有不变的倾向，甚至连同它的微末细节亦包括在内。就另一方面看，抱怀疑论者，完全把注意力贯注于自然法在人定法的彼岸，否认自然法的不变性，甚至于它的最根本原则——为善避恶——亦不例外。"

吴经熊在《正义的泉源——自然法研究》一书中说，"让我把我的法律哲学老老实实地说出来""为能明了实证法或人定法，先该知道一点永恒法，另外是自然法。自然法不仅是人定法的根源，而且构成人定法的核心部分"。如同阿奎那所言："凡是人所定的法律，为能够具有法律的性质，就看它怎样从自然法出发。人类的统治权确实地隶属于天主又隶属于法律，因为从天主和法律，人取得自己的权威。"吴经熊将天主的权威摆在至高的位置上，使其处于一个绝对真理的地位，促使天主教义和自然法哲学相互发生融合，这样的法律哲学思考符合他当时的天主教徒身份。吴经熊在分析了托马斯的观点后指出，"所谓永恒法，指的是天主的永恒的睿智，而自然法则指的是人类理性对于永恒法的参与，不过人类经由其理性，并不能对神之睿智的启示完全参与，只能做局部而有瑕疵的参与"。吴经熊认为"自然法不是死僵的一成不变的东西，而是与时俱进的有机体"，只有随着时代的发展，不断注入新的活力，自然法才能够随历史的演进而不断进化，使对于永恒法参与的深度和广度得以不断加深和扩大，但与此同时，自然法的根本原则"为善避恶"则不应有任何变化，也就是说，自然法的内容是可变的，是与时俱进的，但对于自然法的人性形式则是不可以有变化的。这样一来，对于吴经熊在法律科学上的唯实主义和社会法学立场就起到了前后呼应的效果。

吴经熊认为，自然法的拘束性，基于两种根本理由：（1）它是植根于事物的本质中；（2）究其终极，它不是人设的，而是天造的。"法律的艺术是人类艺术中最为尊贵者，而这种将秩序与和谐置入人类关系和事务之中的艺术，则惟竭尽所能接近上帝的人能为之。"

3. 自然法并非自外于人类而是天生于其本性中

吴经熊认为，从自然法的成效来看，可以得出这样的结论：自然法并非自外于人类，而是天生于其本性中。他认为，"'为善避恶'是自然法的根本原则，而其直接的结论只是评价式理性的自明之理，是不待证明的"。由此，吴经熊推出进一步的观点：自然法并不是仰赖逻辑和经验的推理建立起来的；我们以直觉认识它，这种直觉就是人所说的良知，良知是我们认识自然法的天赋官能，而良心则是把良知所体认的自然法，适用到个别情况上的作用。吴经熊总结说，自然法源自人的本性，它不因人定法的制定而发生变化，它是人性对于永恒法的理性参与。

法制现代化已在全世界范围内展开，在这一进程中，早一步形成的西方法律文化对于其他国家的法律文化产生了巨大的影响与冲击。从表面上看，这种影响与冲击有助于东西方法律文化的渗透与融合，但实际上，它同时也产生了对于这些非西方国家法律现代化进程的负面影响，它可能使这些国家的法律文化逐渐失去其原有的特色而完全充斥着西方法律文化的影子，这对于一个国家的法制建设无疑是灾难性的。究其原因，一方面，西方的工业文明对于东方农业文明必将发生历史性的超越，这是大势所趋。而与此同时，符合以工业文明为基础的法律机制及其要求的西方法律文化，对于以农业文化为基础的东方法律文化取而代之，也无疑具有其一定的合理性。这种法律文化的超越，可以说是建立在先进生产方式对于落后生产方式的超越之上。而另一方面，从近代西方殖民者对非西方社会的侵入来看，这种所谓的文化冲击，实际上是一种纯粹的侵略。西方法律文化在非西方社会的大行其道，仅能看作是西方文明强迫非西方文明接受自己的表现。在这一时期，西方法律文化成了西方列强侵略东方的武器。

西方文化的泛滥过后，一些发展中国家在20世纪后半叶开始渐渐找回属于本国的文化，也就是人们所谓的"文化回归"。一些国家逐渐摒弃了对于西方文化的一味承袭，而开始渐渐找回属于本国固有的文化。这种文化回归运动虽然体现了这些国家对于走独立自主的法制现代化道路的渴望，但是由于这些国家的传统法律文化中缺少现代法治因素，注定其在这条道路上无法走得久远。我国作为亚洲的一个发展中国家，同样也面临着进退两难的境遇：在法制现代化进程中，外来的西方法律文化与中国本土的传统法律文化，究竟应由谁来占据主导地位，或者选择一条折中的道路，即将西方法律文化与中国本土的传统法律文化并重的道路？面对这艰难的抉择，作为法学家的吴经熊凭借其旅居海外的宝贵经历和独到的法律哲学思想，向人们给出了一个解决这个问题的方法。他认为，要想把握住同为人类文化不同分支的东方法律文化与西方法律文化之中那种内在统一性，进而达到并构建出一种超越东方与西方法律文明的法律文化，我们需要通过认真地比较与分析。单纯地以东方或西方法律文化为主导地位而建构起来的法律文化，抑或是那种将西方法律文化与中国本土的传统法律文化并重的法律文化，这些都不等同于超越东西方的法律文化。所谓超越东西方的法律文化，需要达到不单单是东方传统法律文化与西方法律文化在形式上的有效融合，更重要的是两者在内容、精神和理念上的和谐与统一。有别于上述三种不同的情况，这是一条全新的道路。吴经熊正是以其丰富的海外旅居经历及其独到的法律哲学思想，向人们表明，这一具有创新意义的设想存在可能性。

先后留学于美国、法国、德国专攻法律的吴经熊，与留学日本的法科学生相比，原本应该是最具有现代制度意识和法律精神的一个人。但是，事实却并不尽然。在吴经熊自己的著述中，最为著名的是他以天主教徒而不是法学家的口吻写作的英文自传《超越东西方》。台湾学者曾建元认为，吴经熊是"近代中国第一位世界级的法理学家，也是中华民国法制的重要擎划者"。在人类历史上，无论是以"超人"自居还是以"超越"自居，其实往往是一种激进主义的表现。自以为"超越东西方"的吴经熊，其实是抱着极其根深蒂固的"皇帝即天子即国家即民族即导师"的一元绝对、唯我独尊的极权意识，去理解学习欧美文明社会的法律知识的。

1921 年 5 月，吴经熊在国际和平卡内基基金的资助下来到巴黎大学，自言要"利用在巴黎的机会，尽可能地多读多写，尽量仔细观察，深入思考，因为作为一个中国人，我要拯救我的国家，启蒙我的民众，振奋我的民族，使中华文明跟上时代的步伐"。

1930 年"一·二八"事变后不久，吴经熊应国民政府主席林森和行政院长孙科的聘请，出任国难会议会员，并于 1932 年 4 月赴洛阳参加国难会议。在此期间，他接受三民主义并成为国民党党员。1933 年元旦，吴经熊应孙科邀请，到南京国民政府立法院开始长达十五年的立法委员的生涯，直接参与了《中华民国宪法草案》的起草工作。

1936 年 5 月 1 日，吴经熊主笔的《中华民国宪法》，由国民党五届一中全会通过，并于 5 月 5 日正式公布，史称"五五宪草"或"五五宪章"。在此之前，吴经熊在《东方杂志》1935 年第 33 卷第 13 号公开发表长篇说明文章《中华民国宪法草案的特色》，但他的理论诠释并不是一个法学家的独立公正立场，而是绝对信仰"三民主义"的国民党党员的党派立场："从前欧美的人，他们争自由，是以个人为出发点。我们现在争自由，是以团体为出发点。我们所争的自由，是国家的、民族的自由。中国现在的情形，和欧美人民争自由的时候，大不相同。当时欧美的人民，喘息于封建制度或专制主义之下，和我们现在的情形不同。欧美人民的大问题，是怎样救自己。我们今天的大问题，是怎样救国家、救民族。我们的国家，我们的民族，早就陷于被压迫蹂躏之下。眼前的情形，较前更坏。我们要救国家，救民族，则不得不要求个人极力牺牲他所有的自由，以求团体的自由。因为这个缘故，我们的'宪法草案'不得不采法律限制主义，于规定权利各条，加上'非依法律不得限制'的各条。"

显然，在吴经熊眼里，已故的国民党总理孙中山，依然是中国传统的"皇帝即天子即国家即民族即导师"的绝对天理的化身："我们从'宪法草案'第三章'国民大会'看来，便知道我们的'宪草'的第一个特色，为政权于治权之划分。……据此，人民不必有管理政务之能力，而可以享有直接管理国家政治之实权。这是分开'权'与'能'的结果。也就是我们总理高出于卢梭和罗摩的地方。"

吴经熊在《中国新旧法制在哲学上之基础》中，依据孙中山的"三民主义"，全盘否定了中国传统的"旧法制"："我国旧法制之阴阳五行不平等的观念一定要完全摒除，要建立一个完全平等的思想体系，同时对于我中华固有道德的精神也要充分发挥。……我国是讲三民主义，不是讲个人主义的。所以他和 19 世纪的个人主义不同。它是以人为本的，而非以物为本的，所以它又和共产主义绝对不同。它是独树一帜的，它是最先进法制的础石。"

事实上，所谓的"以人为本"，恰恰是以精神生命体的个人本身为根本支点的人道主义或个人主义，而不是把精神生命体的人本身架空抽象之后，以"国家""民族"之类的宏大叙事为根本支点的国家主义或民族主义。马克思在《〈黑格尔法哲学批判〉导言》中指出，"人本身是人的最高本质"。显然，吴经熊所要建立的"一个完全平等的思想体系"完全是立基于一个党派主义理论的立场，将"三民主义"凌驾于个人之上。现代法治的人人平等，是包含精神生命体的人本身（自然人）与国家、民族、政府、社团、企业法人等一切团体的相互平等。自然，吴经熊的"平等的思想体系"依然难以"超越东西方"。

第十九章 民国法律人的司法理念及其实践
——以郭云观为例

回眸百年中国司法史,虽然在 1949 年前后有一明显的断裂情状,但由于历史的惯性以及历史自然发展的规律,新中国的司法与民国时期的司法有一个"无法拒绝的继承"的内在联系。① 加之现下司法人才培养的质量、司法官的数量、法庭的数量、案多人少、司法腐败等方面存在的诸多问题,在民国时期亦相应地存在。所以说在此处言明认识司法的历史,并不是一句对当下有所借鉴的大话空话,而是实实在在能在对历史的探求中领悟出一些关乎当下的历史包袱与共通问题,从而能实际助益于推动深化当下的司法改革。

郭云观,近代旅沪浙籍司法官的杰出代表,其长期任职于上海法院,服膺院长一职,曾任职上海第一特区地方法院院长、代江苏高二分院院长、上海高等法院院长,前后将近有 13 年之久。作为一院之长,其对近代,尤其是民国时期上海的司法影响巨大。且由于上海在近代中国历史上的重要地位,他的影响通过上海一地亦及于整个近代中国。对郭云观改良司法理念及具体实践进行探究,在明晰浙籍法界先贤丰功伟绩,以启后人无限瞻思的同时,更重要的是,此种探究能在人物的视角观照下,以一种更鲜活生动的样本,对概观近代上海乃至近代中国的司法运行实态、面对的挑战以及时人的因应等都是大有裨益的。

作为近代浙籍司法官的杰出代表,郭云观的一生是跌宕起伏,为国司法的一生。他的改良司法理念以收回领事裁判权为目标指向,并围绕司法人才的培育与法院制度的构建方面具体展开。虽然在近代制度的不健全与人性的驱使之下,生活在密切关系网络当中的郭云观的某些言行难免会偏离其看似完美无瑕的理念,但这无损于其在理念与实践上贡献于近代中国司法改良的才智。

---

① 谭安. 无法拒绝的继承:民国司法现代化及其留给中华人民共和国的遗产 [M] //罗敏. 民国时期的法律、社会与军事(中华民国史研究第 2 辑). 北京:社会科学文献出版社,2016:61-98.

一、跌宕起伏、为国司法的一生

郭云观，字闵畴，号文田，1889 年 12 月 16 日出生于浙江玉环县坎门镇（现玉环市坎门街道），清朝末年科举秀才，1915 年毕业于国立天津北洋大学法律系，1916 年为北京政治学会首届会员，兼任《政治学报》编辑，在同年外交官考试最优等及格，1917 年在奉令派驻美使馆期间，入纽约哥伦比亚大学研究院修毕法学课程。1919 年中国代表团参加巴黎和会，郭云观任专使秘书，1920 年，郭云观任北京大理院推事、国民政府司法部参事，兼修订法律编纂室主任。1921 年，郭云观作为中国代表团秘书长出席华盛顿开裁减军备会议。其后曾担任伦敦修订联合国宪章会议中国代表团秘书、瑞士国际联合会中国代表团专门委员、华盛顿会议中国代表团秘书股长、燕京大学法律系主任教授兼代理副校长等职。1932 年冬任上海第一特区地方法院院长（兼代江苏高等法院第二分院院长）、上海高等法院院长、国际调解委员会委员等职。① 1949 年 5 月，上海解放，军管会派人接收高等法院，郭云观将全部档案、财产、人员、枪支完整移交，受到有关领导的好评。郭云观调上海东吴大学法院研究所任教授。1955 年上海市聘他为文史馆馆员，1961 年 3 月因患脑溢血在上海病逝，享年 73 岁。曾被载入《燕京大学人物志·中国科学院院士篇》。

郭云观主要著作有《辛巳蒙难记》《巴黎和会纪闻》文集，其中《论执法应先寡欲》《明哲保身释义》二篇论述，在抗战期间与之后广为传诵。《法学丛论》是郭云观的专业著作，由学生张祜注释，曾是燕京大学法学教材。《法官采证准绳》是郭云观关于证据法学的著作，论述了法官评价证据的证明标准。郭云观所著的《中国国际私法沿革概要》《中国国际私法新草案》是民国时期国际私法学论文的精粹。中华人民共和国成立后，聂昌颐教授于 1979 年辑注了郭云观的旧著，出版了《国际私法中国习题集》。

综其一生，以空间划之，其在老家玉环县坎门镇出生，接受启蒙教育，求学沪上，继而北上天津攻读法科，毕业后便工作于北京，后又南下上海，从此之后，除在抗日期间在宁波避难两年之外，直至其生命的最后，郭氏都一直工作生活于上海。以时间分之，于他而言，大致有几个关键时间点：1905 年（废除科举），1915 年（毕业于北洋大学法律系），1932 年（调任上海第一特区地方

---

① 上海市档案馆藏：《上海高等法院关于瑞士国政府聘上海高等法院郭云观院长为调解委员会委员卷》，档案号：Q187 – 1 – 12，第 4 – 5 张。

法院院长），1949 年（坚拒去台或赴美、留守上海）。① 现综合郭云观一生当中的时间与空间脉络，将其一生作如下分述。

（一）末代秀才，新式学生

郭云观出生的年代，正是中国历史上"千年未有之大变局"的时代，在其出生后的第六年（1895）发生了著名的甲午战争，其结果深深地刺痛了国人的民族神经。10 年之后的 1905 年，又发生了两件大事。其一为日俄战争，日本以立宪小国战胜了俄国这样的专制大国，这从客观上促进了晚清的立宪活动；其二，对于年轻的郭云观来说也是事关切身利益的事件，便是在是年 9 月，科举制度被废除。这一举措对士子的冲击不可谓不大。而郭云观于是年科举废除之前，还参加了科考，并名列前茅。废科举后，其遂成为末代秀才（光绪三十一年乙巳科）。与当时的其他士子一样，进入新式学堂成为他们继续学习深造的主要路径。郭氏这个末代秀才摇身一变，一步步向新式法科学生迈进。废除科举后的次年 1906 年，他来到了上海，考入上海中等商业学堂，后又转入吴淞复旦公学肄业，1910 年复旦公学改名为复旦大学，郭于是年以最优等成绩毕业。1911 年，他考入天津北洋大学法律系，并在此学习了四年，于 1915 年毕业，获得法学学士学位，成为一名法科毕业生。值得一提的是，其毕业论文题目为《法官采证准绳》，这也预示了其与司法事业的最初的勾连。1917 年在奉命驻美使馆期间，郭云观入哥伦比亚大学法学研究院，专攻国际法及外交学，并修毕相应课程，但未取得学位。1935 年在任职上海第一特区地方法院院长期间，他被母校复旦大学校董会授予名誉法学博士学位。郭云观的学习履历展示了一位旧士子向新式学生的转变历程，可谓是那一时代读书人的一个缩影。

（二）外交新秀，任教京城

从北洋大学毕业后，郭云观参加了第一届外交官领事官考试，并以最优等及第，同年（1916）入外交部秘书处实习，开启其报效国家的人生旅程。作为一名外交官，其亲身经历了中国近代史上的诸多大事，作为王正廷的专使秘书参加巴黎和会，作为中国代表团秘书处股长参加华盛顿会议等。由于在外交部的优异表现，其在严苛的外交官领事官考核制度之中，顺利摘除"学习"字样，而直接被授以外交官领事官候补的职位：

　　　称外交官领事考试及格之金问泗郭云观二员，奉派往驻美大使馆学习。

---

① 建宇 . 郭云观传略［M］//中国人民政治协商会议委员会文史资料委员会 . 玉环文史资料第 2 辑 . 1986：12 - 16.

计该员等自民国六年十一月九日到馆之日起，至七年十一月十九日止，在
洋学习已届一年期满。该二员在校肄业成绩甚优，并先后随同赴欧办事颇
资得力，请照章录用等因。查郭云观一员现已令其回部办事，业经函达贵
公使查照在案。该员等统计前后学习期间已满二年且成绩甚为优良，照章
应准销去学习字样，以外交官领事官候补。①

在京期间，郭云观除担任外交职位外，还在京各法律院校开班授课。1930
年，可谓是他教育生涯的一个高峰。该年之前，其已经在燕京大学政治系任教
多年，并在北京朝阳大学、清华大学等校兼课。这年秋天，燕大开设了法律学
系，郭被聘任为系主任，后又短暂地担任了燕大代理校长。作为教师的他，其
教学水平也深受肯定。他采用案例教学法，以学识渊博和生动的演讲称著，深
受学生欢迎。民国十六年（1927）四月，郭云观先生在燕京大学演讲《谈女子
继承财产权》，当时郭云观参与修订的民律草案刚刚刊发，各界对妇女的财产继
承权颇多微议，郭先生在演讲中广征博引，大讲妇女应享有与男子同等的权利
的理由和好处，在学生中反响强烈，许多没有听到演讲的学生纷纷要求再讲。
郭便把讲稿付印，广为散发。在郭云观的学生中，有许多学界名人。如中国政
法大学比较法研究所的第一任所长潘汉典，曾是郭云观特别给予提携的学生。
另一名学生瞿同祖，有着哥伦比亚大学与哈佛大学双学位，因撰写《中国法律
与中国社会》而闻名。瞿同祖回忆他曾在燕京大学听过郭云观的法学概论课，
他说："我听过政治系吕复教授讲授的'比较宪法'，另外，我还听了郭云观的
'法学通论'，没有中国法制史一课，缺乏这方面的训练。"

曾求教于燕大，受教于郭云观的沈膺便对他的老师赞赏有加：

> 郭闳畴：法律系主任教授，平易近人，福建②世家，对民法、刑法、国
> 际公法、国际私法诸课门研究精深。讲每门课皆集中要点，轻松而易解，
> 由浅入深，使学生不难解。自大二起每年皆选修他的课程。③

李祖荫亦对他的这位老师不吝赞美之词：

> 郭云观，号闳畴，浙江玉环人。曾任北洋政府大理院民庭推事，朝阳

---

① 台湾"中央研究院"近代史研究所藏：《准称金问泗郭云观二员成绩优良办事得力请录
用事咨查由》，典藏号：03-12-017-07-012。

② 郭云观实为浙江玉环人，此为沈膺误记。

③ 沈膺.闲话燕大老师［M］//钟叔河.过去的大学［M］.北京：同心出版社，2011：
200.

大学兼任教授，教过我班的英文民法，循循善诱，引人入兴。①

近代颇具争议的作家胡兰成在自己的著作《今生今世》里写道，在我 21 岁那年，"九月里到北京，进燕大副校长室抄写文书……赵泉澄与我说那是周作人，那是数学博士，连地球有几何重他都会算，那是有名的西北史地学教授陈垣，那是当代法律学家郭云观，我虽不听他们的课，亦觉望之如天上人。凡是燕大各系的学科我皆觉非同小可，叫人惊喜"。郭云观的学生还有曾任荷兰海牙国际法院大法官的施怀觉，当代中国著名的国际法学家王铁崖等，真可谓桃李满天下。

此外，在京时期，郭云观还担任过大理院推事以及司法行政部参事，工作亦颇为得力。从其毕业至 1932 年间，他在北京的工作，无论是外交，还是司法抑或是教学，都是比较成功的。他的这些早期工作履历为他今后事业上的成功奠定了基础。一方面，他的这些经历开拓了其国际化的视野，锻炼了他的外语与外交能力；另一方面，也正是他在学与仕方面的优异表现，让他获得了出任上海第一特区地方法院院长的机会。从此，他便与上海司法结缘，与其浮沉与共，谱写了一首一人、一城、一院的世纪恋歌。

（三）执掌沪院，为国司法

近代上海，作为"现代中国一把钥匙"②，其影响力冠绝近代中国，这种影响亦涵盖近代司法领域。因为租界的存在，上海在管辖空间、行政管理领域等方面被人为地进行了复杂的切割。具体到法权领域的表现是作为近代中国法权遭受侵蚀的载体，上海的司法机关类型复杂，法权归属不一。③ 国人为此展开了艰辛地收复工作，希冀能早日实现法权的独立完整。江苏上海第一/第二特区地方法院，江苏高等法院第二/第三分院的设立，便是时人奋斗所取得的阶段性成果。在列强环伺的上海，他们手握领事裁判权，为保持这样的成果，并在此基础上进一步完全收回领事裁判权，这些机构的长官人选便显得特别重要。他们不仅须有精深的法律知识，不只是国内法还要对国际公法与私法要有相当的了解；而且还需具备良好的外语能力，甚至于一定的外交手腕。从郭云观的过

---

① 李祖荫．燕京大学素描［M］//全国政协文史资料委员会．文史资料存稿选编　第 24 辑教育．北京：中国文史出版社，2002：257.

② ［美］罗兹·墨菲．上海——现代中国的钥匙［M］．上海社会科学院历史研究所译．上海：上海人民出版社，1986.

③ 近代上海司法机构的演变情形，可参见滕一龙．上海审判志［M］．上海：上海社会科学院出版社，2003：735；亦可参见汪楫宝．民国司法志［M］．北京：商务印书馆，2013.

往履历来看，显然他是一个理想的院长人选。1932 年年底，郭调任上海第一特区地方法院院长，在 1941 年 3 月高二分院院长徐维震被绑架以后，他又在短暂地兼任高二分院院长。1941 年 12 月以后，为保持自己民族气节，他不甘为汪伪政权效力，开始了近 4 年的逃难生涯。① 其后在抗战胜利后的 1945 年 8 月，郭氏又执掌上海高等法院院长，直到 1949 年 5 月。其前后任职上海法院院长将近 13 年之久。上海租界地盘上华洋杂处，民事涉外案件繁多，每年都在一千件以上，约占当时全国民事涉外案件的百分之八十。当时的中国法律并不完备，国与国之间的法律冲突非常尖锐，要执掌好刚刚从租界外国人手中收回裁判权的第一特区法院院长的大印，自然不是一件容易的事情。正由于郭云观先生具备深厚的国际法功底，使他很好地承担了这一重任。在就任院长期间，为了指导属员办好案件，郭云观组织编写了《涉外案件类纂》《涉外法令汇览》《中外约章司法条款辑览》等书，供各位法官学习。

（四）坚留上海，另谋他业

1949 年 5 月，上海解放，军管会法院接受处成立后，郭云观立即将法院的全部档案、财产、枪支、人员一一具册，完整移交。中华人民共和国成立后任上海司法界领导人的王容海曾为此事书写过一段文字材料："1948 年在旧法院开展地下党活动期间……在掩护职务上得到郭云观父子的积极支持，他们并接受共产党的影响，为保护当时在狱政治犯的生命安全及完整保存档案资财，做出一定贡献。"伴随着社会主义制度的建立，对旧上海国民党政权下的司法制度批判和改造成为必然。从组织上来看，当时大批的旧司法人员被清逐出司法机构，改从法律之外的工作。郭云观本在 1949 年有多重机会赴台或赴美，但他都毅然拒绝了，而选择坚守上海。在共产党政权之下，他并未能继续担任上海高等法院院长。1950 年，他开始担任东吴大学法律研究所法学教授，在院系调整后，因病退职在家，后以教授英文谋生。1949 年后，他曾有多次机会任职上海市文史馆，但因多方原因，最终未果。②

可见，郭云观的一生，是丰富多彩、跌宕起伏的一生，他的整个人生就像是近代中国特别是民国的一副微缩画卷。由于他本身的多重身份与丰富经历，其对于中国改良司法的进程，不仅有其学者建言的一面，更有其担任法院院长

①　郭思永. 郭云观先生年谱［M］//玉环县政协文史资料研究委员会. 玉环县文史资料选辑. 1989：17 - 18.

②　陈夏红. 为学当如严景耀——严景耀和他的犯罪学世界［M］//陈夏红. 风骨：新旧时代的政法学人［M］. 北京：法律出版社，2016：142.

将其改良司法的理念付诸实践的一面。理念何？实践何？现分述之。

二、改良司法的理念

作为一个学者型官员，郭云观有一些改良司法方面的学术作品存世。如《法官采证准绳》《论法庭宣誓》《论陪审制度之利弊》等，从这些作品中，对其改良司法理念可窥见一斑。

（一）目标：收回领事裁判权

汪楫宝曾指出，近代以来中国司法权之完整，有三大障碍，其中之一便为领事裁判权。① 推原清末以来司法改革动机，颇侧重于获得外人在华领事裁判权之放弃。法界内外人士，皆对此体认颇深。对领事裁判权的问题，郭云观也极为关注。在郭云观改良司法的理念中，收回领事裁判权是重要的目标指向。

1920 年 11 月，司法部设立法权讨论会，研究收回法权事宜，聘大理院院长王宠惠博士为会长，并延聘会员十余人，按时开会研究。郭云观时任修订法律馆纂修，亦被聘为会员。② 在该年其所撰写的《上海应设特别法院以代会审公廨暨外交方面应如何进行议》一文中，集中体现了他在思考收回领事裁判方面的务实与周全的思维。③ 同年，郭还发表了题为《对中国法律史的一些观察——兼论中国法律改革和领事裁判权的废除问题》的英文文章，对于领事裁判权的合理与必要性进行了质疑。首先他从最为外人所诟病的刑法制度出发，将中国古代、中国近代以及近代西方的相关制度进行比较，得出："以中国传统价值观为基础的新刑法、刑诉法与近代西方的法律是如此的接近，以至于难以分辨中西法律的细微差别。"接着郭又以日本民法的家族性为例，认日本古代民法本就是学习中国的结果，直至近代，中日两国的民法的家族性本质上还是相同的。日本在 1899 年就已废除了领事裁判权，而直到 1910 年还有英国教授撰文认为中国家族法的东方特性是领事裁判权存于中国的重要基础。"（法律性质相同，但领事裁判权一存一废）我们看不出其中区别对待的逻辑性何在。"在文章的最后，郭云观再一次表达了对于列强将领事裁判权强加于中国的不理解与质疑："无论是从理论还是实践出发，我们都找不出外国评论家将领事裁判权存在的合

---

① 汪楫宝. 民国司法志［M］. 北京：商务印书馆，2013：114.

② 附聘定法权讨论会委员会名单［M］//司法院秘书处，等. 司法公报（第 27 册）. 北京：国家图书馆出版社，2011：395.

③ 郭云观. 上海应设特别法院以代会审公廨暨外交方面应如何进行议［M］//郭云观. 法学论丛. 张祜，辑录，出版社不详，1948.

理性与中国法律的特性（家族性）联系在一起的合理缘由。"

其后郭云观担任司法行政部编纂室的主任，他继续关注此问题。诚如倪征燠所述：

> 稍后到任的编纂室主任是当时燕京大学法律系主任郭云观，他在第一次世界大战后同王宠惠、顾维钧等出席巴黎和会，做工作比较实事求是，后来被派到上海去担任特区法院院长。在他的领导下，我们翻译一些外国法典，并共同研究特别是上海等租界内法院报回来的外国领事裁判权实施情况以及外国对我国实施新颁布法律后的反映等。

其对领事裁判权问题的重视的表象之下，是他崇高的爱国情怀，这种情怀，在上海成为孤岛以后的表现尤能显现。此处就不具体展开，具体可参见其《国难文录》一书。①

（二）途径：人才培养与法院建制

在收回领事裁判权的目标指向下，郭云观对于中国司法人才的培养，即法律教育，以及具体的司法制度设计，都有着自己的见解。因其在高校任职的经历以及丰富的司法经验，他的这些见解显得相对务实。

1. 司法人才的养成

改良司法，司法官培育（法律教育）的质量实扼其命脉。作为法界老人，郭云观对此应是深有体会。对于司法人才培育的认识，即法律教育，是他整个改良司法理念中的重要组成部分。反映郭云观法律教育理念的文章主要有两篇，一中一外，《谈改良中国法律教育》与《中国学生学习英国法的现实意义》，尤以前者为全面。教育往往由受教育者、教育者、教育中介系统三者组成。② 法律教育当中的受教育者是指法律学生，教育者主要是法律教师，中介系统指法律课程设计、教学方法等。郭云观的法律教育理念可划分为教育三要素分别展开，当然在这三要素以外，还有一法律教育的目标牵引其理念的展开。

法律教育的目标，即郭云观的法律教育理念当中，他所期待的是造就怎样的法律人呢？他认为法律教育应是一种精英教育，要重质而非量。这样的法律精英不仅要有法律知识，还须兼有道德，在他看来，即"学者之人生观念及人格修养"。特别是他担任第一特区法院院长，让他深觉在繁华上海执法，要使

---

① 郭云观：《国难文录》，张祜辑录，出版社不详，1948年版。
② 刘佳. 法律教育学［M］. 北京：社会科学文献出版社，2012：58－68.

"不为习所移"，那么"平日之修养"就显得特别重要。① 他的这种追求契合了当时许多法律教育家对于健全法律人的标准，如孙晓楼就在其著作《法律教育》一书当中对于法律教育目的提出了三要件：要有法律的学问；须有法律的道德；要有社会的常识。② 郭氏之见与其不谋而合。

受教育者方面，即法律学生方面，紧要者党委提高招生程度。招生应宁缺毋滥，尤其要注重新生的国文根底。③

教育者方面，即法律教师方面，师资在郭看来是非常重要的一方面，因为"师资不良其余无足观"。教师应该专精某一门，学校要给予优厚待遇以使教师安心教学，多聘任专职教师，若其所兼之职对教学效果能有助益则可让其兼职。④

教育中介系统方面，是郭谈得最多的内容。首先在课程内容上，应分实务课程和理论课程，实务课程旨在增进学生实务经验，使其能在工作中（司法或律务）快速上手；理论课程应有主次之分，课程钟点应优先分配给宪法民法刑法法院组织法行政法等课，而且在这些课程内部，也应有粗有细，"亦不必逐处细讲多费时间只需审择扼要之处阐述法律精义务期深刻透辟引起读律兴趣"，对于其他课程则"只需指定书籍令学生自行阅读按时命题考试至及格为度"。这样抓大放下，减少课时的做法，既可以使教师有更多的时间"精研深造"，学生也可以"从容自修"。除此之外，在课程内容上，郭云观还特意提到对于以后在上海特区及其他通商大埠司法机构从业的学生，则还要"谙习国际公法国际私法国籍法以及现行中外条约协定涉及司法事项"。⑤ 郭还认为，自晚清变法以来，中国虽然是以大陆法系为仿效对象，对于属于英美法系代表的英国法，中国学生也要加以重视和学习。

在具体的教学方法方面，郭云观谈及了其曾任职燕京大学时的做法。将教材分为甲乙两类，甲类为书本教科书，注重理论的阐释，乙类则是实用教材，注重实际运用。相应的，法律试题亦分此两类，甲类试题阐释法律的一般通则与解答要义，与当时各个学校的试题大致相同。而乙类试题则为其所独创。先

① 第一特区新院长郭云观宣誓就职［N］．申报，1932-12-06（3）．
② 孙晓楼．法律教育［M］．北京：商务印书馆，2015：9-14．
③ 郭云观．谈改良中国法律教育［M］//郭云观．法学论丛．张祜，辑录．出版社不详，1948：69．
④ 郭云观．谈改良中国法律教育［M］//郭云观．法学论丛．张祜，辑录．出版社不详，1948：69．
⑤ 郭云观．谈改良中国法律教育［M］//郭云观．法学论丛．张祜，辑录．出版社不详，1948：68-70．

将一定的乙类试题预先发到各个学生手上，让学生可以预先逐题研究相互切磋。最后考试时就这些练习题当中选取百分之一二让学生作答来测试学生成绩。学生在做甲类题目时为闭卷形式，而乙类题时则为开卷形式，任学生翻书，"非素有研究者不办临时翻书于事无济持此铨材什不失一"。①

2. 法院制度的建设

围绕着法院内与外，郭氏建构了自己关于法院制度建设方面的相关理念。

首先在创设法院方面，他在 1920 年受聘法权委员会期间提出设立特别法院以代上海会审公廨的倡议。此法院将使领事裁判权国人民相互间之诉讼亦已纳入其管辖范围，"以树撤废领判权之先声"。在适用法律上，应以适用中国法律为原则，并按照法律适用条例相应参考国家私法之学说；在审级上以二审终审制为原则，但对于某种案件若有不服者，可上诉北京大理院；人事制度上，首要有一华籍院长综理一切司法行政事务，可由中国政府聘任一定数额的外籍推事，受中国政府的管辖，外籍推事的数额应分期递减，待中国法权收回之日，该法院应没有外籍推事的身影。特别法院果能如期建成，对于中国收回领事裁判权将是重要的一步。但郭氏也深知这并不是一件易事，定会遭至多方阻击。对于外交团的意见和态度，他们的托词和"拒我之术"，以及中方的应对，郭氏都条分缕析，其稳健、周全与老辣实人拍案叫绝。②

其次，围绕法庭，郭氏构想了关于法官采证、法庭宣誓、陪审制利弊等制度设计。

《法庭采证准绳》一文，是郭在 1915 年的毕业论文，当时该论文还以特殊优异成绩参加全国大专学校成绩展览会展出。关注法官采证这一问题的出发点在于其认为法官断案存有诸多难处，"听讼者询证察辞职欲无失其情也，綦难矣哉"，其制度构建最后所要达到的目标是"折狱惟平"。其内容在现今看来，虽与当下的证据法内容大都相同，且其自谦写就此文"取材于韦③著者居泰半

---

① 郭云观. 谈改良中国法律教育 [M] //郭云观. 法学论丛. 张祜，辑录. 出版社不详，1948：69.

② 郭云观. 上海应设特别法院以代会审公廨暨外交方面应如何进行议 [M] //郭云观. 法学论丛. 张祜，辑录. 出版社不详，1948：18－21.

③ "韦"即约翰·亨利·威格摩尔（John. H. Wigmore, 1863—1943），这里的韦著应其在1904—1995 年出版的《关于普通法审判中的证据法系统的论文集：包括美国所有相关法令和司法决定》，通常简称为《证据法论》。这部著作令其声名显赫。——李秀清. 20 世纪比较法学 [M]. 北京：商务印书馆，2003：273－275.

焉"①，但其作为一名法律学生的文字，其在文章中的旁征博引与锐意革新的气象，无不昭示着一位法律新星的冉冉升起。而且该文也是近代中国较早引介与提倡建立证据法学的著作。

关于法庭宣誓方面，面对时人认为"国俗互殊教宗互异宣誓宜于彼而不便于我"的观点，郭云观从中国历史上的相关制度、宣誓本身的利处等多方面予以了回击。最后其坚定地认为"具结之效用远不若宣誓之深入乎人心"，当局在法律当中没有规定，作者表示"弃之此愚所以为不可而亟欲一质其疑也"。②

关于陪审制度方面，在此点方面，郭氏并未给出自己明确的观点，而只是将时人关于陪审制的利弊，以及相应的支持、赞成、折中的理由进行了细致的梳理。最后他认为陪审制度当时人们意见支持者多为在野学者而反对者多为在职法官。③

综上，郭云观以收回领事裁判权为改良司法的目标指向，从司法人才的培养到法院具体制度的建设，都有自己的真知灼见。且其观点的表现形式有一个转变过程，其早期的文论如《法官采证准绳》《论法庭宣誓》等，其虽然见识深刻，引用翔实，但在表述上不免带有学生的稚气与激进。随着人生阅历的丰富，其后的文章显得越来越老成。郭云观公之于众的文字是否是他行为的真实写照呢？也即他的理念与言行是否完全一致呢？据笔者阅读所及，答案并不是肯定的，但也不是完全否定的。其改良司法的理念与实践之间的确产生了一定的偏移。

三、理念与实践的偏离

1930 年 5 月，国民政府颁行宣誓条例十一条，规定凡文官自委任职以上、军官自尉官以上、自治职员县自乡长或镇长以上、市自坊长以上、教职员自小学教职员以上须宣誓后始得任事，如果因为特殊情形先行任事者须于两个月内补行宣誓。又规定各种誓词的格式，如有违背誓言愿受最严厉之处罚。④ 郭云观在任职上海第一特区地方法院之前，亦经历过上述程序，其誓词如下：

---

① 郭云观. 法官采证准绳［M］//郭云观. 法学论丛. 张祜，辑录. 出版社不详，1948：4.

② 郭云观. 论法庭宣誓［M］//郭云观. 法学论丛. 张祜，辑录. 出版社不详，1948：16 - 17.

③ 郭云观. 论陪审制度之利弊［M］//郭云观. 法学论丛. 张祜，辑录. 出版社不详，1948：32 - 35.

④ 立法院秘书处. 立法专刊：第三辑［M］. 上海：民智书局，1930：175 - 176.

余敬宣誓：余恪遵总理遗嘱，服从党义，奉行法令，忠心及努力于本职。余决不妄费一钱，妄用一人，并决不营私舞弊，及受授贿赂。如违背誓言，愿受最严厉之处罚。此誓。①

但1935年针对郭云观及其部下的一场控诉，似乎与该誓词以及郭氏改良司法的理念有所偏离。这场控诉的具体内容是什么？最后的处理结果是什么？对于这场控诉本身反映了郭氏改良司法的理念与实践之间有怎样的偏离及其中的原因又是什么？

1935年2月，司法行政部收到了一份来自自称是上海公共租界受屈人民代表李大中的控诉状，控诉状一开头便将矛头直指郭云观：

上海公共租界第一特区地方法院自郭云观充任院长以来，外则示整饬风气之口名，内则收罗戚友羽党为敛财之工具。其所用之书记官类皆曾任或兼任律师云。书记与掮客置身法院则不啻登天，专以包揽词讼招摇撞骗为能事，以致内部腐败不堪每况愈下。②

那么控诉状所诉的郭云观的"戚友羽党"是哪些人？他们犯了哪些"腐败不堪"之事。控诉状所列出的这些人为刑事记录科主任书记官魏振环，练习记录书记官邹光、王能峰、候补书记官邓武。而焦点集中在魏振环与邓武身上：

魏振环所主办之拘票与搜索票，则为敛财之工具。每出拘票，有钱则先期通风报信得免拘提。尝魏振环在民事执行处时，更与候补书记官邓武狼狈为奸。凡当事人请求查封扣押或拘提押交之案件，债权人请求速办，则视其请求之标的而定。其应贿之数额最低限度则抽十分之一。债务人请求缓办则更倍之。③

控诉状谓曾有人向郭云观投诉，但是郭并未予以"惩办"，反而倍加袒护：

将魏振环调刑事记录科，嗣逢钧部开办书记官训练班，又送邓武入班训练为缓冲之计。④

---

① 第一特区新院长郭云观宣誓就职［N］. 申报，1932－12－06（3）.
② 上海市档案馆藏：《人民代表李大中控告高等法院院长郭云观贪污受贿等事项》，档案号：Q181－1－5，第74张。
③ 上海市档案馆藏：《人民代表李大中控告高等法院院长郭云观贪污受贿等事项》，档案号：Q181－1－5，第75－76张。
④ 上海市档案馆藏：《人民代表李大中控告高等法院院长郭云观贪污受贿等事项》，档案号：Q181－1－5，第76张。

而郭云观之所以如此这般的行为，李大中认为邓武系与郭云观有亲戚关系。此外，邓武将委刑民事委任状的肥缺交予徐鼎兴，并接受其"巨贿"，推事庭长等因明了邓与郭的这层关系，往往不敢与邓武为敌，"是以日复一日个半秘密当未昭白揭破"。①

此事果如控诉状所述，那么首先郭的行为便与其入职时的宣誓有了偏差；再则，诚如控诉状所言：

> 上海为我国惟一之商埠，上海之司法机关更为中外人士所注目。不仅中外人民之财产攸关在此，冀成撤销领事裁判权收回治外法权之际，岂容贪污者流寄身其间。负长官之责者，宜如勤慎清廉。

郭的此种纵容袒护行为实有害于外人对中国司法的观感，对外人放弃在华领事裁判权不无阻碍。这也显然偏离了郭在改良司法理念中对于收回领事裁判权的目标指向。

但是，按照无罪推定的原则，在最后没有充分证据证明上述控诉真实性的情况下，似不应对郭氏作有罪认定。调查结果并未坐实上述的控诉。最后的结论便是"李大中控上海第一特区地方法院院长郭云观一案不实情形应免置议"。② 但从此调查过程来看，仍存在不少问题。其中最重要的一点便是调查结果的证据来源很有问题。举个例子，如在调查魏振环与邓武的品行时，调查组是直接访查该院推事，但果如邓武与郭云观之间有着非常亲密的关系，推事们为了不得罪院长以求自保之下所言之论是否是他们的真实表达呢？笔者对此表示存疑。

最后的结果终归是没有坐实控诉的内容，调查结果认为被控诉纯属是有人从中作梗，并再次强调郭院长的廉洁与用人的公正："素常办事颇负责任，于约束吏警整饬风纪口知注意，其用人重视学历，而培植戚党徇私援引之事尚无所闻。"③ 但苍蝇不叮无缝的蛋。调查中所能确定的一点，邓武虽然与郭氏没有亲戚关系，但他们是同乡且有师生关系。郭氏在录用职员时似乎特别重视地缘关系。有人做过统计，郭云观任江苏上海第一特区地方法院院长时，90 名重要职

---

① 上海市档案馆藏：《人民代表李大中控告高等法院院长郭云观贪污受贿等事项》，档案号：Q181-1-5，第77张。

② 上海市档案馆藏：《人民代表李大中控告高等法院院长郭云观贪污受贿等事项》，档案号：Q181-1-5，第88张。

③ 上海市档案馆藏：《人民代表李大中控告高等法院院长郭云观贪污受贿等事项》，档案号：Q181-1-5，第86张。

员中，有浙江人 27 人，占 30%；江苏人 17 人，约占 19%；其余为江西、福建、广东、湖南、湖北及河北等省人士。① 而且在中国这个乡土社会，同地之人往往会有一定的血缘关系。

在黄炎培的两则日记中，亦可以看见黄炎培与郭云观之间在人事制度方面的互惠操作，这种操作是否在制度范围之内，亦使人生疑：

> 1934 年 8 月 30 日　星期四
>
> 李君勉（劭）②，持郭云观信、曹仲渊信由高乐民陪来，为介往指导所。③
>
> 1946 年 5 月 27 日　星期一　晴
>
> 邀郭闵畴来，允为介杜笑凡（保祺）④。⑤

而对于郭云观在抗日战争胜利后处理汉奸案的一些做法，时人亦颇有微词，中间似乎存在不少问题：

> 那时汉奸案规定专由法院审讯处理，郭云观等到沪以后，即将没收汉奸的一套洋房和一辆汽车不声不响地拨归谢冠生做私人住宅和使用，并把室内布置妥当陈设一新。⑥
>
> 上海高等法院在处理汉奸案件时，贿赂公行也是声名狼藉。据说抗战前分发在上海第一特区地方法院的一个学习推事东北人姓刘，在抗战胜利后当上了高院刑庭庭长，承办不少汉奸案件，因而发了大财。那么当时自命为廉洁的院长郭云观怎么能辞其咎呢？⑦

---

① 连连．萌生：1949 年前的上海中产阶级：一项历史社会学的考察［M］．北京：中国大百科全书出版社，2009：263.

② 李君勉，与郭云观同为浙人，缙云县人士。——林昌建．浙江民国人物大辞典［M］．杭州：浙江人民出版社，2013：192.

③ 黄炎培．黄炎培日记第 4 卷（1931.6—1934.11）［M］．中国社会科学院近代史研究所整理．北京：华文出版社，2008：304.

④ 杜保祺，字笑凡，号健庐主人，福建龙岩人，民国年间著名法学家。曾任上海高等法院首席检察官。——孙玉声，杜保祺．退醒庐笔记　健庐随笔［M］．太原：山西古籍出版社，1995：185.

⑤ 黄炎培．黄炎培日记第 9 卷（1945.1—1947.8）［M］．中国社会科学院近代史研究所整理．北京：华文出版社，2008：158.

⑥ 冯彩丞．谢冠生贪污点滴［M］//全国政协文史资料委员会．文史资料存稿选编　第 12 辑 政府 政党．北京：中国文史出版社，2002：509.

⑦ 张大椿．日军劫夺上海公共租界内中国法院［M］//上海文史馆、上海市人民政府参事室文史资料工作委员会．上海地方史资料 第 2 辑．上海：上海人民出版社，1986：162.

这些矛头都指向郭云观，显与其文字所表述的改良司法的理念有所偏移。

近代以还，中国司法制度在民族危机语境之下，本着废除领事裁判权，恢复国家主权的愿景，逐步向前推进。在这一艰难而漫长的进程中，有多种因素渗入其中，于有意无意间形塑着司法样态。或是司法本身的因素，如司法官与法庭的数量，司法官培育（法律教育）的质量；或是司法之外的因素，如政治、民族主义等对司法领域的渗透（党化司法与人民司法）等。总之，司法改良运动并不是纯粹的法律事件，它的影响，亦及于法律之外，更有甚者，会导致"社会失控"以致政权覆灭。①

在此之中，制造上述因素以及直接的承受者，则是人，而人是生活在复杂的关系网络中的。受西风东渐与固有文化的影响，近代以来的中国社会一方面努力进行以学缘（学校出身）、业缘（所从事的职业）、阶级（意识形态）等新式资源去构建"去传统"的人际关系的尝试，一方面传统的如学缘（科举场上的同年同科或书院中的同门弟子）、血缘（或拟血缘）、地缘（乡缘）等旧有资源并未退居历史舞台的幕后。后者往往深深嵌入新式人际关系当中，发挥其潜在的影响，与前者一起，交织成一个巨大复杂、相互缠绕的关系网络。② 在近世中国并未形成一稳定有效的政制法制，且加上社会的频繁变动语境之下③，这种关系网络往往会成为一种非制度性因素潜在地塑造着司法改良的实际运行情况。

在近代以收回领事裁判权为动力的改良司法进程中，郭云观作为极有气节的法律学者，在理念与制度上都贡献了自己的才智。但其并不是一抽象的圣人，加上近代制度的不健全与人的本性所致，生活在密切关系网络当中的郭云观的某些言行难免会偏离其作为一个法律人的基本理念。但是，不能否认的是，在近代上海乃至中国司法改良进程当中，郭云观仍是一积极的推进因素。作为国民政府的上海特区法院首任院长，在民族危亡的紧要关头，郭云观先生表现出的爱国主义和一身凛然正气值得世人称道。

国学大师唐文治先生在一则题词中写道："人生唯有气节重，世界须凭骨力撑。……余读郭君闵涛《辛巳蒙难记》及《明哲保身释义》，炳炳琅琅，浩然正大之气，流露行间，深为之嘉叹不止也。"作为一个法学家、教育家，郭云观

---

① 张仁善. 司法腐败与社会失控 [J]. 南京大学法律评论，2004（22）：78.

② 许纪霖. 社会文化史视野中的知识分子交往网络 [M] //李长莉，左玉河. 近代中国社会与民间文化 [M]. 北京：社会科学文献出版社，2007：76.

③ [美] 包华德. 民国名人传记辞典（第一分册）（征求意见稿）[M]. 沈自敏，译，林东民，校. 北京：中华书局，1979：3.

对国际公法和国际私法的研究和运用成就，以及对我国现代法学教育的开展都做出了自己的积极贡献。早在 1940 年 8 月，郭云观曾写过一篇《执法者应先寡欲》的文章。他说："甚矣为司法官之难也。学识难，修养尤难。修养之方不一，而首当无世俗之好……盖心有所好，则易为物移，移则生欲，因欲生蔽。始而为人所乘，继而为人所弄而不自觉，或觉而不能自拔。患固常起于忽微，而至于不可收拾。故好者欲之端，蔽之渐，招侮之由，而溺职之阶也。"郭云观任职期间，任人唯贤，公正廉洁，不徇私情，具有高尚的人格节操。他十分注意下属的操守，他有一条禁令，不许法官在家中装电话，以防止当事人与法官通气。郭云观于民国初年在北京大理院任推事时，曾有人打听他的爱好，他回答："嗜菠菜豆腐羹上置半熟鸡蛋二，所好止此。"郭云观先生关于《执法者应先寡欲》的论述，今天读来仍觉意味隽永，法理精深，启迪后人。

第二十章　捍卫国家利益和民族尊严的法界勇士
——上海"孤岛"中的法苑英烈谱

　　1937 年抗日战争爆发，从日军侵占上海到 1941 年太平洋战争爆发，上海经历了长达四年的"孤岛"时期。中华民族的爱国人士与日、伪之间为控制"孤岛"，进行了剧烈的秘密战争。在敌占区，国民政府留下来的高级司法官员，与日伪进行了不屈不挠的斗争。1938 年春天开始，日伪方面向租界当局多次进行交涉，要求把租界内的中国法院接收过来归汪伪政府管辖。但美、英、法政府只承认重庆国民政府，不承认南京伪政权，拒绝把租界中的法院交给他们。于是日伪就想从这几个法院内部打开缺口，由 76 号特工总部出面，给租界法院的人员写了大批恐吓信，并用高官厚禄收买，但租界法官们坚持忠于国民政府，拒绝了日伪种种威逼利诱。

　　在国家、民族危亡的紧急时刻，近代法律人群体表现出了他们大无畏的革命英雄主义、高尚的爱国热忱和刚烈的民族气节。他们无时无刻不把国家、民族利益看作最高的利益，不屈服于日本帝国主义的威逼利诱，对敌伪投降派和奸佞之徒毫不留情。他们大义凛然、临死不惧。他们的业绩彪炳千古、气壮山河，其高风亮节光照日月，千秋英名永垂汗青。

　　钱鸿业、郑钺、杨光洮、郁华等浙籍法律人皆是这一时期涌现出来的不朽民族英烈。

　　一、钱鸿业，生年不详，字谨庵，浙江杭州人。清监生，曾历任度支部主事、京师检察厅检察官、大理院推事、上海第一特区地方法院刑庭庭长。在日伪派特工暗杀了时任上海特区法院刑庭庭长郁华之后，钱鸿业开始代理院务。当时，占领了上海的日寇不断要求接收租界法院，都遭到坚决抵制。日寇野心不灭，对钱鸿业的威胁恐吓从未间断过。为了保证钱鸿业的人身安全，其左右多次劝说他进出乘坐避弹汽车。然而钱鸿业心中毫无畏惧，视日寇的威胁为无物，依旧每天乘人力车上下班。1940 年 7 月 29 日，钱鸿业遭日谍暗算，连中四弹，均在要害。临终前，钱对子女说："我是法官，眼看国家将亡，我死不足惜，你们是学科学的，将来要报效国家。"这是他对子女的最后遗言。前国民党台湾政坛要人钱复先生高度评价了祖父钱鸿业，称"祖父钱鸿业气节影响了自己一生"。郁华与钱鸿业秉持浩然正气，视死如归，相继殉国，表达了浙籍法律人坚贞的爱国气节："石可破而不可夺坚，丹可磨而不可夺赤。"成为当时捍卫民族利益和尊严的法界勇士，重庆国民政府下令予以褒扬。

二、郑钺（1876—1943），浙江兰溪人，早年留学日本时，加入同盟会。1928年起任中央法官惩戒委员会秘书处机要科科长、江苏高法第二特区分院首席检察官。郑钺一生，为官清廉，两袖清风，秉然正气，执法刚正。1937年11月，国民政府军西撤，上海租界沦为孤岛，郑钺留守孤岛坚持执法。1938年2月，郑钺兼任最高法院上海特区分院检察官，与郁华、钱鸿业等爱国司法人员同侵华日军及汉奸败类抗争。其时，汪伪集团与"76号"派夏仲明以收买、诱降和恐吓、暗杀等手段，妄图强夺租界内的中国司法机构。二分院院长徐维震变节，郁华被害，形势迅速恶化。郑钺受命主持留沪司法人员内迁。日军认为郑钺有留日经历，娶有日籍妻子，在司法界又极有人望，遂千方百计进行劝降，周佛海曾派人二次游说郑钺加入汪伪。1938年夏，华中宪兵司令部翻译山崎晴一前来"拜访"，希望他与日军"合作"，出任伪司法部长。对这些纠缠，郑钺置之不理。1939年郁华遇害后，日伪丁默邨通过郑钺的女儿对郑加以威胁。郑钺知道后，嗤之以鼻，并教育女儿："只要是对抗日有利，对国家有利，对四万万同胞有利的事，就应该做！"女儿被捕后，日军以此要挟郑钺"合作"，但"合作"就是丧失民族大节，郑钺丝毫不予理睬。不久女儿殉难，郑钺悲愤难抑，病魔缠身，于1943年4月8日去世。

三、杨光泩（1900—1942），浙江吴兴菱湖（湖州）人，杨光泩16岁时考入清华高等科（清华大学前身），1920年由清华学堂保送留美，先后在科罗拉多大学、普林斯顿大学求学，并获学士、硕士学位，1924年获普林斯顿大学国际公法博士学位。在美国时，曾出任中国驻美国公使三等秘书、《中国学生月刊》总编辑、美国东部中国学生联合会主席、乔治城大学中文教授、华盛顿美国大学远东历史讲师。回国后曾担任过清华大学的教授，不久进入外交界。1938年杨光泩受命于危难之秋，出任中国驻菲律宾首都马尼拉总领事。就任期间，积极宣传抗日救国，向华侨募捐支援抗战。1941年12月7日，日本偷袭珍珠港，太平洋战争爆发，马尼拉危在旦夕。为掩护当地华侨及领事馆财产，杨光泩婉拒盟军劝其撤出马尼拉的安排，誓曰："身为外交官，应负保侨重责，未奉命之前，绝不擅离职守。"一面筹划应变办法，一面疏散文职人员，当时有一批由美国印刷的法币滞留在马尼拉港口海关，为了不遭日寇掠夺，毅然付之一炬。1942年1月2日，马尼拉被日军占领。当天，日本驻马尼拉副领事木原次太郎声称日本不承认重庆政府，也不承认杨光泩等人的外交官身份。要挟杨光泩将旅菲华侨领袖集中起来，杨光泩当场拒绝。于是杨及另外7名外交人员被日军囚禁，在狱中，他们身遭百般凌辱、残酷折磨，但始终坚贞不屈。日本宪兵司令太田，因遭到杨光泩严词斥责，恼羞成怒，于1942年4月17日将杨光泩等8位外交官秘密枪杀于菲律宾华侨义山。敌人未击中杨光泩要害，杨光泩以手指心，大义凛然，视死如归，牺牲时年仅43岁。1945年杨光泩等8位外交官忠骸移葬南京雨花台。1948年旅菲侨胞为纪念杨光泩烈士，在菲律宾华侨义山建立了一座上镌"效忠成志"四个大字的纪念碑，还有一条以他名字命名的"光泩路"和光泩小学。1989年12月2日，国务院民政部颁发了杨光泩革命烈士证书，并在南京市菊花台公园修复了烈士墓和烈士纪念馆。

四、郁华（1884—1939），字曼陀，又字庆云，小名莲生，浙江富阳人，是著名左翼文学家郁达夫之长兄。郁华16岁应童子试，府、道均列榜首。1905年考取浙江省首批官费留学生，负笈日本，先就读早稻田大学师范科，继入法政大学专修法律。1910年获法学学士学位回国，应清政府留学生考试合格获法科举人衔，供职于清政府外务部。1911年，任京师高等审判厅推事、北京政府大理院推事。1913年奉派赴日本考察司法制度，回国后，继任大理院推事，兼司法储才馆、朝阳大学、东吴大学等院校刑法教授。历任国民政府司法行政部刑事司科长、最高法院东北分院刑事审判庭庭长兼代分院院长、江苏高等法院第二分院刑庭庭长。郁华在江苏高等法院第二分院刑庭庭长任内，审理了申报记者瞿绍伊被杀案、爱国人士刘湛恩被杀案及多起与日伪特务暗杀活动有关案件，在这些案件的审判中，郁华坚守民族大义，严惩日伪特务。民国二十八年十一月二十三日，在上海巨泼来斯路寓所门前郁华遭日伪特务暗杀，光荣殉难。著有《刑法总则》《判例》《静元堂诗画集》《郁曼陀陈碧岑诗抄》等，是当时我国刑法界的权威。

1939年7月22日，汪伪76号特工总部警卫大队长吴四宝奉丁默邨、李士群的命令，指使特务冲砸《大美晚报》馆，几名打砸特务被闻讯赶来的公共租界巡捕捕获并被解送特区法院。与此同时，上海公共租界又发生了日伪特务刺杀爱国记者瞿绍伊的案件，暗杀特务行凶后被租界巡捕抓获，送交租界法院审理，被判死刑。两件案子都上诉到高二分院，承审此案的正是刑庭庭长郁华。郁华接连受理两件日伪特务暗杀案，被上海乃至全国舆论界所注目。日伪每天给他寄数百封形式各样的恫吓信，想使他推翻原判，释放凶手，威胁他的匿名电话则昼夜不息。但是郁华刚正不阿，疾恶如仇，他决心维护国格，伸张正义。

1939 年 11 月 22 日，高二分院开庭审理此案。经过审理，最后郁华庄严宣判：维持原判死刑，驳回上诉。丁默邨、李士群下令第二天对郁华实施暗杀。1939年 11 月 23 日早晨，郁华像往常一样，携幼子乘上人力车去上班，刚离家门不远，从四周窜出数名凶徒，用手枪对郁华疯狂乱射……郁华成为抗战以来上海租界内第一个遭汪伪汉奸特务机构"76 号"杀害的民国高级司法人员。

（一）英烈传世家

浙江富阳县富春江畔的鹳山上耸立着一座纪念亭——鹳山双烈亭，长眠此处的是民国时期中国著名的高级司法人员郁华和著名左翼文学家郁达夫兄弟俩人。鹳山有"华东文化名山"的美誉，在鹳山东侧有"松筠别墅旧址"——是由著名书法家黄苗子（黄苗子是郁华的大女儿郁风的丈夫）题写。"松筠别墅旧址"右边一间屋子正面是郁华像，两边对联是"春里小榭试灯初，暮雨江皋留枕处"。另一间屋子里墙上贴着介绍郁氏家族的史料图片。这间宁静清雅的小屋，在那风云动荡的岁月发生过极不平凡的事情。郁达夫三岁时父亲即去世，与二兄一姐全靠太夫人陆氏抚养长大。民国初年，临时大总统黎元洪，因郁门婆媳戴氏和陆氏两代守寡奖掖孩孙，亲笔题词赐匾额"节比松筠"。郁华因此命名其居为"松筠别墅"，作为奉母养老的小筑。后郁华被日伪特务暗杀于上海。1937 年 12 月，日军入侵富阳，郁母陆太夫人以女性刚烈，在此绝食殉难，而今楼上陆母卧室还悬挂着她绝食殉难前一年的留影。现松筠别墅已被辟为"郁曼陀、郁达夫烈士事迹陈列室"。

郁达夫，中国现代诗人、作家、爱国主义者。写下了大量的政论、杂文与文艺杂论，孤军奋战、以笔为刀，激发华侨爱国抗日的情绪与行动，于抗战文艺的推进有着莫大的助益。先后在上海、武汉、福州等地从事抗日救国宣传活动，并曾赴台儿庄劳军。1938 年年底，郁达夫应邀赴新加坡办报并从事宣传抗日救亡，星洲沦陷后流亡至苏门答腊，因精通日语被迫做过日军翻译，其间利用职务之便暗暗救助、保护了大量文化界流亡难友、爱国侨领和当地居民。胡愈之曾评价说："在中国文学史上，将永远铭刻着郁达夫的名字，在中国人民反法西斯战争的纪念碑上，也将永远铭刻着郁达夫烈士的名字。"夏衍先生也曾说："达夫是一个伟大的爱国者，爱国是他毕生的精神支柱。"

郁门婆媳戴氏和陆氏、郁家兄弟郁华和郁达夫皆为民族大义而死，一门四烈，实为世所罕见，堪为中华民族模范英烈世家。

郁达夫作为诗人、作家因其文名远播而为人熟知，其长兄郁华却被人们渐渐淡忘。但在近代中国政法史上郁华却是一位名垂青史的爱国法官，他是抗战以来在上海租界内第一个遭汪伪汉奸特务机构"76 号"杀害的中国高级司法人员。1952年10月，经中央人民政府批准，郁华和郁达夫均被人民政府追认为"为民族解放事业殉难的烈士"，并在他们的家乡鹤山建立了纪念碑——双烈亭。

（二）义举助革命

郁华早年负笈日本，先后就读早稻田大学、法政大学。回国后，供职于清政府外务部。1911年，任京师高等审判厅推事、北京政府大理院推事。1913年奉派赴日本考察司法制度，回国后，继任大理院推事，兼司法储才馆、朝阳大学、东吴大学等院校刑法教授。历任国民政府司法行政部刑事司科长、最高法院东北分院刑事审判庭庭长兼代分院院长。由此，郁华的名声久已为日本人所熟悉。

早在1931年"九一八"事件前夕，日本军国主义者就威逼郁华为侵华日军服务，他坚辞不从。当时日寇对我东北的狼子野心暴露无遗，郁华坚持民族大义。为摆脱日寇纠缠，郁华星夜潜藏皇姑屯农家，随后又化装兼程回到北平，由此可见郁华的民族气节及其风骨。

民国二十一年（1932），郁华出任国民党政府设在上海租界内的江苏高等法院第二分院刑庭庭长，并兼任东吴法学院、法政大学等大学教授。在这段时间内，郁华基于其正义良知和法律素养，多次营救进步人士，积极帮助田汉、阳翰笙等革命者。

1933年3月28日，由于叛徒告密，时任中华全国总工会宣传部长、全国海员总工会党团书记的廖承志，被国民党上海市公安局勾结公共租界巡捕房逮捕，监禁在租界拘留所。他们突击审讯，逼迫廖承志说出上海地下党名单，又暗示他母亲可能危险，但廖承志毫不退缩，怒斥国民党勾结外国人迫害革命志士的罪行。3月30日，江苏省高等法院上海分院刑事一厅开庭审理，主持审讯的庭长正是和柳亚子相熟的郁华。柳亚子前往旁听，郁华将南京军法处要求将廖承志引渡到南京的消息告诉了柳亚子。这为其他方面营救廖承志赢得了时间。柳亚子立即将情况告诉了何香凝，中国民权保障同盟在宋庆龄的主持下，召开了临时执委会议，随即发表宣言，要求立即释放廖承志。在各方面努力下廖承志最终获释。廖承志出狱后，何香凝为表示谢意，亲自绘制《春兰秋菊图》一幅赠送郁华。1954年又在画上补写题词："1933年承志入狱，其时得曼陀先生帮忙，特将此画纪念。"同年5月，郭沫若见到画和题词，又在画端题诗一首："难弟难兄同殉国，春兰秋菊见精神；能埋无地天不死，终古馨香一片真。"①

---

① 陈夏红. 郁达夫胞兄郁华遭汉奸暗杀始末：曾营救廖承志［N］. 民主与法制时报，
2007－09－09.

郁华的正义言行深深影响了其弟郁达夫，郁达夫的很多壮举也都和郁华有关。学者李剑华在回忆郁达夫的文章中说："达夫先生……同情革命，富有正义感，在三十年代的腥风血雨的岁月里，曾通过他在法院工作的哥哥郁曼陀，着实营救了不少共产党同志。"

郭沫若先生后来在为郁华撰写的碑铭中也说道："先生持法平而守己刚正，有投书以死相威胁者，先生不为所动，爱国青年之得庇护以存活者甚众。"

（三）文章抒气节

郁华一生为人正直、清廉，喜爱诗画。早在辛亥革命前夕，郁华就参加了柳亚子等人组成的进步文学团体——南社，积极倡导文章气节，常以诗画抒发爱国热忱。有《静远堂诗画集》《郁曼陀陈碧岑诗抄》等著作。柳亚子评郁曼陀的诗是"鹏举冲冠之作，文山正气之歌"。

郁华对诗词书画均有较高的造诣和研究。在日本留学时，郁华曾在报刊发表 67 首《东京竹枝词》，被传诵一时，并得到日本汉诗泰斗森槐南的高度评价。

郁华回国后继续进行诗歌创作，在诗歌里热忱抒发他对祖国山河的热爱及报国效民的心志。在一首题为"乙亥中伏诣暑牯岭"的诗中，郁华写道：

> 人世炎威苦未休，此间萧爽已如秋；时贤几辈同忧乐，小住随缘任去留。白日寒生阴壑雨，青林云断隔山楼；勒移那计嘲尘俗，且作偷闲十日游。

在郁达夫的《秋霖日记》中，郁达夫和此诗。前小序交代："海上候曼兄不至，回杭得牯岭诣暑夹诗，步原韵奉答，并约于重九日，同去富阳。"郁达夫和诗曰：

> 语不惊人死不休，杜陵诗祗解悲秋；蝎来夔府三年住，未及彭城百日留。为恋湖山伤小别，正愁风雨暗高楼；重阳好作茱萸会，花萼江边一夜游。

而在一首题为"晓发天台国清寺至螺溪钓艇"的诗中，郁华再次抒发了这种追求：

> 每逢胜境便勾留，稳藉篮舆作卧游；画帏千林悬晚翠，风帘一桁破晴幽。峰遮月角云低堕，石束山腰水倒流；不信螺溪深百折，壑中藏得钓鱼舟。

郁华在殉难之前，曾给夫人陈碧岑写过一首诗：

> 劫余画稿未全删，历历亭台忆故关。烟影点成浓淡树，夕阳皴出深浅

山。投荒竟向他乡老，多难安容吾辈闲。江上秋风阻归棹，与君何日得开颜。

这首诗语句清丽，情意深沉。特别是"多难安容吾辈闲"一语，表达了郁华忧国忧民的情怀和报国济世的心志。

（四）乾坤扶正气

1937 年 10 月，上海租界沦为"孤岛"。抗战前国民政府在租界内设置的特区法院继续运行。但日寇的觊觎之心未死，从 1938 年开始多次跟租界交涉，要求接管租界内的中国法院，并将法院归汪伪政府管辖。美、英、法诸国政府因只承认蒋介石国民政府，拒绝了日本的要求。于是日本人将争取租界警察权和中国法院管辖权的重任交给汪伪上海 76 号特工总部承担。

76 号全称是汪伪"国民党中央执行委员会特务委员会特工总部"，因位于极司非而路 76 号（今万航渡路 435 号）而得名，于 1939 年 5 月成立，由周佛海任特务委员会主任委员，丁默邨任副主任委员，李士群任秘书长。以丁默邨为特工总部主任，李士群为副主任。

"76 号"接受重任之后，暗杀、绑架替代了外交谈判。租界当局不得不加强各法院的武装戒备，同时由警务处派出武装人员接送司法人员上下班，对于院长、刑事庭庭长等高级人员，甚至由装甲车接送。对此项保护举动并不是所有人都能接受，更多的中国司法人员认为这只是向特务示弱而宁愿步行或者通过其他交通工具上下班。郁华便是其中一位，他拒绝了租界当局的好意，坚持自备包车上下班。

1938 年 4 月，日伪特务在上海马路上枪杀了著名的文教界和宗教界进步人士、沪江大学校长刘湛恩博士。郁华在审理这一案件时，不顾自身安危，当庭斥责刺客并判以极刑。刘湛恩之子刘光华说："我曾亲睹郁华庭长不顾自身安危，当庭痛斥被现场群众捕获的刺客曾某，并判以极刑，其高风亮节、秉公执法确实令人佩服。"由此敌伪汉奸对郁华恨之入骨。

1939 年春，郁华接到署名"反共除奸团"的恐吓信说："如果不参加我们组织，你的生命难保。"郁华泰然处之。敌伪又许以高官厚禄，郁华又严词拒绝。友人多次劝他外出避祸，他却说："国家民族正在危急之际，怎能抛弃职守？我当做我应该做的事，生死就不去计较了。"他坚守自己的司法岗位，并积极支持夫人陈碧岑和大女儿郁风从事抗日活动。

1939 年 7 月，"76 号"特务又在租界寻衅，袭击《中美日报》社，并打砸抢《大晚报》馆，捣毁了排字房，打死打伤排字工各一名。租界巡捕闻讯赶来，特务们开枪拒捕，后有几名"76 号"特务受伤被捕。此案进入司法程序之后，几名被捕特务经公共租界上海第一地方法院一审判处死刑。"76 号"的头子李士群、丁默邨策动被捕特务上诉，同时写信给即将承接此案二审的郁华，要求他撤销原判，宣布被告无罪，并威胁郁华说如果不这样，后果将极其严重，郁华对此嗤之以鼻。在后来的审判中，郁华坚持正义，驳回上诉，维持原判。"76 号"闻讯后恼羞成怒，随即命令特务夏仲明、吴振明、潘公亚等人布置暗杀。1939 年 11 月 23 日，日伪特务对郁华实施暗杀，郁华身中三弹而牺牲。

郁华被害后不久，租界内的中国司法工作人员都收到了来自"76 号"的匿名信。匿名信扬言谁若敢提郁华被害一案，即取其性命。郁华的一位同事的门上，还被人插上一把匕首作为警告。时隔半年之后的 1940 年 7 月 29 日，曾承接《中美日报》案一审的第一特区地方法院刑庭庭长钱鸿业又遭"76 号"毒手。

郁华被害后，上海、香港等地均有悼念活动。民国二十九年三月二十四日，上海各界人士在湖社举行盛大追悼会。当天的香港《星岛日报》发表《学者与名节》的社论，称颂郁华："重名节、爱国家""威武不能屈，富贵不能淫的精神，是中国在今日持久抗战中所最宝贵的"。

日伪特工暗杀了郁曼陀之后，另一名浙籍法律人钱鸿业开始代理院务。日伪寇继续要求接收租界法院，并从未间断过对钱鸿业的威胁恐吓。然而钱鸿业心中毫无畏惧，蔑视日伪寇的一切威逼利诱。1940 年的 7 月 29 日，钱鸿业先生遭日伪特务暗杀。郁华与钱鸿业相继殉国，成为当时捍卫民族利益和尊严的法界勇士，重庆国民政府下令予以褒扬。

（五）埙篪同殉国

郁华是抗战以来租界内第一个遭到汉奸谋杀的中国高级司法人员。噩耗传到胞弟郁达夫耳中，郁达夫奋笔挥就挽联一副：

> 天壤薄王郎，节见穷时，各有清名闻海内；乾坤扶正气，神伤雨夜，好凭血债索辽东。

对联高度评价了郁华执法不阿、为国捐躯的清名亮节，同时义正词严地倾吐了诗人对强寇入侵、山河破碎的无比愤慨。挽联振奋人心，传诵一时。

抗日战争中，武汉沦陷时，郁达夫应新加坡星洲日报之邀，前往海外从事抗日宣传，后避难于印尼，在苏门答腊被日本宪兵杀害。家乡人称兄弟两人为"双烈"。

郁华被杀害后，其夫人陈碧岑将一件血衣暗暗保存下来，请净寺的若瓢和尚代为收藏，1947 年 4 月，富阳地方人士举行分祭，在鹳山修建了"郁曼陀先生血衣塚"。墓额是国民党元老于右任题写，郭沫若撰写《郁曼陀先生血衣冢志铭》，由马叙伦书成刻石。碑文为："石可做而不可夺坚，丹可磨而不可夺赤，谁云遽然而物化耶？凝血与山川共碧！"

1980 年，富阳县政府为纪念郁达夫、郁曼陀两位爱国志士在风景秀丽的鹳山修建双烈亭。亭子正檐，悬挂着茅盾题写的匾额《双松挺秀》四个大字。亭内四根亭柱上对称地挂着赵朴初和俞平伯题写的楹联，"莫忘祖狄中流楫，同领山亭一钵茶，"劫后湖山谁做主，后豪子弟满江东"。前者苍劲，后者雄浑。亭北两侧嵌有富阳县人民政府所立的两块镌有烈士肖像和小传的石碑，碑文由著名书法家黄苗子书写，字体质朴舒展，拙中有味；两帧白描肖像出自著名画家叶浅予手笔，形神兼备；肖像上方有双松对峙，象征英灵与青松常在，亭子中间竖有石碑，刻有郭沫若于 1963 年为郁曼陀遗画而作的题诗，诗云：

　　　双松挺秀意何如，仿佛眉山有二苏，况复埙篪同殉国，天涯海角听相呼。

亭子四周绿树掩映，隔着稀疏的枝条俯瞰，水波粼粼的江面，幽静雅致的鹳山，最是安抚英烈魂灵的栖息之地，故乡人们的深厚情意，英灵在天也会有知吧！

第二十一章 南京国民政府时期的司法行政
建设与谢冠生《战时司法纪要》

一、南京国民政府时期司法行政建设概况

南京国民政府时期的司法行政部为执掌司法行政的机关。司法部在清末为法部，北洋政府时期称司法部，隶属国务院。南京国民政府时期改称司法行政部，其隶属关系中间变化多端，有时隶属行政院，有时隶属司法院，在两者之间摇摆不定。1928 年 10 月，国民政府公布《司法院组织法》，规定司法院设司法行政署。1928 年 11 月，国民党中央政治会议议决将"司法行政署"更名为"司法行政部"，仍隶属于司法院。1929 年 4 月公布的《司法院司法行政部组织法》，规定司法行政部隶属司法院，掌理全国司法行政事务①。

1931 年 12 月修正《国民政府组织法》公布，规定："司法院设最高法院，行政法院及公务员惩戒委员会"，将司法行政部改隶于行政院。1931 年至 1934 年，司法行政部在此期间隶属行政院。

1934 年 10 月修正《国民政府组织法》公布，规定："荐任以上司法官官吏之任免，应经司法院会议解决"。"司法院设司法行政部、最高法院、行政法院及公务员惩戒委员会"。于是司法行政部重新隶属于司法院，一直持续到 1942 年年底。

1942 年 12 月修正《国民政府组织法》公布，规定司法行政部重新回到行政院的怀抱。1946 年 1 月《中华民国宪法》公布，依宪法重新制定的《司法院组织法》，根据该组织法建立的新司法院，设立大法官会议及其所属最高法院、行政法院、公务员惩戒委员会三个机关，司法行政部仍归行政院。

南京国民政府时期，司法行政部归属的多次变迁及其职权范围的不同划分，

---

① 司法院史实纪要编辑委员会. 司法院史实纪要：第一册 [M]. 台北：台湾国史馆编印，1983：8.

与国民党在不同时期对于行政权及司法权的不同解释有关①。司法行政部隶属于司法院时，在行政上受司法院的监督、指导，在执行政策政纲上也秉承司法院的旨意，司法权能保持完整与统一。司法行政部归属行政院时，如死刑的批复，最高法院做出判决后，需要有行政院的批准才可以执行，实质上分散了司法权力，影响办案效率和质量。南京国民政府时期，司法行政部的归属问题长期不统一，既不利于司法行政，也有害于司法审判。

司法行政部设部长 1 人，特任，综理本部事务并监督所属职员及各机关。从 1912 年中华民国南京临时政府建立到 1949 年的 38 年时间内，担任司法行政部最高长官人员达 30 余人。其中，担任次数最多的是王宠惠，担任时间最长的是谢冠生，达 11 年之久。司法行政部设政务次长与常务次长（1931 年 2 月 20 口改称常务次长），各 1 人，均简任，辅助部长处理部务，部长与次长均由司法院院长提请国民政府任命。司法部录用的职员接受教育的程度较高②。

1929 年 4 月，南京国民政府公布《司法院司法行政部组织法》，明确规定司法行政部职掌全国司法行政事务，部内设总务、民事、刑事和监狱四司③，和秘书处、参事处两处，并设法医研究署。司法行政部设司长四人，分掌各司事务。对于地方最高级行政长官执行本部主管事务有指示与监督权，对其执行本部主管事务的命令或处分认为有违背法令或逾越权限者，得请由司法院院长提经国务会议议决后停止或撤销④。司法行政部审查委托各省书记官以上的人员，荐、简任人员也由司法行政部报请任命。司法行政部办理各省及特别市的推检以上司法人员的任免、升调、考核、奖惩，《司法行政部组织法》规定："司法行政部就主管事务对于地方最高级行政长官之命令或处分，认为有违背法令或逾越权限者，得提经行政会议议决后，停止或撤销之。"⑤ 可以呈荐各省及特别省及特别市的最高司法长官，如高等法院院长及首席检察官，司法行政部还可

---

① 张宪文 . 中华民国史：第二卷［M］. 南京：南京大学出版社，2006：93.

② 据 1934 年的统计，高等教育，国内毕业 102 人，肄业 12 人；国外毕业 40 人，肄业 3 人；中等毕业 58 人，肄业 15 人；初等毕业 1 人；未详 17 人；共 248 人。本部人员教育程度及成绩［M］// 司法行政部统计室 . 中华民国二十三年度司法统计 . 南京：京华印书馆，1936：6.

③ 中国第二历史档案馆编 . 国民党政府政治制度档案史料选编（下册）［M］. 合肥：安徽教育出版社，1994：284.

④ 1943 年 1 月，湖南省衡阳地方法院首席检察官廖允怍怠忽职务，玩视命案，被湖南高检处呈报司法行政部，予以申诫处分。中国第二历史档案馆编 . 国民党政府政治制度档案史料选编（下册）［M］. 合肥：安徽教育出版社，1994：284.

⑤ 张晋藩 . 中国法制史［M］. 北京：中国政法大学出版社，2002：378.

以任命地方各级法院院长、推事、检察官及监狱典狱长①。

司法行政部的审判，以评事五人合议行使，合议审判以庭长为审判长，庭长有事故时，以评事中资深者充任。人民对于行政法院的审判不得上诉或抗告，行政法院的判决，就其事件有拘束各关系官署的效力②。

司法行政部还实行审检监督之权，司法行政部不能干涉各院案件的审理，对已判决的案件，司法行政部根据各院统计人员按案件的种类分月报、季报、年报，进行审核。判处无期徒刑及死刑的案件，必须将卷宗专案报核，无期徒刑案件先执行，后呈报。《刑事诉讼法》规定，司法行政部有死刑复核权，死刑案件先呈报，须司法行政部核准后方能执行。审核过程中，司法行政部如果发现原判有误，可以指令最高检察署提起非常上诉，以便纠正，并可对承办人员予以警告、记过等处分，情节严重的，报公务员惩戒委员会处分，予以惩戒。司法行政部审核各院司法人员的年终考绩，并转送考试院铨叙部审定。

南京国民政府时期，司法行政部主持过两次司法会议改革。1935年9月，该部主持召开的全国司法会议，主要通过了结束县长兼理司法、设立县司法处作为普设地方法院的过渡等决议案。1947年11月，司法行政部主持召开全国司法行政检讨会议，主要讨论了改进检察制度等决议案，两次会议的议决结果基本上都得到了实现。1947年，司法行政部部长谢冠生制定《三十六年度司法行政部工作计划》，拟增设地方法院135所，并拟在100处地方法院增设专任公证人员，具体计划如下：（1）开始实施普设法院五年计划；（2）调整两审法院组织；（3）确定各省高等分院驻地；（4）继续修建被毁法院院舍；（5）实施新颁监法规；（6）充实改良监所设备；（7）普遍扩充监所作业；（8）积极修建被毁监所房屋；（9）厉行简化诉讼程序；（10）扩大推行公证制度；（11）大量储备司法人员。③该计划书的出台，对于深陷危机中，处于低迷期的南京国民政府司法界，犹如一针强心剂，带来了司法界的短暂活力。

二、谢冠生与《战时司法纪要》

谢冠生（1895—1971），字寿昌，浙江嵊县人，父亲为前清秀才。谢毕业于上海震旦大学（复旦大学前身），1922年获商务印书馆资助，赴法国巴黎大学

① 中国第二历史档案馆，全宗号七，案卷号161.
② 司法院史实纪要编辑委员会．司法院史实纪要：第一册［M］．台北：台湾国史馆编印，1983：7.
③ 中国第二历史档案馆．三十六年度司法行政部工作计划［Z］．全宗号七（5），案卷号220.

学习，取得"法学博士"学位。1923 年回国，先后任教于上海震旦大学、持志及法政学院，曾任商务印书馆《辞源》与《中国地名大辞典》编辑。1926 年出任武汉国民政府外交部秘书、中国国民党中央评议委员、中国国民党中央纪律委员会委员、中国国民党中央监察委员。南京国民政府建立初期，谢任职于南京政府外交部条约委员会兼任秘书，国民党中央政治会议秘书，兼中央大学法律系主任（代理），也是中央大学第一任法律系主任。1929 年 9 月，《半日刊》创刊，谢冠生、徐悲鸿等为编委会委员。1931 年，被选为震旦大学董事会董事长。司法院成立后，受王宠惠提携，先任该院参事，1930 年 4 月任代秘书长，不久任秘书长。1937 年 8 月任司法行政部部长。1948 年任行政院政务委员，1948 年至 1949 年任司法院秘书长，1949 年他跟随蒋介石去台湾。1950 年至 1958 年任"司法院"副院长，1971 年病逝台北。

谢冠生主要著有《战时司法纪要》《法理学大纲》《罗马法大纲》《中国法制史》《历代刑法书存亡》《篡笙堂文稿》等书，兼通英语、法语，在司法界以才子负名。

（一）司法部的"不倒翁"

作为法学家，在担任司法行政部部长前，谢冠生主要从事法学教育，先后任教于上海震旦大学、南京中央大学等，其培养的学生有当代著名国际法大师、中国环境法学的奠基人韩德培教授。据韩德培教授自述，他起先并不是学法律的，1930 年，19 岁的他考入浙江大学史政系，是学政治历史专业的。1931 年的春天，韩德培在南京中央大学旁听了一节法律课。站在讲台上的，正是谢冠生教授。谢教授正在给学生们讲解法律的精义，他说："法律就是解决人与人之间的纠纷。"这句话激起了韩德培学习法律的极大兴趣。这也是韩德培教授人生中听到的第一堂法律课，正是这一堂课，改变了韩德培的一生，也成就了一位几乎与世纪同行的法学大家。据韩德培教授回忆，"谢先生讲课从不带讲稿，只拿粉笔一支，他教法理学，引经据典，侃侃而谈，不仅条理分明，而且把一般人心目中枯燥无味的法学课程讲得趣味无穷"。后来，韩德培多次去旁听谢教授的课，教室里坐不下时，他就站在窗外听。谢冠生时任中央大学法律系主任。出于对法学的热爱，韩德培找到谢教授，恳谈自己矢志学习法律的理想。谢冠生对韩德培的志向和学术兴趣大加赞赏，并应韩德培的要求把他从浙江大学史政系转到了南京中央大学法律系，这一转不期然培养了一个当代中国国际法学大家。

从 1935 年 12 月汪精卫电辞南京国民政府行政院院长职务后，南京国民政府担任、兼任或代行过行政院院长职务的先后有蒋介石、王宠惠、孔祥熙、宋子文、张群、翁文灏、孙科等，伴随行政院院长人选及司法部隶属关系的不同，司法行政部部长人选走马灯一样轮换。1937 年 8 月 4 日，国民政府任命谢冠生为司法行政部部长，到 1948 年 12 月 22 日梅汝璈继任该职止，司法行政部部长一职却始终为谢冠生独掌，计任 11 年近 5 个月。民国以来，担任司法部（南京国民政府时期的司法行政部）部长次数最多的是王宠惠，担任时间最长为谢冠生，堪称司法部的"不倒翁"。如前述，司法部从清末的法部，到北京政府的司法部，再到南京国民政府时期司法行政部。其隶属关系，中间屡经变更。直到1942 年 12 月，国民政府组织法再次修正，司法行政部再改隶属行政院。从此，司法院的司法行政权改由司法行政部管理，司法行政权完全由行政权主宰，与司法院彻底脱离干系。谢冠生执掌司法行政期间，司法行政部掌有诸多权力：设置法院，任免、处分、调动司法官，司法经费划拨，监督检察官，核准执行死刑等司法大权，大大削弱了国民政府"五院"之一的司法院权力，形成行政严重干预司法的局面。

（二）官场掉阖

围绕司法行政部主管——司法行政部部长一职的升迁调任，各派势力之间，常常各显神通，或互相利用，或互相倾轧。司法界人事更替与党界、政界关系密切。北京政府时期，司法界只有留学英、美与留学日本两派。近代中国引进外来法制的主渠道是日本，以留日派得势的时期为多。那时留法的法律学生还没有出现。到南京国民政府时期，一批留法出身的法律人士，在司法部长王宠惠支持下，进入司法部门，并逐渐掌握部分重要权力，形成了以魏道明、朱履、郑毓秀、谢瀛洲、苏希询、谢冠生等为代表的留法派。国民党 CC 系先后利用王用宾、谢冠生两部长影响司法行政部。1937 年 8 月 4 日，国民政府任命谢冠生为司法行政部部长。谢冠生的前任王用宾，七七事变以后，南京沦陷之前，以出巡各省司法为名，率先到云贵一带避难，部务交给 CC 派政务次长洪陆东代理。司法院院长居正平时对王颇有看法，乘此机会，在蒋介石面前数说王的不是。王因此被调任中央公务员惩戒委员会委员长，以谢冠生为部长，副部长仍由洪陆东署理。洪陆东与王用宾均出自山西大学，为师生关系，配合一向默契。洪陆东早有当部长之心，而今王被改任，部长位置却由谢冠生所得，顿生冤心。随即密告远在西南的王用宾，报告有关信息。王在贵阳接电，亦心有不甘，通知洪说，部务的移交，必须由部长亲自办理，在他出差未回之前，仍由洪代理部务。洪陆东依仗 CC 势力，根据王的意见，向谢冠生表示无权办理移交。谢冠生心中明了：王向来投靠二陈，又有阎锡山作后台，如果公开叫板，势必两败俱伤。于是采取以静待变之计，以示与其无争。王自以为得计，以公务未完为名，故意留在西南不回。等到日军逼近南京，政府拟订撤退，司法行政部也将西迁，蒋介石为了消除部下之间的摩擦，明确命令，在王用宾出差在外期间，未办移交之前，该部事务由洪代理。这样洪就名正言顺地以代理部长的身份主持司法行政部工作。但正式部长一职仍为谢冠生，未做变更。

南京沦陷后，该部撤到武汉，不久又由武汉撤到重庆。洪代理部长近一年。这段时间，谢有部长之名，而不能行部长之权。眼看代理部长洪陆东神气活现，却无可奈何。唯有隐忍不发，等待时机。跟随谢冠生的一位科长说，谢冠生在汉口曾特请当地一位名气颇响的女盲人算过命，女盲人指点他：眼下正是交运脱运之际，必须安守现状，过了某年某月，定有 10 年红运，大吉大利等。

国民政府撤到重庆后，王用宾也来到重庆，在张继的调停下，王就任中央公务员惩戒委员会委员长，由洪向谢冠生办理部务移交。谢冠生才成为名实相符合的司法行政部部长，洪陆东仍为次长。

（三）屈从 CC 系，党化司法

关于 CC 来历，广泛说法是缘起于 1927 年 9 月在上海成立的"中央俱乐部"（Central Club 的简称），陈氏（果夫、立夫）兄弟是其组织者和领导者。一般认为 CC 系是一个政治派系，是陈氏兄弟在执掌国民党中央组织大权后，在全国各地逐渐凝聚起的一股以国民党地方党务干部为基础的庞大的政治派系势力。其实力主要分布在国民党中央党务部门尤其是组织部、中统局、地方各级党部和教育系统（尤其是大学）。1933 年年初，这股派系势力正式组建为以"青白团"和"中国国民党忠实党员同盟会"为核心的有形组织。

谢冠生在司法行政部任内，为了获得 CC 系支持，不得不投靠 CC 系，与 CC 嫡系洪兰友、洪陆东之间表面上保持合作，在个人切身利益上，又存在或明或暗的争斗。如为与二洪抗衡，谢冠生与留日派的司法行政部常务次长夏勤结成联盟。夏勤原任国民政府最高法院刑庭庭长，做过大理院推事，朝阳大学、北京大学教授，1945 年任最高法院院长。在各地法官中，有夏勤的不少学生（主要是朝阳大学学生），具有一定势力。谢冠生想要利用他，共同对付二洪。二洪在重大政务方面，不肯放手，在一些位置都安排了自己的亲信。洪兰友自任法官训练所所长后，以其嫡系门生为基础，并笼络其他可利用的人，形成势力，与谢冠生争夺部长一职。谢冠生遇事能忍，倍加防范，在重大问题上，注意与CC 系一致，对洪兰友的人事请求尽量满足，化私人矛盾为公开勾结。对洪兰友心腹，CC 系的骨干，谢冠生对他们照顾有加。正因为谢冠生与 CC 系注意沟通联络，才得以保持席位。直至洪兰友当上了中央政治委员会副秘书长，权势超过谢冠生，才不屑部长席位；也正因为谢冠生的妥协，才使得大量 CC 分子、中统人士渗入全国司法部门，强化了"党化司法"。

谢冠生因性缓能忍，且深得蒋介石信任，才长居司法行政部部长一职，但也有人想找机会拆他的台，但都没有成功。如 1943 年，重庆地方法院检察官夏陆利申请出国留学，谢冠生拒不批准。夏乃多方搜集谢的劣迹，检举谢的十大罪状，密呈蒋介石，为蒋机要秘书陈布雷所见，陈即以该呈示谢。之后，陈将来呈抽藏，不为蒋所知。谢冠生事后竟处之泰然，不动肝火，对夏也未加报复，此事遂不了了之。

为了实践司法党化，CC 系千方百计操纵法官训练所。法官训练所原为高等考试录取的法官实习而设。魏道明接掌南京司法行政部后，决定培训司法干部，1929 年 2 月，在南京创立首届法官训练所。首届所长是留法的谢瀛洲，曾出任最高法院院长。招收国内大学或专科修习法律、政治的毕业生 156 人，延聘著名法官或专家，授以 1 年 6 个月的实务训练，毕业后司法行政部门发各法院任候补推检。

第三届还在训练中，CC 系就推荐起骨干洪兰友担任法官训练所所长，同时将训练所升为司法院领导，以便使该势力渗入司法界，夺取法官人事权。自 CC 系派洪兰友主持后，高等考试虽举行过二三次，但法官录取名额很少，又碍于考试权独立，不能随便招考。于是，由国民党中央公布"党务人员从事司法考试条例"，除对考取的法官仍旧训练外，又从各级无法官资格的党务人员中挑选骨干分子，在中央党部考试，录取 200 名，由党部保送到法官训练所受训，训练 18 个月后即取得法官资格，分发各省以候补推、检任用。

1945 年 9 月，国民政府还都南京，司法行政部在南京期间，一直由洪兰友担任法官训练所所长。洪兰友是一个专门吃党饭起家的人，任法官训练所所长的时间最长的人，先后负责培养或调训了 1000 多特务法官和一般法官，这些人都成了他的门生。但真诚拥护他的，也就是那些 CC 派的党务人员，堪称嫡系。嫡系中，第 4、第 5 两期，都是大专学校法律专业毕业的，在王用宾当部长时，已经是各地方法院的正式推事或检察官。

1940 年以后的第 6 期至第 9 期，受训的多不是学法律出身的，而是"中统"人员。1940 年至 1943 年，为配合蒋介石反共，司法行政部部长谢冠生对这些人特加优待，一律派充各省"战区检察官"，配备美制手枪一支。此官名为新创，在一省范围内可以行使职权。他们的工作地点原则上由各省高等法院首席检察官安排，实际上可以直接自请派驻某院。工作表面上可接受地方法院首检的指挥，承办一般检察任务，但这不是他们的主要职责，其主职责是负责"锄奸肃反"。"奸"，指汉奸；"反"则指共产党人和进步人士，汉奸案子还要视具体情况而定，可以勾结利用的还要勾结利用。这些案子一般法院首检无权过问。司法界有特务，是谢冠生任内首开其例，一些人名为司法人员，其实是 CC 派在司法系统的特工骨干。

（四）主编《战时司法纪要》

1948 年，司法行政部编辑出版了《战时司法纪要》一书，该书由时任司法行政部部长谢冠生主持编写，有谢冠生亲笔撰写的序言和《小湾碑纪》（小湾是司法行政部在重庆的办公地点）。根据谢冠生的序言，这本书的内容，将"抗战以来关于兴革之大者，起二十六年八月，迄三十六年十二月，以事为纲，而附载关系文件于后，体例略同马氏通考。胜利以后之所建制如复员、惩奸、处置战犯，在有关于抗战，故亦并予著录"。因为该书编辑出版的时候已经是 1948 年年初，故所收资料包括 1947 年。

全书分二十六个专题，具体包括：一、司法行政部之隶属变更；二、增设各省法院；三、简化诉讼程序；四、改进检察制度；五、实行巡回审判；六、收回法权后之有关措施；七、特种刑事案件之受理；八、保障人身自由法令之施行；九、战争罪犯之处置；十、汉奸之惩治；十一、处理民刑事件之督导；十二、推行公证提存等制度；十三、推行法律扶助制度；十四、推进边疆司法；十五、改良监狱；十六、监犯作业；十七、监犯移垦；十八、监犯之调服军役及疏散；十九、罪犯之减刑及赦免；二十、统一司法经费；二十一、储备司法人员；二十二、改良司法人员待遇；二十三、战区司法人员之监督与救济；二十四、律师考试制度之建立；二十五、司法复员；二十六、全国司法行政检讨会议（附录一、重要司法法令编目；附录二、谢部长三十七年一月五日月会报告；附录三、小湾碑纪）。

《战时司法纪要》比较全面地介绍了抗战期间国民政府司法机构的设立、建制及其历史沿革，主要司法制度、司法活动以及司法行政管理的基本情况。其内容恰好与《抗日战争时期立法院的立法工作述论》一文相得益彰并弥补其在司法方面的不足。《战时司法纪要》叙述的范围基本涵盖了民国后期主要阶段，故而对于认识和研究民国法制史特别是民国的司法制度，很有参考价值，这也可算是担任司法行政部长一职长达十多年之久的谢冠生为民国司法行政建设做出的一点成绩。

第二十二章 柔亦不茹 刚亦不吐
——笔耕不辍的法学大家：阮毅成

阮毅成（1904—1988），本名阮冠华，字静生，号思宁，自号适庐老人。祖籍浙江省余姚市临山镇。阮毅成父亲阮性存为近代中国著名法学家，早年留学日本，曾参加辛亥革命，是杭州著名律师。阮毅成妻钱英，中华民国第一届立法委员，是当时著名的立法院十姐妹之一。阮毅成共育有子女五人，三子阮大方，现为台湾著名新闻工作者、知名政治评论家、民主爱国人士。阮毅成是中国现代法学奠基人之一，中国台湾著名现代诗人、律师、法学家。

负笈杭县 年少志远

阮毅成幼年时期随伯父在杭州读小学。五四运动后入浙江省立第一中学（今杭州高级中学）读书。青年时期，阮毅成思想解放，思维活跃。五四运动期间，阮毅成任一中学生自治会评议员，积极参与组织"新吾学社"，与查猛济合伙创办《明星》（月刊）。后来《明星》月刊先后改名作《双十》《浙江新潮》，是浙江省最早的介绍新思潮之白话刊物。1920 年 3 月 15 日，阮毅成、查猛济、俞大同创办《浙人》旬刊，以"传播'人'的思想，提供'人'的生活，建设'人'的社会；改革非'人'的社会"为宗旨，但刊物仅出版两期即被查封。据阮毅成先生自己《三句不离本杭》中记载，五四运动时，年方 15 的阮毅成就参加了"救国十人团"，积极参加编印《浙江新潮》，提倡白话文，倡导新思想，遂之发生了著名的"一师学潮"，"十人团"中九人均被校方开除，独阮毅成因其父的声望，给予优容，仅以训诫。但阮毅成之父阮性存先生并不赞同学校做法，当即写信给校方申请自动退学。信中写道："同罪异罚，迹近卖友。小儿立身之始，不愿蹈此恶习，致负诸先生期望。谨为申请退学，俾其实践牺牲之说留为五四学潮之纪念。"此举深为当时各界人士震动与赞叹，"同罪异罚，迹近卖友"成为一时之警言。阮性存先生耿介正直秉性，对日后阮毅成立身处世影响极大，有两例可以说明，一先生终生不用日货；一自此每日写日记，迁台湾后，也复如此，迄其逝世。

在浙江省立一中毕业后，阮毅成任浙江省杭县（今杭州市）地方法院帮办推事。

1927年，于中国公学大学部政治与经济系毕业，毕业后赴法国留学。

1931年，于法国巴黎大学毕业，获法学硕士学位。回国后先后担任国立中央大学法学院教授、法律系主任，中央政治学校教授兼法律系主任，《时代公论》《东方》杂志主编。

浙江才子　政界驰骋

1937年，阮毅成投身政界，先后担任浙江省民政厅厅长、浙江省政府委员、浙江省参议员、浙江省第四行政区（金华）督察专员、杭州县律师公会会长。

1938年8月，经陈果夫、朱家骅共同推荐回浙江任省民政厅长，是当时省厅级官员中最年轻的一个。但与浙江省主席黄绍竑关系甚浅，秘书长李立民与阮亦不甚和谐，当时阮毅成处境并不舒畅。因此，乃用心于培养干部，为今后的发展培植自己的力量，曾经请准省政府，招收从沦陷区逃出来有高中程度的青年学生约80人，在方岩设立地方行政干部讲习所进行学习。结业后，介绍各县政府任民政干部，成绩优良者，留厅任用。讲习所办了两期，共结业学员一百五六十人，以后阮就以这些学员为资本，自成体系，组成"浙江省地方行政学会"，并亲自任理事长。

抗战初期，阮毅成还兼任浙江省政府委员，英士大学教授、行政专修科主任等职。1942年1月，教育部决定成立东南联合大学筹备委员会，以暨南大学校长何炳松为主任委员，校址设于浙江境内。后加派阮毅成等为委员，阮毅成时任浙江省民政厅厅长和浙江第四区行政督察专员（驻金华），1942年4月阮毅成在金华曾抱病参加筹委会会议。当时筹建工作最大的困难是缺乏经费，阮毅成表示，浙江省政府将在人财物方面全力以应。由于各种主客观原因，学校未能正式成立。但正如何炳松先生为《国立东南联合大学筹备委员会同学录》作序时所言"教育部筹设东南联合大学之至意，实属高瞻远瞩，是中国抗战教育史上值得纪念之一页"。

1942年浙江省政府迁至云和，民政厅随迁。公务之余，阮毅成先生在云和创办《胜流》月刊,亲自任主编。该刊对外发行,内容丰富,颇受社会重视。笔者在浙江省图书馆寻得民国三十六年(1947年)出版的《胜流》半月刊(第六卷十二期),内容丰富。该期"战时行脚"是阮毅成先生亲笔撰著,序文写着:"余素好旅行,而俗冗羁牵,鲜有出游机会。抗战期间,服役梓桑,乃以公务之便,得结山水之缘。所经名山大邑,各记以诗,汇而录之,借识行脚。"其中有南岳、雁荡山、黄山、重庆、桂林、天台山、枫山(临海海门)、百丈漈、缙云、武夷、南丰、严陵钓台、云和等诗文。1945年抗战胜利,省府迁返杭州,阮毅成先生对云和山城感情亲切,依依不舍,在"战时行脚"中流露云和旧事。兹抄录如下,以飨读者:云和为浙南小邑,自金华沦陷,浙省政府从武义、宣平、松阳、龙泉、景宁、庆元,于三十一年九月一日迁治于此,以迄胜利。余初住贵溪,因发生鼠疫,自建小屋于距城二里之大庆寺废址。三十三年十一月,为余四十生辰,山居无可自寿,因成四章,以示妻儿。其最后一章:

> 四十年来多少事,思亲报国寸心知。
>
> 平生事业今犹惑,不觉秋声叶满庭。
>
> 去日固多来亦永,耐寒松柏总青青。①

据李林先生回忆,抗战时他在省民政厅工作一段时间,对阮毅成先生在云和的情况略有所知。当时省民政厅设在云和后溪文昌阁,阮毅成公馆则在城内大庆寺梨园,每天上下班均由一辆专用黄包车拉送。每星期一早上做纪念周,宣读总理遗嘱,纪念孙中山先生,并由他自己做报告。他口才出众,在当时被称为浙江才子,从来不用讲稿,会场鸦雀无声。那时社会上经常举办各种讲座,请他演讲,听众十分踊跃②。

1944年,以阮毅成为校长、朱家骅为董事长开始筹建"私立浙江体育童子军专科学校",经国民政府教育部批准,该校于1948年8月在杭州正式招生开学。

1945年5月,阮毅成参与筹建浙江大学法学院。筹建期间,与李浩培教授一起对国际私法理论问题进行了若干专题梳理。晚清一系列不平等条约的签订,让一部分有识之士开始认识西方的法律。在中西交涉的过程中,为了达到"以夷法治夷"的目的,国际法的输入成为晚清当局的当务之急。在学习西方法学

---

① 蓝荣清. 阮毅成"战时行脚"[M]//中国人民政治协商会议浙江省云和县委员会文史资料研究委员会. 云和文史资料:第四辑. 1989:35-37.

② 李林. 阮毅成二三事[M]//中国人民政治协商会议浙江省云和县委员会文史资料研究委员会. 云和文史资料:第二辑. 1986:16-17.

的基础上，20世纪30年代中国学者初步开展了国际私法的研究，并出现了一批自己的国际私法著作，但大多受日本国际私法论著的影响，属于承袭国外理论学说，专题研究则几乎没有。① 在此背景下，阮毅成、李浩培、郭云观、燕树棠、韩德培等一批留学于国际私法学发达的欧美地区的学者，勤力笔耕，他们梳理国外的先进法学理论，介绍国际社会最新立法动态，针砭中国的国际私法立法及其外交中的相关实践问题，开创了中国国际私法的较早的研究风气，形成了一批有影响的代表作，如阮毅成著《国际私法论》、程树德著《比较国际私法》、李浩培著《国际私法总论》、郭云观著《中国国际私法沿革概要》等。

抗战胜利后，1945年8月，阮毅成来到海门枫山，瞭望浩瀚东海，阮毅成即兴赋《七律·浙海战役》，诗末两句：……将军碧血经年洗，功过他时未易论，表达了他对抗战时期，浙东海防战事功过成败的认识和评价。抗战结束后，蒋介石电谕第三战区对浙东海防总指挥俞济时进行议处。浙东海防虽然曾遭到日军掠夺，多处失守，但主要还是军委会对闽浙沿海的得失不重视。既不在全国战略上分散兵力固守这段海防，也不要求这两个省转入全面总体战。这种决策让俞济时将军很难在防海防务上一展身手，反因失陷故乡而受到内外谴责。阮诗末句"功过他时未易论"，较公允地说明了浙东海防作战在评价上难以深究其是非的特质。

1946年，阮毅成任南京国民政府制宪国民大会代表，积极参与《中华民国宪法》的制定，该宪法于1947年1月1日公布，同年12月25日实施。

1949年，阮毅成随国民党政府兵败后去台湾定居。历任台湾省地方自治研究委员，"总统府临时行政改革委员会"主任委员，中国国民党中央党部中央政策会副秘书长（1961—1967），"总统府国家安全会议"副秘书长（1967），台湾《中央日报》社社长（1954—1956），中国国民党中央委员，中国国民党中央党部宣传部秘书，国民参政会秘书，中山学术文化基金会董事会董事兼总干事，台湾新闻评议委员会委员（1971），台湾政治大学教授兼法律系主任，世界新闻专科学校教授等职。台湾商务印书馆董事，台湾省农工企业公司总经理（1956—1957），台湾省农工企业公司董事长（1957—1969），《东方杂志》总编辑。

---

① ［日］山田三良. 国际私法［M］. 李倬译. 北京：中国政法大学出版社，2003：14.

创办文教　笔耕不辍

阮毅成一生热心文化教育事业，法学造诣颇深，奖掖后学，公余笔耕不辍，勤奋写作，一生出版政治、法学、文史、文艺等各类论著四十多种，论文一百多篇。主要有《政言》《国际私法论》《中国亲属法概论》《法语》《制宪日记》《陪审制度》《地方自治与新县制》（台北联经，1978 年 11 月出版）、《从"法"说到"宪法"》《政治论丛》《清代的刑律》《法律教育的失败及其补救》《彼岸》《阮毅成诗稿》《三句不离本"杭"》《阮毅成自选集》等。遗著《毅成文稿》《八十忆述》等。阮毅成先生的法学名著是《比较宪法》，该书由商务印书馆 1934 年出版发行。这部著作分法与宪法、宪法沿革、宪法总纲、人民权义、国民大会、国家机关、地方制度、生计教育、宪法保障 9 章。阐述了法与宪法的概念及宪法历史，该书力图将西方宪政理论与中国宪政实践相结合，尤重中国制宪失败经过及其症结，并按国民政府立法院起草的宪法初稿大纲比较外国宪法之异同。

《三句不离本"杭"》是阮毅成先生迁台后的著作，到台湾后，阮毅成写了不少对杭州故土的追忆与思乡之文，积稿成册，1973 年由台北正中书局出版，多年来一直畅销。2001 年由杭州出版社再版。"杭"与"行"为谐音，巧作书名，写的是 1912 年至 1949 年这一时期，杭州社会、文化、民俗、经济诸方掌故。该书涉猎面广，而且多为作者亲自经历，娓娓道来，确实津津有味，是难得的一本讲述民国时期的史料读物，值得一读。

阮毅成性情开朗，善交际，为人谦和，有君子之风、儒雅之名。对书画诗词均有造诣，喜好收藏。阮毅成有大量诗作，并为许多名人、大家撰写了挽联，如 1966 年 12 月为国民党战略顾问委员会副主任白崇禧作挽联："初仰威仪在四十年前，百战著奇勋，立马西湖犹有约；每亲笑语于八千里外，片言凭定策，论兵南岳最难忘。"1977 年为台湾法学家、书画家马寿华作挽联："法界仰耆贤，忽报灵光圮鲁殿；艺术推祭酒，更无妙笔继寒柯。"

据传阮毅成极爱溥心畬书画，溥心畬与张大千是 20 世纪三四十年代的中国画坛两位书画大家，各领中国丹青之风骚，有"南张北溥"的美誉。1954 年秋天，溥心畬夫人李墨云的一只黑色哈巴狗走失，夫人大光其火，溥心畬立刻给时任《中央日报》社长的阮毅成写了一封手札，想让阮毅成刊登一悬赏启事，并详细地写明狗的品种、毛色、体型以及悬赏办法、详细地址。阮毅成即安排刊登，溥心畬看到后，发现赏格只登了"愿酬以书画"，没有"或酬五百元"的内容，急得再给阮毅成写了一封手札，要求补上内容重登。原来阮毅成觉得溥心畬不解俗事，一只小狗何须五百元，便删去了这一内容。溥第二封手札刚送出，哈巴狗就被人送回来了。于是，溥再致阮毅成一信，表示感谢。阮毅成大喜过望，因他极爱溥心畬书画，只是不好意思开口，这次因为一只小狗走失，连得三封手札，视若珍宝。后来溥心畬回归道山之后，阮毅成在香港一家杂志发表回忆文章，登出三封手札，传为艺坛趣话。①

1988 年 7 月 28 日，阮毅成在台湾病逝，享年 84 岁。其子阮大方遵嘱，奉请牌位入寄浙江省杭州市西湖灵隐寺。

1931 年 6 月，北京大学校长蔡元培先生曾摘《诗经》语句，书赠阮毅成条幅："柔亦不茹，刚亦不吐。"蔡元培先生赠辞典出《诗》中句子："人亦有言，柔则茹之，刚则吐之。维仲山甫，柔亦不茹，刚亦不吐，不侮矜寡，不畏强御。"②"柔亦不茹，刚亦不吐"两句意思是对软弱的不欺侮，对强硬的不害怕，形容不欺软怕硬。这也可算是对阮毅成先生一生操行的精当概括。

---

① 斯舜威. 百年画坛钩沉［M］. 上海：东方出版中心，2008：192 - 193.
② 《诗经·大雅·烝民》。

第二十三章 革命阵营中的法律人：
沈钧儒与陈叔通简评

伴随着清末出国留学的兴起，大批出洋留学的学生，一方面得国外政治、法律思想之先声，另一方面他们比一般人对国家危亡的境况有着更清醒的认识。正是在大批出国留学生的鼓动宣传下，清末革命的思想日益繁生，革命团体渐生滋长。早期的留学生多为清朝公派，主要目的和意图是为仿效西方君主立宪政治而培养人才，这些出洋留学生持立宪论者居多。但 1900 年庚子之变后，国难沉重，国家命悬一线。留学生中一些有识之士认为，清王朝的封建专制政治已不足以解救国家于倒悬，必须进行一场彻底的革命，推翻封建的专制王朝。由此，在留学生特别是法政科学生中，对政治立场和政治纲领及其政治目标的选择上出现了"立宪"与"革命"的重大分野。随着形势的发展，不少留学生倾心革命，积极宣传革命言论，创办革命杂志，参加革命组织。

清末全国性革命组织以中国同盟会为典型，1905 年 8 月 20 日，中国同盟会在东京召开成立大会，到会者约有 100 人，除甘肃尚未派留日学生外，其余关内 17 省均有人参加。留日学生成为同盟会初期的绝对主力，据统计，从 1905 年到 1907 年同盟会为数可考的会员有 379 人，其中 354 人是留学生，占 93%，而绝大多数是留日学生。① 在同盟会的筹备建立、组织构造及其机构运作中，法科留学生发挥了关键而重要的作用。这些法政人主要有胡汉民（日本法政大学速成法政科）、汪兆铭（日本法政大学肄业）、朱执信（日本法政大学）、宋教仁（日本法政大学肄业）、张继（日本早稻田大学政科肄业）、陈天华（日本法政大学）、董修武（日本明治大学）、邓家彦（日本法政大学）、匡一（日本法政大学）、居正（日本法政大学）、吕志伊（日本早稻田大学）、石志泉（东京帝国大学法科肄业）、廖仲恺（日本中央大学政科）、谭人凤（日本法政学校）等众多革命倾向突显的法政人士。

---

① 李喜所. 近代中国的留学生 [M]. 北京：人民出版社，1987：191－192.

就浙江地域来看，清末风行海内外的宣传革命的杂志是《浙江潮》，它是浙江留日学生同乡会主办、出版的文理综合性月刊，于1903年2月17日创刊于日本东京。与同时期的许多进步刊物一样，《浙江潮》宣传反清的民族革命思想，揭露帝国主义对中国的侵略，批判改良派的"和平立宪"主张，鼓吹"革命造反"，积极传播西方社会政治学说。其发表之文章，诚如"浙江之潮，天下之伟观也"。作为一种在现代传媒语境中孕育、发展起来的刊物，《浙江潮》所宣传之启蒙思想具有鲜明的现实目的性，是针对现实生活中的某些较为普遍的社会现象而发的。它与《新青年》《新潮》《每周评论》《语丝》等思想文化刊物一样：在文化讨论中逐步确立现代文化的观念，在社会批评中达到启蒙的目的，进而达到"开民智""着眼国民全体之利益"之目的。故而在近现代报刊发展史上，《浙江潮》有着不可抹杀之地位。

从浙江革命组织来看，清末有重要影响的是浙籍人士陶成章、蔡元培、章太炎等领导的光复会。光复会是清末著名的革命团体，又名复古会，于1904年11月在上海成立，由蔡元培任会长，陶成章任副会长。总部设在上海新闸路仁和里。该会的政治纲领即入会誓词为"光复汉族，还我山河，以身许国，功成身退"，主张除文字宣传外，更以暗杀和暴动为主要革命手段。光复会积极联络会党、策动新军，主要活动范围在上海、浙江、江苏、安徽等地。该会的会员最初为四五十人。1905年年初，徐锡麟加入，其后他和陶成章、秋瑾等通过创办的大通学堂，发展会党成员，使会员增至六七百人，成员大多是资产阶级、小资产阶级知识分子、商人、工匠，亦有少数地主士绅。主要骨干除前述外，还有章太炎、秋瑾、张恭、徐顺达、赵声、柳亚子、陈去病、熊成基等人。1907年7月，徐锡麟与秋瑾合谋，准备分头在浙江、安徽两省同时起义，因事泄徐锡麟提前了发动安庆起义，后起义失败，徐锡麟牺牲。同年7月，秋瑾已知徐失败的消息，但她拒绝了离开绍兴的一切劝告，表示"革命要流血才会成功"，她遣散众人，毅然留守大通学堂。因叛徒出卖秋瑾被捕，她坚不吐供。7月15日，秋瑾从容就义于绍兴轩亭口，留下"秋风秋雨愁煞人"的千古绝唱。

立宪或革命，这是伴随着清末法制改革而生的两种不同救国济世方案，也是众多法政人面临的两种选择。在现实政治斗争中，一些法政人站在立宪一边成为立宪支持者，另一些法政人站在革命的一边而成为坚定的革命者（或是由立宪转向革命）。1909年3至4月，因清政府催办宪政事宜，浙籍法政名流沈钧儒、阮性存、褚辅成、陈叔通等16人发起成立"立宪国民社"，以图在浙江推动立宪。① 然而,辛亥之年,革命最终压倒了立宪。清政府未能依仗筹备立宪及其推行宪政的闪电表态而得到挽救,辛亥革命推翻了腐朽的清王朝。随之,立宪人士或者转变立场加入革命队伍,或者抱残守缺留在了历史的遗迹之中。沈钧儒、陈叔通皆是这一转变过程中法律人的杰出代表。

一、中国近代民主宪政运动的斗士——沈钧儒

沈钧儒,字秉甫,号衡山,浙江嘉兴府秀水县(今嘉兴市)人,出生于1875年1月2日的一个清代晚期的士大夫阶级的家庭,他从小接受传统教育,16岁中了秀才,29岁中了举人,30岁中了进士。按照他的经历与中国士大夫家庭的习惯,他本来应该成为一个代表封建地主阶级利益的官僚或政客。然而他没有走这条老路,他追求真理,追求进步,通过长期实践,终于成为一个追求法治、反抗专制的民主宪政运动的斗士和新中国著名的司法活动家。在沈钧儒的青少年时代,旧中国正处于由一个封建清王朝沦为半封建半殖民地的动乱时期,他目睹祖国山河破碎,民生凋敝,朝政腐败,洋人横行,丧权辱国的条约一个接着一个地签订,激起了他的爱国主义热情。他中了进士以后,没有做京官,却东渡日本,入东京私立法政大学求学。1906年清朝宣布"预备立宪",于是他闻讯由日本回国,希望参加立宪工作,后来看清清朝的立宪是骗局,又回到东京求学。这一年孙中山先后从欧洲回到日本,以"驱除鞑虏,恢复中华;建立民国,平均地权"为革命纲领,联合在东京各省的革命分子,组织中国同盟会。同时蔡元培、章炳麟、陶成章在东京组织光复会,从事革命。沈钧儒与他们常有往来,与章炳麟尤为密切。这时他已有革命倾向,但仍未放弃立宪救国主张。1908年,清朝颁布《钦定宪法大纲》14条,以9年为预备立宪为限,浙江设谘议局筹办处,委派他为总参议。次年春,与阮性存、褚辅成、陈敬第等发起组织立宪国民社,以推动浙江省的立宪运动。1910年2月,他以浙江谘议局副局长代表资格前往北京,请愿召开国会,留京数月,与各方接触未果,知清朝预备立宪并无诚意,又回到浙江。这时浙江光复会的重要人物正在秘密进行革命活动,一方与台州、处州、金华各界秘密会党作联系,一方对新军进行鼓励工作,革命形势已如箭在弦上,一触即发。沈钧儒参加秘密的革命行动,成为光复会会员。

辛亥革命是一次不彻底的资产阶级民主革命,它的革命果实不久就被袁世凯之流的封建地主阶级窃取了。但此时沈钧儒并没有放弃宪政救国的理想,

---

① 沈谱,沈人骅. 沈钧儒年谱 [M]. 北京:中国文史出版社,1992:27.

1912 年浙江省成立临时议会，沈钧儒担任省议员，并任教育司司长。1916 年，袁世凯在全国人民的唾骂声中死去，黎元洪继任大总统，恢复临时约法，召开旧国会，7 月间西南护国军宣告撤销军务院，南北暂统一，沈钧儒应司法总长张耀曾之邀北上，任司法部秘书。1917 年，北洋政府因对德宣战问题引起所谓"政务之争"，遂使段祺瑞之国务院与国会间冲突激化，从而导致张勋复辟，孙中山先生在广州组织护法军政府，召开国会非常会议。沈钧儒辞去司法部工作，回到上海。

1921 年，沈钧儒回到上海，积极从事著述，继续鼓吹宪政。1922 年直皖战起，曹锟、吴佩孚战胜皖系之后，直系军阀为笼络人心，恢复旧国会，迎请黎元洪复任大总统，并惩办安福系祸首，旧国会再度恢复，沈钧儒是旧国会议员，乃于 4 月赴京出席，并一度任参议院秘书。国会开始制宪，沈被推为宪法起草委员会委员。1923 年 6 月，黎元洪为曹锟所逼下野，沈钧儒于 7 月辞参议院秘书长职，赴沪，参与组织"江浙弭兵"运动，并参加南下国会活动，反对曹锟贿选总统及曹锟政府的违宪卖国阴谋。10 月，因反对曹锟贿选，沈钧儒携全家避居天津。不久北洋军阀曹锟贿选总统的丑剧上演，沈极力反对，潜赴上海，与旅沪拒贿议员百余人联名发表宣言，主张"明正贿选之罪，一致声讨"。①

1924 年直奉战争爆发，冯玉祥班师回京，奉张入关，段祺瑞出为执政，检举贿选议员，沈钧儒为反对曹锟违法贿选，奔走经年，卒告成功。1926 年沈钧儒离京赴沪，与浙江士绅褚辅成策划反对孙传芳配合北伐。12 月北伐军攻克浙江，沈参加国共合作的第一届浙江省临时政府，并担任省政府政务委员兼秘书长。1927 年蒋介石叛变革命，发动"四一二"反革命政变，浙江省临时政府被解散，代理主席宣中华惨遭杀害，沈钧儒亦被扣押，后经人营救，才恢复自由。

上述是沈钧儒在 1927 年大革命失败前的主要经历。沈钧儒虽是科举出身，但他总是站在国家与民族的立场，做继续不停地奋斗。大革命失败后，沈钧儒回到上海，担任上海法科大学教务长。1928 年 4 月，沈钧儒开始执行律师业务。1932 年，宋庆龄、蔡元培等发起中国民权保障同盟，沈钧儒被推为法律委员。1936 年，全国各界救国联合会在上海成立，沈钧儒与马相伯、宋庆龄等被推为执行委员，后被推为常务委员。

旧民主主义革命时期，沈钧儒形成了较为系统的宪政思想体系，他吸收西方各国优秀的宪政思想，特别是西方的三权分立制度和日本的君主立宪制度等，他善于博采众长，然后根据中国的国情，把西方的理论和中国的政治实践相结

---

① 沈谱，沈人骅. 沈钧儒年谱［M］. 北京：中国文史出版社，1992：61－62.

合，形成了在当时中国较为先进的宪政思想体系。

从日本的君主立宪制度来看，当时日本从高度封建到高度集中专权的"明治维新"，为自由民权运动提供了可能，到 1880 年时，自由民权派的开设民选议院、私拟宪法运动进入高潮。在这一运动压力下伊藤博文当时一行考察欧洲宪法，归国后开始了秘密的宪法制定工作。1889 年，帝国宪法及相关法律公布，建立了近代日本君主立宪政治体制。日本假借宪法实现了高度的中央集权，这一高度的中央集权的政治秩序结合先进的资本主义生产方式为日本经济的发展提供了条件。① 沈钧儒在留学期间学习和研究了日本的宪政运动及其宪政思想发展，并开始了他在中国进行立宪救国的准备。

沈钧儒在日留学期间对君主立宪制度有亲身体会。君主立宪制，或立宪君主制，或称"虚君共和"，是相对于君主独裁制的一种国家体制。君主立宪是在保留君主制的前提下，通过立宪，树立人民主权、限制君主权力、实现事实上的共和政体。其特点是国家元首是一位君主（皇帝、国王、大公等，教皇有时也被看作是一个君主）。与其他国家元首不同的是，一般君主是终身制的，君主的地位从定义上就已经高于国家的其他公民（这是君主与一些其他元首如独裁者的一个区别，一般独裁者将自己定义为公民的一员，但出于客观需要他必须掌权为国家服务），往往君主属于一个特别的阶层（贵族），此外世袭制也往往是君主的一个特点。日本仿效西方国家实行明治维新后，走上了崛起的强国之路，沈钧儒等留学生也是因此被派往日本留学汲取经验的。学成之后，他便投入到了轰轰烈烈的立宪运动中去了。

沈钧儒并不是一个囿于坐而论道的法学理论家，而是一个起而行之的司法活动家。他始终把自己的法学理念运用于不同时期的政治实践中，为缔造法制化的中国而不遗余力，弥足称道。

中华民国临时政府在南京成立伊始，曾注重法制建设，先后颁布 30 多项法律法规，内容涉及经济、政治、军事诸方面。这些法律开始打破传统社会的各种陋习，如刑讯逼供、株连九族等，比较全面地贯彻司法独立原则。在中央设司法部管理民、刑诉讼案件，地方设立专管司法的官厅；实行律师制、陪审制和辩护制，随之而来的是某些颇有影响力的律师组织开始出现。南京临时政府的法制建设为沈钧儒的法律实践营造了有利的氛围，以沈钧儒为代表的上海律师公会便是我国近代第一个律师自治团体。

在北洋政府及其以后的历届民国政府中，专制独裁的倾向越加明显。沈钧

---

① 周天度，孙彩霞. 沈钧儒传［M］. 北京：人民出版社，2006：18 - 20.

儒坚持以法律为武器，同当权者的许多违法行为进行不懈的斗争，始终维护中华民国的尊严，他的名字甚至还成了反抗专制违法统治的一个象征。

沈钧儒宪政思想突出表现在三个方面。

一是主张民主法治。他主张法治，反对人治；他认为法强则国强，法弱则国弱，认为只有提高民主权利，才能加强国本，独裁者民必乱，他认为法治建设的核心是宪政建设，通过召开国会，制定宪法，以限制和规范当政者的政治行为。

沈钧儒认为，政治从本质上可分为两种，一是人治，一是法治，"欧美式政治之精神在法治，中国式政治之精神在人治"。只要实行以法治国，社会秩序就能遵循一定的轨道，有条不紊；如果以人治国，则必然产生诸如偏私、越轨等社会弊病。20世纪30年代的军阀政权属于专制独裁性质，与宪政国度的法治相去甚远。针对蔡元培、胡适等人提出的建立好人政府的主张，时为参议院秘书长的沈钧儒则认为，如果单纯组建好人政府，无法从根本上解决问题，因为"吾国政府素重人治，而人民对于政治亦素尚感情，与欧美之一切归纳于法治者迥异，政治所以不易进步，此实为一大原因焉"。他强调，改良政治必须从立法入手，凡事必"有一定手续，有一定制裁，有一定性质。其系属而纲维之者，必为法，而非人。合乎法者为是，不合乎法者为非，人民一凭法以去取政府"，我国"数千年来政治之祸，尤在于坏法"，今"欲救其弊，唯有致慎于立法之事，使一切组织从新更始"。凡事若能"依法而立，无复有能坏之者"，则"政府好恶，自然不生问题"。沈钧儒的这一思想显然因立宪政治而提出，以法治国中的法主要指宪法，它是国家的根本大法，其制定与实施状况是衡量一个国家民主发达程度的主要标志，这是沈氏尤为关注的。此外，沈钧儒在担任护法军政府总检察厅检察长期间，还写就《宪法要览》一书，同时撰有《普及政法教育》等论文，努力倡导宪政法治。

沈钧儒认为，法制健全与否，是否实行法治，是国家强弱盛衰的重要因素。他引用韩非的话说："国无常强，无常弱，奉法者强，则国强；奉法者弱，则国弱。"在北洋军阀统治下，他长期参加政学会活动，是因其政纲对政治取稳和改进主义，强调发扬民主与厉行法治。"唯民主可以革专制之积威，唯法治可以纳庶政于轨物。"这与自己的理念相吻合，他说："欧美式政治之精神在法治，中国式政治精神在人治。""吾国政府素重人治，与欧美之一切归纳于法治者迥异，政治所以不进步，此实一大原因。"① 认为当今中国是无法无天，武人干政，军

————

① 周天度，孙彩霞. 沈钧儒传［M］. 北京：人民出版社，2006：152－157.

阀祸国，只有建立法系，实行法治，结束人治，才是弭乱致治之道。反对人治，主张民主法治，是沈钧儒法学思想的核心。

二是推崇司法独立。只有实现司法的独立性，才能保证法律的权威性。司法独立是司法公正的前提条件；司法公正是司法独立的价值目标。自从 18 世纪中叶法国的启蒙思想家孟德斯鸠在《论法的精神》中创立了"三权分立"学说后，司法独立原则逐渐发展为一项被现代法治国家普遍接受和确认的宪法原则，沈钧儒显然接受过此种思想的熏陶。

民主革命时期，像许多走向世界的近代知识分子一样，沈钧儒服膺于西方三权分立的政治理念与政治原则。三权分立最早由 17 世纪英国著名政治学家洛克提出，用以巩固当时英国的资产阶级革命成果。后来该学说不断传播，并被法国孟德斯鸠诠释为行政、司法、立法三权分立的形式，解决了在该种政治制度下可能出现的部分问题。该学说在当时被广泛认为是民主制度的有力保证。它的作用在于防止国家权力滥用，维护公民权利。沈钧儒认为三权分立"为各国通行之制度，即为将来立宪之本源，今行政各部方始更革，若开设国会以为立法机关，则司法旋可完全独立"。民国初年颁布的《临时约法》固然贯穿了三权分立思想的主线，然而，在北洋政府统治下，举国上下的司法程序常常受到军阀的直接干预，立法、行政、司法大权常集于独裁者一身。独裁者为了保持既成统治，随意将司法权授予法院以外的行政机关，妨碍司法独立。沈钧儒主张司法独立的针对性便不言自明。他郑重要求："凡一般人民只有惟一的司法机关得加以逮捕拘禁。倘非司法机关，不论任何机关都没有对人民逮捕拘禁之权，如其有之，即属非法。"针对军事机关干预司法的做法，他也公开表示反对，认为这样容易导致"法权之分裂杂乱，与今政府五权分立精神根本有所抵触"。①由此不难窥见沈钧儒的法律思想与民主宪政的有机联系。民主宪政既是其他法律思想得以发展与完善的背景，也是他为之努力奋斗的主要方向。

三是提倡保障人权。沈钧儒提出以法律来维护人权。反对宪法之外另立法律限制人身自由。《中华民国训政时期约法》和《抗战建国纲领》都对人民身体自由及言论出版结社集会之权利等方面有着明确的规定，而实际情况远非如此。有的人本未犯罪，却横遭逮捕，有的则因误判而锒铛入狱，这显然属于专制独裁式的非法行径，是对人权的严重践踏。沈钧儒郑重指出，欧美各国对此"或定有专条，或著成判例，盖皆已实行，而我国素付阙如"，他作为上海律师

---

① 周天度. 沈钧儒文集 [M]. 北京：人民出版社，1994：79－80.

公会的负责人，见此景况"不免情感之激发，为正理而呼吁"。① 他主张"联合各界，一致促成政府完成冤狱赔偿法规，使与宪法同日施行，以健全国家之组织"，并呼吁"切实保障抗日民众团体及言论出版，非依法律，不得解散封闭扣押没收。禁止发售之书报杂志，须公布其名称及禁售之理由，并允许当事人有申辩之机会"，对于"无法律权限或无法律原因滥施职权而拘禁处罚人民及妨害人民行使权利者，应依《刑法》严予处罚"。② 抗战期间，沈钧儒还到重庆组织平正律师事务所，为受迫害的人民、抗日军人家属和进步书刊进行辩护。作为律师，他清醒地认识到自己的重要职责，时刻为保障人权而奔走呼号："国家颁设律师制度，其目的在扶持弱小，以保障人民之权益，辅助法院，以导纳社会于轨物。其任至重，其业至崇。"其积极维护人权、坚持人道主义的情怀由此可见一斑。

　　沈钧儒的一生是革命的一生、战斗的一生，是为中华民族争民主、争自由的一生。正如陶行知先生在"留别沈钧儒先生"一首诗中称赞的那样："老头，老头！他是中国的大老；他是战士的领头。冒着敌人的炮火，冲洗四十年的冤仇。拼命争取，民族自由……"③

　　周恩来总理高度称赞沈钧儒为"民主人士'左'派的旗帜"，董必武赞其为"一切爱国知识分子的光辉榜样"。沈钧儒是近代中国宪政运动的旗帜、民主政治的斗士，他一生对救国之道孜孜以求，他的宪政思想是其长期参加革命实践斗争的经验总结，在中国近代历史发展中具有重要地位，他是中国近代以来民主法治运动的一个重要的符号象征。他一生为振兴中华而奋斗，从一个君主立宪者，进而转变成旧民主主义者，又进而成为新民主主义者和社会主义者。经过长期革命实践，终于成为一个杰出的共产主义战士——民主人士中的"左"派旗帜。在参加民主宪政运动的实践中，沈钧儒提出了一系列影响深远的宪政思想，为爱国民主统一战线的建立做出了卓越贡献，是中国近代法治进程中引人注目的一笔重彩。中华人民共和国成立后，沈钧儒任中央人民政府最高法院院长，为中华人民共和国成立初期建立人民的法制体系，巩固人民民主专政，做出了巨大贡献。

---

① 殷啸虎. 感悟宪政［M］. 北京：北京大学出版社，2006：201-203.
② 林琳. 浅谈沈钧儒的宪政思想［J］. 辽宁行政学院学报，2005（3）：7-8.
③ 韬奋文集（三）［M］. 北京：生活·读书·新知三联书店，1955：117-118.

二、"相期珍重到晚节"——民主战士：陈叔通

陈叔通，名敬第，字叔通，号云廉，浙江杭州人。著名的爱国主义者、民主战士。早年投身维新运动。1902年考中举人。清光绪二十九年（1903）赴京师会考，中进士，被授为清政府翰林院编修。1904年东渡日本留学，入法政大学攻读政治法律。1906年回国，任清政府宪政调查局会办、资政院民选议员。后回杭州参加反清革命组织，创办杭州女子学校和《白话报》，宣传社会改革，参与创办上海合众图书馆。1911年辛亥革命后，被推选为中华民国第一届国会众议院议员，先后任浙江都督府秘书长，大总统秘书，国务院秘书长等职，并任《北京日报》社经理。1915年到上海任商务印书馆董事，参加反袁护法斗争。1927年后长期担任浙江兴业银行董事兼总经理办公室主任。抗日战争时期，积极参加抗日救亡活动。1941年日军进占上海租界后，不畏日伪威逼拒绝出任上海维持会会长。1946年5月参与上海各界人民团体联合会筹备工作，1947年起草著名的"十老上书"。1948年夏响应中国共产党的"五一"号召，经中共地下组织的安排潜赴香港。1949年1月抵达北平；6月，参加新政治协商会议筹备会议，被推选为副主任；9月，出席中国人民政治协商会议第一届全体会议，任大会主席团委员。中华人民共和国成立后，任中央人民政府委员。1949年10月至1966年任政协全国委员会副主席。1952年参与领导筹备中华全国工商业联合会，1953年全国工商联正式成立，被推选为主任委员，同时担任中国人民保卫世界和平委员会副主席。是第一、第二、第三届全国人民代表大会常务委员会副委员长，全国工商联第二、第三届主席。著有《政治学》《政法通论》《关于资本主义工商业的社会主义改造的报告》和诗集《百梅书屋诗存》等。

挽救国家危亡的民主战士

陈叔通出生在浙江杭州，幼承家学，对诗词古文均有很深造诣。26岁时（1902）中举人，次年中进士，并朝考中试，授翰林院编修。

1894年甲午中日战争以后，帝国主义各国加紧对中国的侵略，民族危机空前严重。陈叔通忧国忧民，向往维新运动，同情康有为、梁启超、谭嗣同等维新志士，与光复会领袖陶成章亦有深交。参加过戊戌变法运动。

1904年，陈叔通东渡日本，入法政大学学习，希望能从明治维新的经验中得到借鉴，以寻求救国的良策。1906年毕业回国，一年后任宪政调查局会办，1910年任清政府资政院民选议员。

　　他热心社会改革，提倡妇女解放，是杭州女学校和著名的私立安定中学的发起人之一，又是杭州《白话报》的创始人之一，曾编写出版《政治学》和《法学通论》两书。

　　辛亥革命，民国成立，陈叔通由浙江省推选为第一届国会议员，还担任了《北京日报》经理，希望对国事有所贡献。但是，袁世凯攫取了革命果实，解散国会，阴谋复辟帝制。陈叔通参加了由梁启超、蔡锷等发动的反袁斗争，并辞去《北京日报》经理。1915年8月，他应张菊生（元济）之邀，离京南下，进商务印书馆工作，同时在上海建立了反袁联络点。

　　同年12月25日，蔡锷在云南起义讨袁，梁启超赴粤桂进行策动。起初，西南各省军政要人大都持观望态度，护国军进展不甚顺利。当时，江苏督办冯国璋是一个关键人物，他的秘书长胡嗣瑗与陈叔通交谊很深。陈叔通通过胡的关系借得冯的"华密"电报本，通电西南各省发动反袁。各省要人得到"华密"电报都以为冯国璋已做内应，故先后响应，宣告独立，护国运动在各地蓬勃兴起。袁世凯见大势已去，被迫于1916年3月宣布取消帝制，至6月，忧急身死。

　　商务印书馆是我国当时最大的一家出版机构，设有编辑、印刷、发行三所，在国内各重要城市和香港地区、新加坡等地设有分馆，组成了庞大的图书营销网。陈叔通进馆后发现，三所各自为政，缺乏协调，因此，建议在三所之上成立一个总务处，作为馆内最高行政决策机构，以便统一领导。董事会采纳了这个建议并请他担任处长。他在任职期内逐步建立和完善了一套科学化的管理制度，商务印书馆出书的速度、质量以及营销服务等方面，都居于国内同行业的领先地位，为我国文化教育事业发展做出了重大贡献。

　　陈叔通1915年从事工商金融事业，应浙江兴业银行董事长叶揆初的邀请，担任该行驻行常务董事。他工作认真，处事严谨，在社会上卓有信誉。立志不与官僚政客为伍，对北洋军阀和国民党政府的一切邀请均予拒绝。他在游严子陵钓台时赋诗道："附凤攀龙徒取辱，何如大泽一羊裘。"正因为不愿"附凤攀龙"，他把寓所命名为"有所不为斋"。但他无时无刻不记挂着国家的安危，人民的疾苦。他平生最喜欢梅花，称赞它"品格最高，能耐寒，有骨气"。他搜求名人画梅真迹百幅，还把书斋改名为"百梅书屋"，以梅花的品格自勉自励。以后，他还将自己的诗集定名为《百梅书屋诗存》，借以表达自己的节操。

　　九一八事变发生，日寇侵占了东北三省。淞沪抗战爆发，陈叔通积极参加了募捐劳军活动。1937年七七事变，日寇发动全面侵华战争，这年陈叔通已61岁。他在诗中写道："弥天兵气今方始，危涕沾襟万骨尘。"他在迟暮之年，遭受河山破碎之痛，心境悲苦万分。他热切期望国共合作，共御强敌。针对国民党主要当权者不肯放弃反共方针，一再贻误战机的行为，在《卢沟桥行》一诗中，他发出"一误再误唯尔辜，尔辜尔辜万夫指"的愤怒谴责。

1941 年，太平洋战争爆发，日本侵略者进占上海租界。日伪看他是清朝翰林，又曾留学日本，就威逼利诱陈叔通出任伪职，但他坚决拒绝担任伪职。他在给友人的诗中表示，要"相期珍重到晚节"。

1945 年 8 月，日寇无条件投降，陈叔通喜而不寐。但他对国民党政府的腐败无能和独裁统治，早已深恶痛绝，在欣喜之余对国家前途怀有深深的忧虑。当时有人邀他出来做官，他复信答道："弟于党治之下，誓不出而任事。"

经过长期的观察和思索，陈叔通认清只有中国共产党才是中华民族光明与希望的所在。就在国民党当局无视全国人民饱受长期战争的苦难和渴望和平安定的强烈愿望，蓄意挑起全面内战的严重时刻，不甘"忍视神州随劫尽"的陈叔通，终于以古稀高龄挺身而出，响应中国共产党的号召，投入反内战、争和平，反独裁、争民主的洪流之中。陈叔通参加了上海各界人民团体联合会的筹备工作，积极投入爱国民主运动，经常在有关会议上发表精辟见解，受到各方面的重视。

1947 年 5 月，上海学生进行反内战的宣传示威，国民党上海警备司令部逮捕了大批学生。陈叔通立即联合张菊生、唐蔚芝、李拔可、叶揆初、张国淦、胡藻青、项兰生、钱自严、陈仲恕等老人共同具名，分函吴国桢（上海市长）、宣铁吾（上海警备司令），要求立即释放被捕学生，在社会上引起强烈反响。这就是当时盛传的"十老上书"。国民党当局迫于舆论，不得不将被捕学生释放。反饥饿、反内战、反迫害运动迅速扩大到国统区六十多个城市。这年暑假，国民党当局强迫各校解聘了进步教授三十多人。陈叔通知道后，商请张菊生援助，由商务印书馆以资助文化团体的名义，拨出一笔经费，资助这些教授。

1947 年夏，国民党政府发布所谓"戡乱总动员令"，加紧对国统区共产党人和革命人民的镇压，10 月，又宣布民主同盟为"非法团体"。当时在上海的一部分民主人士被迫转入地下或撤离。与陈叔通有深厚友谊的马叙伦也离沪赴港。陈叔通则留在上海，坚持斗争，还经常把上海的反蒋斗争情况以及他对各种问题的意见和建议，写在秘密信函中，带往香港，与中共保持密切联系。

面对白色恐怖，陈叔通对个人安危处之泰然。有蒋介石"文胆"之称的陈布雷托人转告他说："我已两次把你的大名从共党嫌疑分子名单上勾了去，今后你若再要活动，我就无能为力了！"他一笑置之，请人转告陈布雷："我也劝你早日洗手，弃暗投明。"面对经济崩溃、军事节节失利的局面，国民党当局为赢得喘息之机，于 1948 年夏发动和谈攻势，鼓动上海一些御用文人政客，策划"千人通电"，企图玩弄所谓国共谈判的把戏。有人要求陈叔通在"千人通电"上签名，他严词拒绝。在给友人的信中他指出："此次是革命，且希望彻底革命""我们要与友方（指共产党）配合""无友方，即无今日之我们，亦无他日之我们"，表达了坚定不移的革命立场。由于各方面民主力量的共同抵制，所谓"千人通电"运动宣告破产。

陈叔通拥护中共中央在 1948 年提出的召开新政协会议的"五一"号召，积极提出了许多正确而透彻的建议。在中共的安排下，他于 1949 年 1 月潜离上海，经香港，于 3 月到达北平，受到中共领导人的热烈欢迎和亲切会见。

投身辉煌革命的爱国志士

1949 年 5 月，上海解放以后，陈叔通同上海其他民主人士一起从北平回到上海，宣传党的方针政策，发起成立工商界劳军分会，慰劳解放军。

1949 年 6 月，他在北平参加新政治协商会议筹备会，被推为副主任。9 月，他参加中国人民政治协商会议第一届全体会议，接着出席了开国大典。古稀老人，欣逢盛世，他以无比喜悦的心情高歌言志："七十三前不计年，我犹未冠志腾骞。溯从解放更生日，始见辉煌革命天。"

中华人民共和国成立以后，陈叔通历任中央人民政府委员会委员，全国人民代表大会常务委员会副委员长，中国人民政治协商会议全国委员会副主席等职，他还曾担任中国人民保卫世界和平委员会副主席，远涉重洋，出席世界和平大会和世界和平理事会。

1953 年 10 月，中华全国工商业联合会正式成立，陈叔通又连续三届被推选为主任委员。他在工商联的工作中倾注了极大精力，做出了显著成绩，推动全国私营工商界走上了社会主义道路。因此，他受到党和人民的敬重和信赖，也受到全国工商界的爱戴和推崇。

陈叔通一生经历了戊戌变法、辛亥革命、袁氏称帝、军阀混战、日寇入侵、国民党统治等重要历史年代，忧国忧民，苦心探索，终于在晚年找到中国共产党的领导，参加了新民主主义革命、社会主义革命和社会主义建设事业，由一位晚清翰林成为一名爱国民主战士。陈叔通对党的领导和社会主义事业的最终胜利坚信不疑。在中华人民共和国成立初期，陈叔通帮助战略科学家钱学森回国，迎来了被美国当局看来"能抵挡五个师"的世界级科学家。钱学森归国不仅开创了中华人民共和国航天事业的新局面，还掀起了中华人民共和国成立后的首次海外学子归国潮。在三年困难时期，陈叔通提出了"一心记住六亿人口，两眼看清九个指头"的名联，鼓励大家不要因眼前的暂时困难而丧失信心，工商界曾广泛传诵这副对联。陈叔通心系祖国统一大业，曾写下了"未复台澎望眼穿"的诗句，表达了他渴望神圣领土台湾回归祖国怀抱的真挚情怀。

陈叔通自称"鄙性粗，欲言便言"。他对党和国家大事总是出于公心，慷慨直言。他曾对友人说："我从实践中深信，共产党的领导人是真心实意听取人民意见的，我们要以当家做主人精神，对国家前途负责，没有任何可以顾虑的。"党中央领导同志经常请陈叔通参加讨论各项重大问题。陈叔通对重要问题，经常在思考，认为自己的意见是正确的，就直率地向毛主席、周总理陈述。例如，在讨论新政协是否提早在石家庄召开时，他主张待北平解放，确定首都后，在北京召开为好。又如中华人民共和国是否要另立年号时，他主张用公历，如此等等，都是和党中央的决策相符的。还有些别的问题，如墓葬，有人主张平地浅葬，他则同意改用火葬。陈叔通明智远见，深智远见，深得党中央同志的赞赏。

陈叔通不仅是著名政治活动家，还是个酷爱书画的收藏家。他呕心沥血数十年，搜集、收藏名家字画珍品极多。陈叔通的书斋名为"百梅书屋"，这斋名的来历还有些传奇性。他父亲陈蓝洲收藏书画极富，但在太平天国战役中悉遭兵毁，他为之痛惜不已。然而事有凑巧，他夫人偶然发现在室外竹丛中有一团纸包，就用长竿挑下展开一看，竟然是一幅唐伯虎画的梅花图！这幅硕果仅存的画被陈蓝洲引为奇迹，他喜出望外，把它重新装裱后，居然是完美无缺的唐伯虎真迹！这幅画传到陈叔通手里后，他为了纪念父亲喜欢收藏梅花画的爱好，就以这幅画为基调，广致搜罗明清两代名家画梅，先后共得一百幅，摄影后用珂罗版印成《百梅集》。书中之画以王冕、唐伯虎居首，后有张瑞图、萧云从、冒辟疆等大师殊为难得的作品，更有杭世骏、高凤翰、郑板桥、金农、罗两峰、顾南雅等清代名家的精品，其中更有一幅高澹游所绘的"百梅书屋图"，和陈叔通的斋名一样，真是再巧也不过了。这一百幅梅花图，有直幅，有横幅，有大幅的也有小幅的，章法和风格各不相同。陈叔通极为喜爱这些名作，平日里珍藏家中，不轻易示人。

百梅图的收藏相当不易。在时局动荡的年代，陈叔通经济拮据，但他像着了迷一般沉浸其中。有时，他看到了好画而又缺钱，总是想方设法与卖方周旋。或者辗转告贷，或者分期付款，或者用心爱之物交换，一定要把画买到手。有一次，他发现了一幅郑板桥的梅花画。郑板桥素以擅画竹、兰闻名，但几乎从不画梅。而这幅画上题诗有："一生从未画梅花，不识孤山处士家。今日画梅兼画竹，岁寒心事满烟霞。"这无疑是一幅画梅珍品。陈叔通惊喜万分！当时，他收集到手的这一画派的梅花画，恰巧缺少郑板桥一家的作品，因此，极为迫切地想得到此画。而此画的主人任他出多高的价也不肯卖。陈叔通千方百计通过友人从中撮合，对方才答应他用一部宋版古书交换。后来，陈叔通费尽周折，从外地弄到了这部古书，才换来了这幅郑板桥的梅花画。

中华人民共和国成立后，陈叔通将珍藏的百梅图和其他名贵文物全部捐献给了国家，保存在北京故宫博物院里，曾经多次公开展出，供广大群众欣赏。陈叔通幼承家学，从小就深受传统文化的浸润，对诗词古文均有很深造诣。他能文善诗，一生诗作很多，70 岁时曾亲自校定并刊印《百梅书屋诗存》一卷。

主要参考文献

一、中文著作

1. 魏源. 海国图志 [M]. 北京：文物出版社，2017.

2. 徐继畬. 瀛环志略 [M]. 太原：山西古籍出版社，2004.

3. 冯桂芬. 校邠庐抗议 [M]. 上海：上海书店出版社，2002.

4. 郭嵩焘等. 郭嵩焘等使西记六种 [M]. 北京：生活·读书·新知三联书店，1998.

5. 容闳. 西学东渐记 [M]. 北京：商务印书馆，1934.

6. 王韬. 弢园文录外编 [M]. 上海：上海书店出版社，2002.

7. 张之洞. 张文襄公全集 [M]. 北京：中国书店，1990.

8. 沈家本. 寄簃文存 [M]. 北京：商务印书馆，2015.

9. 沈家本. 历代刑法考 [M]. 北京：商务印书馆，2011.

10. 朱寿朋. 光绪朝东华录 [M]. 北京：中华书局，1958.

11. 劳乃宣. 桐乡劳先生遗稿 [M]. 台北：艺文印书馆，1964.

12. 薛允升. 读例存疑点注 [M]. 北京：中国人民公安大学出版社，1994.

13. 政学社印行. 大清法规大全 [M]. 台北：台湾考正出版社，1972.

14. 赵尔巽. 清史稿 [M]. 北京：中华书局，1977.

15. 故宫博物院明清档案部. 清末筹备立宪档案史料 [M]. 北京：中华书局，1979.

16. 中华民国法规大全（1912—1949）[M]. 北京：商务印书馆，2016.

17. 康有为. 康有为全集 [M]. 上海：上海人民出版社，1990.

18. 孙中山. 建国方略 [M]. 北京：生活·读书·新知三联书店，2014.

19. 章炳麟. 章太炎全集 [M]. 上海：上海人民出版社，2017.

20. 陈益轩. 浙江制宪史 [M]. 杭州：浙江制宪史发行所，1921.

21. 梁启超. 饮冰室合集 [M]. 北京：中华书局，1989.

22. 梁启超. 梁启超法学文集 [M]. 北京：中国政法大学出版社，2000.

23. 王宠惠. 王宠惠法学文集 [M]. 北京：法律出版社，2008.

24. 罗文干. 狱中人语 [M]. 北京：北京民国大学，1925.

25. 江庸. 趋庭随笔 [M]. 太原：山西教育出版社，1999.

26. 王鸿年. 南华斋词存 [M]. 编者自刊，1930.

27. 余子安. 亭亭寒柯——余绍宋传 [M]. 杭州：浙江人民出版社，2006.

28. 余绍宋. 余绍宋日记 [M]. 北京：中华书局，2012.

29. 宋教仁. 宋教仁自述（上、下）[M]. 深圳：深圳报业集团出版社，2011.

30. 居正. 法律哲学导论 [M]. 北京：商务印书馆，2012.

31. 郭卫. 民国大理院解释例全文 [M]. 北京：中国政法大学出版社，2014.

32. 吴经熊. 超越东西方 [M]. 北京：社会科学出版社，2002.

33. 吴经熊. 法律哲学研究 [M]. 北京：清华大学出版社，2005.

34. 吴经熊. 哲学与文化 [M]. 台北：三民书局，1979.

35. 燕树棠. 公道、自由与法 [M]. 北京：清华大学出版社，2006.

36. 张君劢. 宪政之道 [M]. 北京：清华大学出版社，2006.

37. 萧公权. 宪政与民主 [M]. 北京：清华大学出版社，2006.

38. 蔡枢衡. 中国法理自觉的发展 [M]. 北京：清华大学出版社，2005.

39. 杨鸿烈. 中国法律发达史（下册）[M]. 北京：商务印书馆，1933.

40. 阮毅成. 记朱献文先生 [M] //中国人民政治协商会议浙江省义乌市委员会文史资料委员会. 义乌文史资料：第六辑. 1993.

41. 李剑农. 最近三十年中国政治史 [M]. 上海：上海太平洋书店，1933.

42. 柳诒徵. 中国文化史（下）[M]. 上海：上海古籍出版社，2001.

43. 张晋藩. 中国近代社会与法制文明 [M]. 北京：中国政法大学出版社，2003.

44. 张晋藩. 中国法律的传统与近代转型 [M]. 北京：法律出版社，2009.

45. 李贵连. 近代中国法制与法学 [M]. 北京：北京大学出版社，2002.

46. 李贵连. 沈家本传 [M]. 北京：法律出版社，2001.

47. 张国华，李贵连. 沈家本年谱初编 [M]. 北京：北京大学出版社，1990.

48. 吴相湘. 宋教仁传 [M]. 北京：中国大百科全书出版社，2010.

49. 何勤华，魏琼. 董康法学文集 [M]. 北京：中国政法大学出版社，2004.

50. 田默迪. 东西方之间的法律哲学：吴经熊早期法律哲学比较研究［M］. 北京：中国政法大学出版社，2004.

51. 陈水林，陈伟平. 沈钧儒与中国宪政民主［M］. 北京：中国当代出版社，2003.

52. 陈叔通. 百梅书屋诗存［M］. 北京：中华书局，1986.

53. 邱远猷，张希坡. 中华民国开国法制史［M］. 北京：首都师范大学出版社，1997.

54. 张德美. 探索与抉择——晚清法律移植研究［M］. 北京：清华大学出版社，2003.

55. 程燎原. 清末法政人的世界［M］. 北京：法律出版社，2003.

56. 许章润. 法学家的智慧［M］. 北京：清华大学出版社，2004.

57. 俞江. 近代中国的法律与学术［M］. 北京：北京大学出版社，2008.

58. 张礼恒. 从西方到东方——伍廷芳与中国近代社会的演进［M］. 北京：商务印书馆，2002.

59. 王健. 西法东渐——外国人与中国法的近代变革［M］. 北京：中国政法大学出版社，2001.

60. 王健. 中国近代的法律教育［M］. 北京：中国政法大学出版社，2001.

61. 陈柳裕. 法制冰人——沈家本传［M］. 杭州：浙江人民出版社，2006.

62. 吕顺长. 清末浙江与日本［M］. 上海：上海古籍出版社，2001.

63. 朱勇. 中国法制通史·第九卷：清末·中华民国［M］. 北京：法律出版社，1999.

64. 范忠信. 中国法律传统的基本精神［M］. 济南：山东人民出版社，2001.

65. 舒新城. 中国近代教育史资料（上册）［M］. 北京：人民教育出版社，1961.

66. 义乌县志［M］. 杭州：浙江人民出版社，1987.

67. 王申. 中国近代律师制度与律师［M］. 上海：上海社会科学出版社，1994.

68. 李喜所. 近代中国的留学生［M］. 北京：人民出版社，1987.

69. 宗志文，严如平. 民国人物传：第六卷［M］. 北京：中华书局，1987.

70. 叶守诚. 忆朱献文先生二三事［M］//中国人民政治协商会议浙江省义乌市委员会文史资料委员会. 义乌文史资料.1992.

71. 刘文革. 二十世纪前义乌县教育概况回忆 [M] //中国人民政治协商会议浙江省义乌市委员会文史资料委员会. 义乌文史资料. 1984.

72. 沈雁冰,等. 沈钧儒纪念集 [M]. 北京：生活·读书·新知三联书店, 1984.

73. 沈谱, 沈人骅. 沈钧儒年谱 [M]. 北京：中国文史出版社, 1992.

74. 周天度, 孙彩霞. 沈钧儒传 [M]. 北京：人民出版社, 2006.

75. 周天度. 沈钧儒文集 [M]. 北京：人民出版社, 1994.

76. 殷啸虎. 感悟宪政 [M]. 北京：北京大学出版社, 2006.

77. 舒新城. 中国近代留学史 [M]. 影印本. 上海：上海书店, 1989.

78. 左玉河. 从四部之学七科之学——学术分科与近代中国知识系统之创建 [M]. 上海：上海书店出版社, 2004.

79. 任达. 新政革命与日本：中国, 1898—1912 [M]. 南京：江苏人民出版社, 2006.

80. 何勤华, 李秀青. 民国法学论文精粹：第一卷 [M]. 北京：法律出版社, 2003.

81. 刘广安,等. 晚清法制改革的规律性探索 [M]. 北京：中国政法大学出版社, 2013.

82. 郑曦原. 帝国的回忆——《纽约时报》晚清观察记 [M]. 北京：生活·读书·新知三联书店, 2001.

83. 丁文江, 赵丰田. 梁启超年谱长编 [M]. 上海：上海人民出版社, 1983.

84. 李秀青. 所谓司法——法律人的格局与近代司法转型 [M]. 北京：法律出版社, 2017.

85. 尚小明. 留日学生与清末新政 [M]. 南昌：江西教育出版社, 2002.

86. 尚小明. 宋案重审 [M]. 北京：社会科学文献出版社, 2018.

87. 思公. 晚清尽头是民国 [M]. 桂林：广西师范大学出版社, 2009.

88. 公丕祥. 法律文化的冲突与融合 [M]. 北京：中国广播电视出版社, 1993.

89. 公丕祥. 中国法制现代化进程 [M]. 北京：中国人民公安大学出版社, 1991.

90. 汤松能, 张蕴华, 王清云,等. 探索的轨迹——中国法学教育发展史略 [M]. 北京：法律出版社, 1995.

91. 谢振民. 中华民国立法史 [M]. 北京：中国政法大学出版社, 2000.

92. 董惠民，蔡志新，王玉波．浙江丝绸名商雄贾——南浔"八牛"［M］．北京：中国社会科学出版社，2008.

93. 顾平．近现代中国画教育史［M］．上海：复旦大学出版社，2008.

94. 云雪梅．金城［M］．石家庄：河北教育出版社，2002.

95. 斯舜威．百年画坛钩沉［M］．上海：东方出版中心，2008.

96. 夏锦文．冲突与转型：近现代中国的法律变革［M］．北京：中国人民大学出版社，2012.

97. 王人博．中国的近代性（1840—1919）［M］．北京：广西师范大学出版社，2015.

98. 张生．民国初期民法的近代化——以固有法和继受法的整合为中心［M］．北京：中国政法大学出版社，2004.

99. 王志林．中国传统法律解释的技术意蕴与近代转型［M］．北京：中国书籍出版社，2018.

100. 高道蕴，高鸿钧，贺卫方．美国学者论中国法律传统［M］．北京：中国政法大学出版社，1994.

101. 黄宗智．法典、习俗与司法实践：清代与民国的比较［M］．上海：上海书店出版社，2003.

102. 韩秀桃．司法独立与近代中国［M］．北京：清华大学出版社，2003.

103. 侯强．社会转型与近代中国法制现代化：1840—1928［M］．北京：中国社会科学出版社，2005.

104. 毕连芳．北京民国政府司法官制度研究［M］．北京：中国社会科学出版社，2009.

105. 丁洁琳．近现代中国法学家与中国法律文化［M］．北京：中国政法大学出版社，2013.

106. 李在全．法治与党治——国民党政权的司法党化［M］．北京：社会科学文献出版社，2012.

107. 陈夏红．百年中国法律人剪影［M］．北京：中国法制出版社，2006.

108. 徐友春．民国人物大词典［M］．石家庄：河北人民出版社，1991.

109. 黄源盛．法律继受与近代中国法［M］．台北：元照出版有限公司，2007.

110. 山田辰雄．近代中国人物研究［M］．东京：庆应通信出版社，1989.

111. 山田三良．国际私法［M］．李倬，译．北京：中国政法大学出版社，2003.

二、英文著作

1. Li Huanyin. Reinventing Modern China: Imagination and Authenticity in Chinese Historical Writing [M]. Hawaii: University of Hawaii Press, 2013.

2. Joseph R. Levenson. Liang Ch'i – ch'ao and the mind of modern China [M]. Cambrideg: Harvard University Press, 1959.

3. Andrew J. Nathan, Edward Friedman. Peking Politics, 1918—1923, Factionalism and the Failure of Constitutionalism [M]. Berkeley: university of California Press, 1976.

后 记

写完最后一章，搁笔书案，掩卷覃思，心路不由几度徜徉，思绪依然停留在风云激荡的近代百年中国，历史的涛声久久回响在脑海里，一幕幕历史画面清晰地印在眼前。从晚清到民国，近代一百多年的风风雨雨，法律人一路走来，为社会、为国家、为人民、为大众、为文化、为学界，留下了他们的智慧、他们的思考与他们的期盼。而今，我们在这浸润着法律人心血与汗水的绚烂法苑中，摘取一朵朵多彩多姿的精英，构成这本小书，向读者展示那段不应被尘封的往事，唤醒人们心灵深处的记忆。

让我们稍稍驻足停留，回到百多年前的法治奠基期，翻开被尘封的历史，一瞥那些人与事。穿越时空隧道，行进在连绵百年的历史三峡中，蕴含法制在内的器物、制度、思想及价值观念的嬗变与演进，不外乎是对"中国问题"与"人生问题"的纠结与应对。百年中国的法治与法意充溢着时代之激越与昂然，大风大浪冲刷剥离下的情感与理智、价值与理想、人生与人心交错杂存激浊扬清。我们的先辈——近代法律人，或以他们的知性和智慧为后世法学留下了厚重的理论积累、卓然的学术大观；或以他们生命和鲜血，践行法治的正义渴望和理性诉求，谱写了一曲曲悲壮之歌。今天，我们用一幕幕回忆片段，串联起近代法律人群体志同道合的生命集体，映现出近代法律人薪火相传的学术历程；以一篇篇文字记叙，链接起近现代中国法治运动绵亘伸展的奋进历史，展现出近现代中国法治运动的延绵传承。

近代中国法制历史已经远去，书中记载的人物尽管已是历史上的匆匆过客，然而，历史与当下总是紧密相连，多少可记载于史的近代法律人群体——他们心系法治、情怀社会，呈献他们的智慧思考、理性的论断和学者的责任。风云变幻的近代中国，法政精英浓妆登场，叱咤风云，其人生浮沉，折射出大时代下知识分子与国家的血脉相连。一个个名字承载一段段往事，一段段往事铭记一页页历史。观乎法政人依依往事，面对动荡的国内政治局势和严酷的国际环境，近代法律人群体以自己的法律知识背景和专业特长，或投身现实以践行法治，或创办实业用经济救国，或著书立说成一家之言，或兴办学校育法律人才，为近代法学体系的创建、中国传统法制的现代化等都做出了杰出贡献。精英荟萃的近代法律人群体，其思想、学识、品行、操守……每每令人低回叹咏，荡气回肠。

风云激荡的近代中国为法科知识分子展示他们的才华提供了广阔舞台，他们人物众多，角色复杂多样，本书难以一一罗列详述，只能择其中最为典型的代表，以期通过他们坎坷且不同的命运和对中国近代法及法学的贡献，来了解中国近代知识分子与中国近代法和法学的关系。本书所记并不是近代法律人群体的全部，它仅是由闪光的点构成的轨迹。因时间的仓促与收集的疏漏，还有无数的法苑奇葩未能收录，但他们是同样闪光的点，在本书之外的轨迹中放光、闪烁。

近代中国的历史浩繁而复杂，国家法治的历程曲折而生动，置身历史，泛舟书海，作者力求广泛搜集有关近代法律人的资料、文献、传记、评论等，引经据典，精挑细拣，爬罗剔抉，刮垢磨光，为读者呈现一幅幅丰富多彩的法律人群像。我们也尽力避免宏大叙事模式，聚焦到历史人物的个人际遇与人生选择，体味他们的坎坷命运与复杂遭遇，以自己的感受，去意会先辈的心态，力图重现人物的鲜活性情与历史底色。由于时间的紧迫，也因笔者学力不逮，这本小书断然不能涵盖在风云激荡的近代中国涌现出来的所有法界精英，本书主要是对部分近代法律人思想、生平的简要描写和叙述，对他们的分析和评论也是简略而粗糙的。更深入的研究，无疑有待来者。

本书是集体智慧的结晶，众多专家学者积累的资料、文献、传记、评论等及其相关研究成果给了笔者许多有益的启示，这些成果附录在参考文献里，在此谨向这些成果的作者表示由衷的谢意和崇高的敬意！

本书的出版是各界领导和同志热情支持、关怀的结果，作者感戴铭心。诚挚感谢范忠信教授百忙之中审读了全部书稿并为本书作序，其崇论宏议，梯愚入圣，能亲聆和感受范老师的学识和风范，实为笔者三生有幸。真诚感谢中国计量大学原校长林建忠教授、现任校长宋明顺教授，感谢他们对本人工作、生活的关照，从而使本人能安心愉悦地从事教学与研究工作。本书由教育部人文社会科学研究规划基金资助出版。感谢浙江省哲学社会科学规划办领导及徐丹彤老师一直以来对本课题研究的支持和关心！感谢光明日报出版社《国研文库》出版计划资助本书的出版，感谢张金良、范晓虹、宋悦诸位老师对本书出版的鼎力协助和辛勤付出。中国计量大学法学院为本书出版提供了部分资助，绍兴文理学院教师姜增博士提供了部分研究资料，在此一并致谢！

2020 年 3 月

作者识于杭州下沙中国计量大学格致楼